Peter Gisler
Was bleibt – was geht

Peter Gisler

Was bleibt – *was geht*

Von einem, der sein Leben ständig neu erfindet

Stämpfli Verlag AG

Herzlichen Dank für die finanzielle Unterstützung

Cassinelli-Vogel-Stiftung
Flaachtalstiftung
Gemeinnützige Gesellschaft des Bezirkes Bülach
Gemeinnützige Gesellschaft des Bezirkes Pfäffikon ZH
Hans Reichle, Wetzikon
Hauenstein AG, Rafz
Motrag AG, Flaach
Patrizia Berger-Pestalozzi
Politische Gemeinde Berg am Irchel
Reformierte Kirchgemeinde Bülach
Reformierte Kirchgemeinde Flaachtal
Reformierte Kirchgemeinde Pfäffikon ZH
Reformierte Kirchgemeinde Rafz
Stadt Zürich Kultur

Wir danken auch allen Sponsoren, von deren Unterstützung wir erst nach der Drucklegung erfahren haben.

Impressum

Bibliografische Information der Deutschen Nationalbibliothek: www.d-nb.de.

© Stämpfli Verlag AG, Bern, www.staempfliverlag.com • 2021

Lektorat	Benita Schnidrig, Stämpfli Verlag AG, Bern
Umschlag	Miriam Gisler, www.miragisler.ch
Gestaltung Inhalt	Stephan Cuber, diaphan gestaltung, Liebefeld
Ortsplan	Peter Gisler, Rafz

ISBN 978-3-7272-6068-1

Printed in Germany

Ich komme, ich weiss nicht, von wo?
Ich bin, ich weiss nicht, was?
Ich fahre, ich weiss nicht, wohin?
Mich wundert, dass ich so fröhlich bin.

Altes Gedicht aus dem 15. Jahrhundert,
Autor unbekannt
Variante von Heinrich von Kleist
aus dem Band «Die verdächtige Pracht»
von Peter von Matt, 1998

Inhalt

Fridli 1915–1927
    Die Scham ist das Erbe unserer Familien   10
    Die da oben   26
    Wahnsinn   60

Fridel 1929–1945
    Frei wie ein Milan   76
    Ein Haus ist ein Haus   96

Fredi 1945–1999
    Die Liebe unters Dach bringen   116
    Eine richtige Familie?   131
    Es ist noch immer irgendwie weitergegangen   178

Papa Gisler 1999–2004
    Das Vergessen beginnt in der Mitte   212

    Nachwort   243
    Dank   247
    Orte   248
    Glossar   249

Fridli
1915–1927

Die Scham ist das Erbe unserer Familien

Es war düster und bitterkalt, ein früher Januarmorgen im Jahr 1915. Fridli sass zuoberst auf der Aussentreppe des alten, einst währschaften Hauses – dessen geheime Winkel und die Nachbarschaft waren sein Reich. Weiter war er nicht gekommen mit seinem halblahmen Bein, abgesehen von den Spitalbesuchen. Zweimal pro Woche hatten sie ihn dort massiert und mit Elektroschocks behandelt. Der Sechsjährige schämte sich für sein Hinken, die Armut der Familie und den Jähzorn des Vaters. Die Scham sei das Erbe ihrer Familien, hatte die Mutter gesagt. Das hatte er nicht verstanden.

Still beobachtete er die Vorgänge auf dem Hof. Eine Petrollampe und der Lichtschimmer aus dem Haus sorgten für trübe Sicht. Sie mussten fort vom Gabler, fort von Zürich. Mitten in der Nacht, schien ihm, trugen seine Brüder Hans und Max, der Vater und ein Fuhrmann mit Hilfe des Nachbarn aus dem ersten Stock ihre alten Möbel hinaus, stapelten ihre ganze Habe auf dem Vorplatz. Nun luden sie Schachteln, Kisten und Koffer auf den Brückenwagen, den zwei Pferde nach Flaach ziehen würden. Er biss auf die Zähne, verkniff sich die Tränen, hatte sich vorgenommen, nicht mehr zu weinen.

«Fridli, du bist schon ein Grosser», hatte Mama gesagt. Er verstand nicht, wieso sie fortmussten, das war schlimmer als die Kälte, die war er sich gewohnt. Immer wenn es ihm sonst schlecht ging, konnte die Mutter ihm helfen. Der Vater war ja meistens auf der Walz. Aber nun spürte er, dass beide hilflos waren.

Nicht nur das Äussere des Hauses, auch ihre Wohnung war schäbig. Fridli hatte sie immer mit jener eines Nachbarsbuben verglichen, bei dem er und seine Brüder manchmal spielen durften. Dort war alles grösser, heller und neuer. Auf dessen mächtigem Sofa waren sie herumgeklettert. Zu Hause hatte es nur Tisch, Stühle, Buffet, Herd und Spültrog gegeben. Immerhin hatten an der Wand zwei Bilder gehangen, die dem Zimmer einen noblen Anstrich verliehen: ein Panorama von Schaffhausen mit dem Munot und das ovale Porträt eines älteren Mannes mit Bart, gütigen Augen und einem pfiffigen Ausdruck. «Das ist der Professor», hatte der Vater mit einer

Hochachtung erklärt, die er sonst niemandem entgegenbrachte. Dieser Mann habe die Knochentuberkulose des Vaters operiert, hatte Mama erzählt. In ein weisses Laken gewickelt hätten sie Vater Emil damals die Treppe hinuntergetragen und ins Kantonsspital gebracht.

Fridli hatte gehört, man müsse fort aus der Stadt, in die Heimatgemeinde, weil ihnen das Geld ausgegangen sei. Aber sie liessen doch jeweils im Laden anschreiben und bezahlten später, wieso war das jetzt nicht mehr möglich? Hans hatte versucht, es zu erklären, doch Fridli hatte es nicht begriffen. An einem anderen Ort zu wohnen, konnte er sich nicht vorstellen, ja es machte ihm Angst. Hier war er daheim, daheim mit seinen Erinnerungen. Eine davon war der Ritt auf Papas Schultern, als der Kaiser da gewesen war. Das würde er nie vergessen. Polizei, Militär und Schaulustige – die Menschen hatten sich auf dem Gabler gedrängt. Mitten unter Männern mit Uniformen, Spitzen auf den Helmen und solchen mit langen schwarzen Mänteln sah Fridli einen Mann mit Tschako, zu dem alle hinschauten. War das ein Polizist? Er fand diese Leute seltsam, fühlte sich aber bei Papa sicher und empfand eine Geborgenheit, die im Gegensatz zu der Angst stand, die er sonst vor dessen Schweigen und Zorn empfand. Der Mann mit dem Tschako und den vielen Schnüren auf der Brust sei der deutsche Kaiser Wilhelm, erklärte der Vater respektvoll. Fridli war weder vom Kaiser noch von anderen Männern beeindruckt. Er war glücklich, Papas Kopf umarmen zu dürfen, während er auf seinen Schultern sass. Als der Kaiser in der Villa Wesendonck verschwunden war, ritt er mit Papa die wenigen Schritte nach Hause.

Eine andere Erinnerung hatte sich ebenso tief eingegraben, eine von vielen Quälereien, die er als Hinkebein einzustecken hatte. Buben aus dem Quartier hatten ihn in den Lebensmittelladen an der Gablerstrasse geschubst. Er wusste nicht, wie ihm geschah, und weinte. Die mütterliche Ladenfrau tröstete ihn mit einem Apfel, doch als er wieder auf der Strasse stand, entrissen ihm die Bengel diesen und rannten davon. Die Tränen flossen von neuem, er suchte Schutz bei Mama.

Fridli beobachtete, wie Papa die Stühle auf den Wagen lud. Würden ihn auch die Flaachemer Kinder verspotten? Hans, mit zehn der Älteste, hatte von Mama erfahren, dass die Wohnung nahe beim Rhein liege. Der achtjährige Max träumte bereits von gefangenen Fischen, und Fridli liess sich anstecken, während Hans fürchtete, wieder für alles den Kopf hinhalten zu müssen, wenn die Kleinen Dummheiten anstellten. «Du grosser Stock, kannst du nicht aufpassen!», hiess es dann stets.

Wie damals mit dem Kinderwagen. Hans hatte einen Moment auf Max geachtet, der Wagen mit Fridli drin hatte begonnen, die steile Strasse hinunterzurollen, und wenn er nicht in einen Busch am Rand geraten wäre ... Der Kleine hatte eine Beule abbekommen und Hans Prügel. Fridli erinnerte sich an diese Spritzfahrt nur, weil von ihr immer wieder erzählt wurde.

Allmählich füllte sich die Ladebrücke. Das Schaffen mache warm, rief Hans zu Fridli hinauf. Er merke nichts davon, brummte Max, die Arme um sich schlagend. Der Vater war stumm und verbissen an der Arbeit. Alles wirkte dunkel in seinem schmalen Gesicht mit der hohen Stirn: die unrasierten Wangen, die strengen Züge, die scharfen Augen mit den Ringen darunter und der mächtige Schnauz, der die Oberlippe verbarg.

Emil Gisler war ein paar Monate zuvor, im Herbst 1914, nach Berlin gefahren, hatte auf gut bezahlte Arbeit gehofft. Der Krieg frass sich bereits seit zwei Monaten durch Europa. Er hatte spekuliert, dass die Männer an der Front seien und einer wie er, ein gelernter Sattler-Tapezierer, gebraucht würde. Lediglich ein paar Gelegenheitsarbeiten hatte er ergattert. Die Stadt Zürich hatte die verarmte Familie zu Hause unterstützt und ihre Auslagen der Heimatgemeinde Flaach in Rechnung gestellt. Deren Dorfkasse aber litt an Auszehrung. Um die Unterstützung tief zu halten, hatten die Flaachemer den Gislers den Umzug in die fremde Heimat befohlen. Von dieser Anordnung hatte Emil in Berlin aus einem Brief seiner Frau Hermine erfahren. Verzweifelt, voller Groll war er zurückgekehrt. Es werde von Flaach aus noch schwieriger sein, Arbeit zu finden, hatte er ihr geklagt. Hermine, eine gebürtige Wüscher aus Schaffhausen, und Emil hatten sich im Herbst 1904 in Zürich kennengelernt. Vor sieben Jahren waren sie auf den Gabler gezogen und zum ersten Mal sesshaft geblieben. Emil wusste nicht, ob die Flaachemer das Recht hatten, ihn und die Familie an den Heimatort zu befehlen. Aber was sollte er tun? Er schämte sich, weil bereits sein gehasster Vater in Flaach gestrandet war, als Schirmflicker und als Trinker.

Im Dezember hatte er auf der Stör noch einmal Arbeit gefunden und darum einige Schulden tilgen können, vor allem, wozu Hermine gedrängt hatte, das Angeschriebene im Lebensmittelladen. Mitgebracht hatte er einen Sack gebratener Marroni, die sie zum Znacht aufwärmten. Dann legte er zwei Beutel mit gedörrten Apfelschnitzen auf den Tisch, ein Geschenk des Bauern, für den er das Lederzeug repariert und die Matratzen aufgefrischt hatte. Der Vater war guter Laune gewesen und Fridli glücklich.

Schmieds Miggel, der Fuhrmann, fluchte leise vor sich hin, wandte sich dann an Emil und drängte, er wolle endlich aufbrechen. Es brauche alles seine Zeit, knurrte der. Als sie ihre Habe auf den Wagen gepackt hatten, zurrte Miggel die Ladung fest. Der Vater liess Fridli auf die Kutscherbank klettern, er und Miggel nahmen ihn in die Mitte. Die Mutter, Hans und Max brachen auf zum Bahnhof. Sie würden mit dem Zug nach Rafz fahren und von dort zum Schollenberg marschieren, zu ihrem künftigen Zuhause, gleich nach der Brücke bei Rüdlingen, noch vor Flaach.

Eine Frau mit Löwenmähne und elsässischem Akzent drückte Hermine Gisler einen Schlüssel in die Hand. «Der ist vom alten Leimer, und dort ist die Tür zu eurem Palast.» Sie machte eine flüchtige Geste Richtung Rhein und meinte: «Euch gehts ja gut, die Rüedlinger bringen ihr armes Gesindel in den Höhlen unter.» Damit liess sie die Mutter mit den zwei Buben stehen.

Es war früher Nachmittag. Mit hängenden Köpfen standen sie in der leeren Stube, in der alles mit Spinnweben verziert war. Der Palast war eine Bruchbude. Abends kam auch das Fuhrwerk mit den frierenden, in Decken gehüllten Passagieren an. Eines der Pferde wieherte lauthals in den Sternenhimmel.

«Ihr müsst der Gisler sein, eure Alte mit den Goofen ist schon da.» Mit unverhohlener Neugier begaffte die Elsässerin die Eingetroffenen.

«Das ist die Pächfurzi», sagte Schmieds Miggel zu Emil, «eine Fremde, sie kann einfach den Schnabel nicht halten.»

In dem heruntergekommenen Bauerngut wohnten in der Mitte die einen Fritschis, von den Flaachemern eben Pächfurzis genannt, also die kräftige Elsässerin mit ihrem knochigen Mann. Zwei der insgesamt vier Wohnungen und den Ökonomieteil auf der Westseite beanspruchten die anderen Fritschis, die Leimers, die das zugehörige Land bewirtschafteten, und der alte Leimer, Vater Abraham, dem Hof und Land gehörten. Der Schollenberg lag ausserhalb Flaachs, ungünstig für Schulweg, Einkaufen und Teilnahme am Dorfleben, aber umgeben von Flaacherbach, der fruchtbaren Ebene zwischen Rhein und Thur, einer stillgelegten Ziegelhütte und dem auslaufenden Ebersberg.

Die beiden Fritschis halfen den Neuankömmlingen, den Wagen abzuladen, die Möbel in den Ostteil des Hauses zu tragen und nach den Anweisungen von Hermine aufzustellen. Derweil umrundete Fridli das Haus und stiess auf Leimers Walter, ein Jahr jünger als er. Der Kleine zog ihn am Ärmel hinunter zum Bach. Bald war es ihnen aber zu kalt, zudem war es dunkel. So trollten sie sich heim und suchten Wärme in Leimers Stube, wo alle zu Brot, Käse und Most eingeladen waren. Schmieds Miggel übernahm das Reden, erzählte von ihrer Fahrt via Oerlikon, Kloten, Bülach und Eglisau. Die Strassen würden immer unebener, und die Automobilisten führen herum, als seien sie die Herren der Welt, und wirbelten Staub auf, dass man meine, ersticken zu müssen.

Was es mit den Höhlen auf sich habe, von denen die Pächfurzi geredet habe, wollte Mutter Gisler vom alten Abraham wissen. Das reiche weit zurück ins letzte Jahrhundert. Die Rüedlinger hätten Korbflechter, Taglöhner oder landlose Bauernsöhne in den Sandsteinhöhlen untergebracht, nach der Brücke hoch über dem Rhein. Die Armut sei damals noch schlimmer gewesen als heute. Mit der Zeit hätten die Bewohner Vorbauten angebracht, um sich besser vor dem Wetter zu schützen. Es wohnten immer noch ein paar Familien in den Felsen, schloss der alte Mann.

Fridli leerte seinen Teller mit Andacht und war gleichzeitig zum Umfallen müde. Mit Dank an beide Fritschis verabschiedeten sich die Gislers, legten sich auf die provisorisch hergerichteten Matratzen und mummten sich dick ein.

Am Morgen beklagte die Mutter den Zustand des Hauses und die groben Reden der Elsässerin. Der Vater wusste sie nicht zu trösten, brummte, das gebe sich mit der Zeit. Für den Reiz der Landschaft hatten beide keine Augen, sie waren voller Sorgen. Hermine sagte, sie fürchte das Geschwätz im Dorf.

Fridli hauste mit seinen Brüdern in einer gemeinsamen Kammer. Durch die beiden Fenster konnten sie auf die winterlich kahlen Äcker und Felder schauen, auf die sich, durch die Kälte getrieben, die hungrigen Rehe wagten. Hans erkundete mit Fridli das Haus. Vom Keller voller Gerümpel stiegen sie hinauf in die Küche und die Stube mit Fenstern auf den südlichen Hof. Der lange Korridor endete mit der Tür zum Klosett, welches in einem Bretterhäuschen aussen an der Schattenseite des Hauses klebte. Im ersten Stock lag ihr Zimmer, das der Eltern und ein winziger Raum, den der Vater als Sattler-Budik benutzen wollte. Die Entdeckungsreise endete auf dem weitläufigen Dachboden, zur Hälfte vollgestellt mit zurückgelassenem Plunder und einem bescheidenen Stoss Brennholz. Fridli war begeistert. Man konnte Räuber und Polizei spielen und Verstecken.

Karbidlampen und Kerzen brachten Licht in den Morgen und den Abend, der meist früh endete. Wasser holten sie täglich mehrmals vom Brunnen im Hof. Auf der Chouscht, dem eisernen Feuerherd, wurde gekocht und im kupfernen Schiff das Wasser erwärmt für die wöchentliche Badezeremonie im hölzernen Zuber. In der Stube stand ein Kachelofen, der seine Wärme durch eine Klappe auch in den ersten Stock abgab. In der Küche besorgte dasselbe ein Schieber in der Decke über der Chouscht für das Zimmer der Kinder. In den ersten Tagen nach der Ankunft weinte die Mutter immer wieder. Das Haus sei primitiver und abgelegener als gedacht. Zudem habe es Flöhe. Leimer riet ihnen, gegen das Ungeziefer Farnkraut auszulegen. Hans und Max holten jeder einen Armvoll vom Ebersberg, vom Schnee flachgedrückte, halbverfallene Wedel – im Frühling würden sie frische ernten. Es half trotzdem, und mit den Flöhen verschwanden auch die Schwabenkäfer.

An einem Montagmorgen stapften Hans und Max zum ersten Mal ins Flaachemer Schulhaus. Fridli hätte auch gern zu den Grossen gehört, doch ihm fehlte ein Jahr. Mama hatte ihn getröstet, der lange Weg zur Schule wäre für sein Bein zu viel. Um zehn nach sieben sei er vor der Klasse strammgestanden, erzählte Hans am Abend.

«Hans Gisler ist nun einer von euch. Er kommt aus der Stadt Zürich und hat sich zuerst an die Sitten im Dorf zu gewöhnen – helft ihm dabei. Hans, du kannst dich in der drittletzten Reihe auf den freien Platz setzen.» Hans hatte den Lehrer mit ruhiger Stimme so ernsthaft imitiert, dass sogar der verhaltene Befehlston herauszuhören war. Fridli, aber auch Max und Mama lachten.

Fridli liebte seine Brüder – sie hatten ihn auf dem Gabler, wann immer sie konnten, vor den Quälgeistern beschützt. Wie der Vater sei der Max, sagte die Mutter manchmal. Gelang ihm etwas nicht, bekam er nicht, was er sich in den Kopf gesetzt hatte, konnte er wie ein Vulkan ausbrechen, toben, Steine werfen, auf den Boden stampfen. Es gelang ihm aber auch, die Leute um den Finger zu wickeln und mit seinem liebenswerten Lachen zu gewinnen. Und er war für jeden Streich zu haben. Manchmal jedoch sass er still in einer Ecke und schaute traurig vor sich hin. Das pure Gegenteil war Hans: sanft, angepasst, eher still, mit ernstem Ausdruck, strengen Augen und hellwach. Mit seinen Grimassen aber konnte er alle zum Lachen bringen.

Einmal kamen Hans und Max erregt nach Hause und stürmten in die Stube, wo Fridli beim Ofen spielte. Er hatte aus dem Plunder in Keller und Dachboden reizvolle Stücke gepflückt und sie in Häuser, Autos, Lokomotiven und Tiere verwandelt.

«Das nächste Mal bekommt er Prügel», schimpfte Max.

Er müsse Geduld haben, mahnte Hans, und dem neugierig gewordenen Fridli erzählte er vom Streit zwischen Max und einem der älteren Schüler. Max habe in einer Ecke des Schulhofs einen Ball gefunden und ihn gegen eine Mauer gekickt. Wie das halt so sei, wenn einer etwas entdecke, tauche immer ein anderer auf, um es ihm streitig zu machen. Dieser andere habe den Ball beansprucht, quasi im Recht durch sein Alter. Da sei er aber an den Falschen geraten. Als er sich den Ball mit Gewalt habe nehmen wollen, habe ihm Max, in Wut geraten, einen Faustschlag gegen die Brust versetzt. Davon könne er noch mehr bekommen, habe er ihn angeschrien. Der andere, der Sohn des Armengutsverwalters, habe den Bammel bekommen und sich zurückgezogen. Er habe sich aber gerächt, indem er für alle ringsum hörbar gerufen habe, Sattler Gislers seien Armengenössige und lebten aus der Gemeindekasse. So erfuhren die Brüder, was sie insgeheim vermutet hatten, dass es den Eltern noch nicht gelang, genügend Geld zu verdienen. Von da an riefen ihnen manche Schüler Armegüetler nach. Davon erzählten sie der Mutter nichts, sie hätte sich sonst nicht mehr ins Dorf getraut, wohin sie nun täglich pilgerte, denn sie hatte in der Flaachemer Bauelepfupfi, einer Baumwollspinnerei, eine Stelle als Spulerin gefunden. Der Vater ging wie früher auf Wanderschaft, um tage- oder wochenweise zu arbeiten. Aufträge von Bauern aus der Umgebung gab es selten. Gegen Jahresende fand er eine lose Anstellung in einem Winterthurer Betrieb als Isoleur für Heizungs- und Lüftungsanlagen. Er wurde, wenn Not am Mann war, als Taglöhner aufgeboten.

Die ersten warmen Frühlingstage lockten Fridli und Leimers Walter an den Flaacherbach. Jungen Füchsen gleich, wachsam, schnuppernd und übermütig, schnürten sie barfuss dem Wasser entlang bis zum Rheindamm in die Uferwildnis. Nach der langen Kälte, nach Schnee und Eis schoss überall saftig helles Grün aus dem Boden, Knospen öffneten sich, es blühte, und die Vögel pfiffen fröhlicher. So üppig hatte der staunende Fridli den Frühling noch nie erlebt. Er spürte die Zuneigung Walters, der nie an seinem Hinkebein Anstoss nahm. Andere Kontakte als mit den Hausbewohnern gab es kaum und so auch keine Quälereien wie auf dem Gabler. Von Tag zu Tag wurde er mutiger, und beim Strielen dachte er oft gar nicht mehr an sein Bein.

Hermine Gisler hatte sich schön gemacht, es war Sonntag. Hatte ein einfaches, schwarzes Kleid mit Blumenmuster am Kragen angezogen und sich städtisch anmutend frisiert, das eine Ohr und die halbe Stirn zur Geltung bringend. Als sie vor dem Haus knospende Zweige als Schmuck für die Stube schnitt, fuhr aus einem der Fenster nebenan der Löwenkopf der Elsässerin, die laut in den Hof posaunte: «Ha, die noble Frau Nachbarin ist auch schon unterwegs!»

Mutter Gisler verzog sich rasch ins Haus, und beim Frühstück klagte sie, die Fritschi habe eine Sprache, als wenn sie mit Kuhdreck würfe. Langsam verstehe sie, wieso man die Leute Pächfurzis nenne, allerdings tue ihr der Mann leid, der sei ein Anständiger.

Mit Kuhdreck werfen – Fridli hatte sich diesen Satz hinter die Ohren geschrieben. Am nächsten Tag weihte er Walter in seinen über Nacht gereiften Plan ein.

Der kleine Leimer war begeistert. Sie sammelten eine grosse Portion Kuhfladen, pflasterten den Haufen in einem passenden Moment vor die Haustür der Pächfurzis und versteckten sich hinter dem Miststock. Es dauerte kaum zehn Minuten, bis die Elsässerin die Bescherung entdeckte. Sie fackelte nicht lange und warf den stinkenden Brei mit blossen Händen an Nachbar Leimers Stubenfenster, begleitet von einer Kanonade elsässischer Flüche.

Die Wildnis hatte ihn gelockt – wie fast jeden Tag. Fridli lag kopfabwärts an der Böschung oberhalb der Rüedlingerbrücke und starrte fasziniert in den träg fliessenden Rhein. Die Sonne zauberte eine Farbpalette ins sanft gewellte Wasser. Tief im Fluss sonnten sich Fische, lang und dick wie Klafterscheite: Lachse, angekommen an ihren Laichplätzen. Der Rhein war ein urtümlicher Fluss, Hoch- und Niedrigwasser veränderten sein Aussehen und prägten die Auenwälder. Angeschwemmtes Geschiebe bildete Sand- und Kiesbänke. Beim Abfliessen des Hochwassers blieben dahinter Tümpel und darin oft Fische zurück, die die Knaben mit Grasrechen heraušharkten.

Dort beim Rheindamm lag Mutters Garten, das Chaibenächerli, in den Magerwiesen, wo die wilden Spargeln wuchsen, die, in die Höhe geschossen, mit roten Beeren behangen waren. Es waren seine Kirschbäume, mit denen sich fantasievoll spielen liess. Vater Leimer hatte ihn gewarnt, die Früchte seien giftig.

Fridli hatte die neue Heimat ins Herz geschlossen. Der Schollenberg und die wilde Umgebung verführten zu Abenteuern. Der Flaacherbach mündete vor der Rüedlingerbrücke in den Rhein, vor dem Zufluss speiste er einen kleinen Teich, das Reich unzähliger Amphibien, darunter Gelbbauchunken, auch Feuerkröten genannt. Oft lag Fridli im wuchernden Grün des Ufers, selbstvergessen den Konzerten der bunten Tierchen lauschend: unk-unk-unk. Sie gehörten zu seinen Lieblingen in der Fluss- und Auenlandschaft. Die Namen lernte er nach und nach kennen, auseinanderhalten konnte er sie aber bald, die Frösche, Kröten, Libellen und Schmetterlinge. Fast so sehnsüchtig wie den Fischen schaute er den Vögeln nach, sie alle schienen ihm, dem Behinderten, Freiheit zu versprechen, die Spechte, Eisvögel, Eichelhäher, Krähen und die Milane. Lief er, der Hülpi, den anderen zu Lande stets hinterher, so erreichte niemand so flink und schwerelos die Baumkronen, wo oft als Lohn die Eier in einem Vogelnest lockten. Diese Landschaft und ihre Bewohner waren sein Paradies, alle Herrlichkeit des Kinderlebens. Schöneres konnte er sich nicht vorstellen, mit Ausnahme der seltenen Momente, wenn Papa zu Hause war, gesund und zufrieden, ihn auf den Knien reiten liess oder ihm über den Kopf strich.

Es schien ein normaler Nachmittag zu werden. Fridli hatte Max zur Pirsch in seiner Wildnis überredet. Zusammen mit dem kleinen Walter waren sie aufgebrochen Richtung Rhein. Auf der Höhe der Ziegelhütte war ihnen der Zimberheich über den Weg gelaufen, einer aus der Klasse von Max, und war nicht wieder abzuschütteln. So waren sie zu viert am Flaacherbach entlanggezogen und hatten die wundersamsten Dinge aufgestöbert.

Fridli hatte im Gras eine Bewegung wahrgenommen und hob Momente später eine Schlange am Schwanz in die Höhe. Sie schien mitten im Körper aufgeblasen wie ein Ballon. Er schüttelte das träge Reptil, die Kugel wanderte Richtung Kopf und entpuppte sich, ausgespien, als toter Frosch. Dann begann die Schlange heftig zu schlingern, und er warf sie in den Ablaufkanal, neben dem er sie aufgelesen hatte. Bald darauf rief Walter sie leise an den Bach. Gebannt schauten sie in die Richtung seines Zeigefingers. Plötzlich war er da, ein Schwarm kleiner Fische, glitzernd im Sonnenlicht. Zimberheich neigte sich vor und ging in die Knie, trachtete danach, einen zu fangen, aber da verschwand der Spuk so überraschend, wie er aufgetaucht war.

Zimberheich tippte Fridli auf die Schulter, zeigte auf ein verlassenes Krähennest und schlug ihm eine Wette vor. Sie würden Eier suchen, Sieger sei, wer zuerst drei Stück gefunden habe. Der Verlierer müsse dieses alte Nest anzünden, das gäbe sicher ein Gaudi. Die Sache gefalle ihm gar nicht, raunte Max dem kleinen Walter ins Ohr. Dieser flüsterte, er müsse keine Angst haben, Fridli kenne hier jedes Vogelnest.

«Also gut, das machen wir», schlug Fridli gleichmütig in die Wette mit dem Älteren ein. Sie zählten, wie es sich gehörte, «... sieben, acht, neun, zehn», dann ging es los. Drei, vier Minuten vergingen, bis Fridli rief: «Wer will ein Ei?» Alle kamen näher, nach einer Weile auch Zimberheich, atemlos und mit leeren Händen. Fridli zog aus dem Hemd sein vergilbtes Taschentuch, darin lagen vier Amseleier, braun gesprenkelt auf hellblauem Grund. Er verteilte sie, und wenige Sekunden später hatten sie die Leckerbissen geschlürft, nur der Verlierer starrte noch immer ungläubig auf das Geschenk.

Nun sei er dran. Max lachte. Er reichte Zimberheich zwei jener Zündhölzer, die man an jedem rauen Gegenstand entflammen konnte. Die müssten reichen. Sie zogen zum bezeichneten Baum, der Verlierer kletterte ins Zentrum der Krone und zündete das verlassene Krähennest an. Nun blühte dort oben eine mächtige Feuerlilie mit weithin sichtbarer Rauchfahne. Der Bub trat schleunigst den Abstieg an. Ein Regen von brennenden Ästchen und heisser Asche begleitete ihn, bis er wieder Boden unter den Füssen spürte. Seine Lockenpracht hatte arg gelitten. Die anderen lieferten zur Pein den Spott. Fridli sagte kein Wort. Fast tut er mir leid, dachte er, doch ist er selber schuld.

Als sie weiter nach Norden vordrangen, entdeckten sie auf einer hohen Pappel auf dem Damm ein Fischreihernest. Nach Fridlis Erfahrungen konnte man mit vier bis fünf Eiern rechnen. Wenn man sie schüttelte, spürte man, ob sie zum Mitnehmen geeignet oder bereits angebrütet waren.

«Da kommst du nie hinauf», stichelte der Zimberheich.

Fridli liess sich provozieren, dachte, dir zeige ich, was klettern heisst, stieg flink und geschickt durch das dichte Gewirr der Äste, bald nur noch schemenhaft sichtbar. «Es sind vier», rief er von weit oben herab. Dann hörte man ein dürres Knacken, und ehe man sichs versah, landeten Bub und Eier nach zehn Metern Sturzflug, gebremst durch das dichte Geäst, hart auf dem Boden.

Da lag er vor den Kumpanen auf dem Rücken und tat keinen Wank. Ein aufgescheuchtes Eichhörnchen hielt kurz inne, schaute starr zur gelähmten Gruppe und war mit wenigen Sätzen verschwunden. Ängstlich umstanden sie den Bewusstlosen, riefen und stupften ihn und wussten sich nicht zu helfen.

Dass Fridli nach einer Ewigkeit erwachte und nichts gebrochen hatte, schien allen wie ein Wunder. Er benötigte eine Viertelstunde, um sich stumm zurück in die Beweglichkeit zu recken, ehe er aufzustehen vermochte. Die Buben erschraken, als es plötzlich aus ihm herausbrach: «Kein Wort, zu niemandem!»

Fridli war gern mit Walter unterwegs, aber ebenso lieb war ihm das einsame Strolchen. Einmal setzte er sich an ein geschütztes Plätzchen oberhalb der Ziegelhütte und hielt Ausschau, bewegungslos, aufmerksam und geduldig. Er wurde belohnt, als nach einer halben Stunde ein Jungfuchs auftauchte, ein zweiter, dritter und ein vierter. Sie tollten wenige Meter vor ihm über den Boden einer kleinen Lichtung, rangelten miteinander und bissen sich, wohl nicht nur spielerisch, wie gelegentliches Jaulen verriet. Versunken schaute er zu und fühlte sich wie einer von ihnen. Da entdeckte er beim Bau die alte Füchsin, die ihn beobachtete. Nach einer Weile trieb die Neugier ihn näher. Er kam nicht weit, sie stiess ein helles Bellen aus, die Kleinen drängten in den Bau und kamen sich dabei in die Quere. Bedächtig folgte die Alte.

Danach zog es ihn in die stillgelegte Ziegelei. Die Öfen eigneten sich zur Höhlenforschung, die hohen Trocknungsgestelle zum Klettern und die herumliegenden Backsteine und Ziegel zum Bauen. Nach zwei Stunden war er gründlich geschwärzt. So kann ich nicht nach Hause, dachte er, und wälzte sich im Gras wie einer der Jungfüchse, hoffte, so die Spuren loszuwerden. Die Mühe war umsonst, darum schlug er nicht die Richtung nach Hause ein, sondern zu jener Fluh am Ebersberg, wo er zuweilen Haifischzähne aus dem Sandstein kratzte. Unter einer Wurzel hatte er das Werkzeug, einen Sparrennagel, versteckt. Sie seien aus dem Miozän und fünfzehn bis zwanzig Millionen Jahre alt, hatte der Lehrer erklärt. Für schöne Stücke bezahlte er den Buben ein paar Batzen.

Als die Sonne immer tiefer sank, blieb Fridli keine Wahl mehr. Als Blitzableiter im drohenden Gewitter pflückte er für die Mutter einen Maieriesli-Strauss. Die Blumen verrieten aber bloss das schlechte Gewissen. Unter

Androhung von Prügeln verhängte die Mama ein Totalverbot über die schwarze Spielbude.

Während die Mutter ihr Elend als auf dem Land Gestrandete verdauen lernte, Max und Hans, widerspenstig der eine, ergeben der andere, unter den Bauernbuben einen Platz zu erobern trachteten und der Vater unter der schwierigen Arbeitssuche litt, entwickelte sich bei Fridli in der freien Natur in aller Stille ein wildes, eigensinniges Herz. Das Streunen in der Wildnis liess ihn erstarken. Die Sehnen waren elastisch und zäh, die Muskeln schwellend und hart, seine Haut dunkler und die Fusssohlen wie Leder. Im Gegensatz dazu förderte die Lähmung am linken Ober- und vor allem Unterschenkel einen auffallenden Muskelschwund. Beim Gehen hing der Fuss kraftlos am Gelenk. Daher schlugen die Balgristärzte eine Muskeltransplantation vor. Im August 1916 wurde er operiert. Zwei Monate nach seiner Abreise kehrte er gut genährt mit einem Gehapparat und Spezialschuhen zum Schollenberg zurück. Es sei langweilig gewesen. Mehr mochte er nicht erzählen. Er war ja schon gross, hatte die Mutter gesagt – der Siebenjährige wollte nicht zeigen, wie sehr er sie vermisst hatte, die Brüder wie die Eltern und natürlich die Wildnis. Nur einmal hatten sie ihn besucht, ohne den Vater. Er wusste, dass sie sich das Billett eigentlich nicht leisten konnten. Der Abschied hatte ihn aber so traurig gemacht, dass er sich damit tröstete, ohne Besuch auch keinen Abschied ertragen zu müssen. Ein fünfzehnjähriger Bursche, noch länger als Fridli im Spital, hatte sich seiner manchmal erbarmt und ihm aus dem «Robinson» vorgelesen.

Ab April 1917 sassen Fridli und Walter mit einem Dutzend anderen Abc-Pionieren, zusammen mit Zweit- und Drittklässlern, einer jungen Schulmeisterin gegenüber. Die Gislerbrüder waren sehr unterschiedliche Schulbuben. Hans überhörte Provokationen, lachte mit den anderen auch über sich selbst und konnte mit Grimassen, ernstem Gesicht und trockenem Witz unterhalten. Er war ein wacher Schüler, vor allem lobte ihn der Lehrer als begabten Freihandzeichner. Ein schlaues Köpfchen war Max, er lernte leicht, schüttelte alles aus dem Ärmel. In dem, was er tat, war er genau, ja fast pedantisch. Fleiss hingegen war ihm fremd, trotzdem wären alle seinem Charme erlegen, hätte er nicht immer wieder Trotz und Zorn entwickelt. Fridli hingegen passte sich weder an noch rebellierte er, seine Teilnahme blieb in den engen Grenzen der Behinderung. Er führte ein eigenes Leben in der Natur, die wenigen, die daran teilhaben wollten, wies er nicht ab. Das Gehen strengte ihn nach wie vor enorm an, und auf dem Nachhauseweg, für den er oft eine halbe Stunde und mehr benötigte, legte er sich manchmal erschöpft in die Reben, um sich auszuruhen. Es gefiel ihm recht gut in der Schule, nur schien ihm das Stillsitzen vor einem Fuchsbau einfacher als im Schulzimmer. Auch während er die Schulbank polierte, wanderten seine Gedanken mit Robinson und Freitag durch die Auenwälder, wo das wirkliche Leben stattfand.

Fridli war noch nicht lange Erstklässler, als er auf dem Weg zur Schule unvermittelt von Jagdfieber befallen wurde. Im Flaachemer Unterdorf, in der Nähe des Wolfrains, floss das Bergemer Bächli durch eine Röhre unter der Hauptstrasse dem Flaacherbach zu. Da, wo das Wasser wieder ans Licht sprudelte, hatte es eine kleine Bucht aus der Böschung gespült, in der prächtige Laichforellen Sauerstoff tankten. Sie konnten seinen Augen nicht entgehen. Ein Zittern ging durch den Körper, er vergass Schule, Lehrerin, die ganze Umgebung, und ohne den Thek vom Rücken zu nehmen, legte er sich vorsichtig auf den Boden, Kopf und Arme über dem Wasser. Er schob sich geduldig näher, brachte die Hände langsam, Zentimeter um Zentimeter, in Position, griff dann blitzschnell zu, erwischte einen der eleganten Fische am Schwanz, musste nachgreifen, rutschte von der Böschung ins Bächlein und wurde selbst zur Forelle. Mit Verspätung und tropfend zog er ins Schulzimmer ein und erzählte der Lehrerin treuherzig eine abenteuerliche Geschichte. Im Nebenraum zog sie ihm die nassen Hüllen aus, wickelte ihn in eine grosse Schürze und trocknete mit dem Holzkohlen-Bügeleisen seine Kleider. Als Fridli nach Hause kam, war ihm die Kunde, er sei baden gegangen, längst vorausgeeilt.

Für gewöhnlich stand auf dem Familientisch nach dem kargen Frühstück – Milch oder Kaffee und Haferbrei – auch ein karges Mittagessen. Die Mutter kochte Hafersuppe, Kartoffeln, mit Glück auch Mais, Gemüse, und gelegentlich gab es dazu ein Stück Brot. Am Abend wiederholte sich das Frühstück. Zudem waren Klima und Ernten weiterum miserabel. Die Mutter trotzte dem Chaibenächerli und dem unseligen Wetter ein paar Körbe Kartoffeln, Rüebli und Kohlköpfe ab, Fridli half ihr manchmal dabei. Mit Nässe und Kälte schien die Natur gegen den Krieg zu protestieren. Die Lebensmittelpreise stiegen massiv. Eier oder Fleisch wurden unbezahlbar. Mit der Rationierung der Lebensmittel hatte man im Steinenkreuz oberhalb Rüdlingen eine Milchverteilstelle eingerichtet. Es war die Aufgabe von Hans, von dort regelmässig einen vollen Kessel nach Hause zu tragen. Für Bereicherung sorgten die Jagdzüge der Buben. Regelmässig landeten Waldbeeren in der Küche, Pilze und manchmal ein Feldhase. Geld oder Naturalien verdienten sie mit Brämestöibe, wie man das Verscheuchen von Bremen vom Vieh nannte, oder mit dem Sammeln von Weinbergschnecken und Fröschen für ein Restaurant.

An Mutters Geburtstag, Ende Mai, sollte aber etwas Besseres auf den Tisch. Hans half einem Bauern, Gras einzubringen, und durfte Gemüse und Butter nach Hause tragen. Max und Fridli erbeuteten Enten- und Kräheneier sowie zwei fette Forellen. Und der Vater brachte einen halben Laib Weissbrot mit. Es gab ein Festessen zu Hermines Achtunddreissigstem. «Für Spiis und Trank, fürs täglich Broot, mer tanked Dir, oh Gott!» Das vergass Mama, wenigstens bei einer richtigen Mahlzeit, selten. Die Buben murmelten mit, der Vater blieb stumm.

Über die kuriosen Übernamen, die die meisten Flaachemer trugen, hatte sich Fridli immer gewundert. Er war Ohrenzeuge gewesen, als der Präsident vor dem Gemeindehaus die Rationierungskarten verteilt und dabei die Empfänger nach Geschlechtern geordnet aufgerufen hatte: «Abraham Gisler Wachtmeisters, Emil Gisler Sattlers, Hans Gisler Choller-Hanse, Hans Gisler Wächter-Nöckelis …», das ganze Familienalphabet. Zahlreich vertreten waren auch die Breiters, Fehrs, Fislers oder die Fritschis.

«Wie soll man sie sonst auseinanderhalten?», hatte der Vater gemeint. Das sei, weil alle ihr Gespons im Dorf oder in der Umgebung fänden. Es heisse doch: «Heirate über den Mist, so weisst du, wer sie ist.»

Es habe halt schon zwei Sattler im Dorf, hatte der Vater am Tisch erzählt, darum bekomme er keine Aufträge. Die Kleinbauern und viele der

Handwerker trügen magere Geldbeutel herum. So war er meist auf der Walz und fühlte sich fremd im Dorf. Er mied die Beizen, trank nicht, rauchte selten und galt als fleissiger, genauer Handwerker. Ging es ihm gut, hatte er ein Lächeln, ein paar Worte für die Kinder, oder er brachte kleine Geschenke mit. Fridli genoss diese Momente. Der Vater konnte aber plötzlich ins Wüten geraten, häufiger seit der Rückkehr aus Berlin. Das sei wieder der Jähzorn, sagte dann die Mutter. Sichtbare Auslöser seines Zorns, der wie Flammen aus dem trockenen Holzstoss schiessen konnte, schienen harmlos. Sein Gesicht verfinsterte sich zu einem Gewitterhimmel, und statt mit Blitzen warf er mit Gegenständen um sich. Mit den Jahren wurde er immer düsterer und stummer. Einmal während des Abendessens hatte die Mutter ihn an die versprochene Reparatur des Stubenfensters erinnert.

«Nächste Woche habe ich Zeit.»

«Das hast du schon zweimal gesagt.»

Mit einem Fluch schleuderte Emil den halbvollen Kaffeekrug durch das geschlossene Fenster, sodass alle zusammenzuckten. Ein anderes Mal musste die Arbeit Auslöser gewesen sein, just als Fridli die Budik betreten hatte. Eine Bewegung hatte er wahrgenommen und ein Sausen. Der Halbmond, ein schweres, rasierklingenscharfes Messer, war in der hölzernen Wand gegenüber steckengeblieben. Es war eigentlich ein Viertelmond, in dessen innerem Bogen ein kräftiger Griff sass, mit dem Sattler Gisler Leder schnitt. Beide blieben stumm.

«Wir müssen eine Wohnung suchen, ich habe genug vom Schollenberg, ich vereinsame hier und laufe mir zur Arbeit die Sohlen ab. Die Zeit wäre im Haus besser genutzt. Für die Buben, vor allem für Fridli, ist es wichtig wegen des Weges, aber auch damit sie zum Dorf gehören.»

So resolut hatte Fridli die Mutter noch nie mit dem Vater reden hören. Genug hatte sie auch von der unflätigen Elsässerin.

Die da oben

«Wir ziehen um in die Platte, nächste Woche schon.» Fridli hatte das belauschte Gespräch wieder vergessen, als die Mutter einige Wochen später beim Nachtessen zusammen mit der Suppe die Neuigkeit auftischte. Sie hatte sich auf die Wohnungssuche gemacht, die Gemeinde von der Notwendigkeit überzeugt, Inserate studiert und Vorurteilen getrotzt.

Mit Hilfe von Vater Leimer beluden sie ein paar Tage darauf einen grossen Brückenwagen. Max und Hans brachen zu Fuss auf, wollten dem Flaacherbach entlang ins Dorf streunen. Fridli beobachtete, wie Papa sich auf die Ladebrücke fallen liess – bleich wie seit Tagen.

Es war Ende März 1918, als sie dem Schollenberg den Rücken kehrten. Das Fuhrwerk mit Schmieds Miggel, Mutter und Fridli auf dem Bock setzte sich in Bewegung, als die Pächfurzi aus dem Haus trat und mit ihrem heiseren Idiom lamentierte: «Den Herrschaften war es hier also zu wenig nobel. Kein Geld in der Tasche, aber ein grosses Haus mieten. Schon gehört? Hochmut kommt vor dem Fall!»

Die Platte war ein kleines Flaachemer Quartier, eigentlich nur ein Strässchen zwischen Hauptstrasse und Schloss. Sie wohnten in Nummer fünf. Die Wohnung, eine von zweien im ehemaligen Bauernhaus, war einfach, aber in gutem Zustand, und die Miete, wie die Mutter sagte, günstig. Die Zimmer waren etwas grösser als im Schollenberg, vor allem heller. Fridli war zufrieden, denn gegenüber wohnte Beni Fehr, ein Schulkamerad, mit dem er sich angefreundet hatte. Der Vater beanspruchte eine grosse Kammer als Budik. Der zunehmend stiller gewordene Mann hatte Hermine gelobt, sie habe das gut gemacht. Es hatte sie zu Tränen gerührt, denn es war lange her seit seinem letzten guten Wort.

Im kleinen Quartier lebte ein liebenswertes Volk. Eine besondere Frau war die Hebamm, so wurde sie von allen genannt, auch eine Gisler. Fridli mochte sie. Man erzählte sich die Mär, nicht nur habe einst fast der gesamte Gemeinderat aus Gislers bestanden, sondern es hätten sich auch alle von der Hebamm in die Flaachemer Welt helfen lassen. Sie war bereits alt und hager, hielt ein paar Ziegen und eine Loos, ein Mutterschwein.

Eines Nachts erwachte Fridli durch ein fernes Dröhnen, das allmählich näher kam, und weckte seine Brüder. Auf der Hauptstrasse schlugen zwei Tambouren die Felle, einem Trupp Soldaten voranschreitend, der einen Karren mitführte, beladen mit einem Sarg. Es standen schon andere Schaulustige am Strassenrand, und bald machte das Gerücht die Runde, sie hätten einen aus dem Oberdorf gebracht, wieder ein Opfer der Spanischen Grippe. Wieso man diese Krankheit so nenne, fragte Fridli die Mutter. Sie wusste es nicht. Jeden könne es treffen, hatte er gehört, und es hatte ihm Bange gemacht. Auch die Mutter hatte Angst, das spürte er. Sie meinte, die vielen Toten seien ein schlechtes Zeichen. Der Vater hatte nichts dazu gesagt. Im November kam er mit einer Zeitung nach Hause.

«Der Krieg ist aus! Vielleicht gibt es Streik und Revolution und mehr Gerechtigkeit für uns kleine Leute», es gäre in der Stadt, so heisse es. Vater Gisler war gesprächig wie selten.

«Was für ein Tag!», sagte die Mutter, «aber die Hoffnung kommt vor der Enttäuschung.»

«Gibt es nun mehr zu essen?», wollte Fridli wissen.

Seine Brüder lachten.

Als wenig später der Vater berichtete, man habe den Generalstreik mit der Armee niedergeknüppelt – seine Stimme überschlug sich –, ja gar auf Leute geschossen, hielt sich Fridli mit seinen Fragen an Hans.

«Weisst du, die Arbeiter haben gedacht, man könne auch in der Schweiz bessere Löhne fordern und ein Stück von der Macht bekommen von ‹denen da oben›.»

«Wer sind ‹die da oben›?»

«Die reichen Säcke, die Regierung, die Offiziere, sagt Papa. Wenn man fest genug schüttle, fielen sie wie wurmstichige Birnen vom Baum.»

Für andere mochte das Land und der halbe Globus in Unordnung sein, Fridli aber hatte Angst um seine kleine Welt. Schlimmer als Grippe und Streiktote traf ihn die geplante Stauung des Rheins. In Rheinsfelden werde ein Kraftwerk gebaut, hatte die Lehrerin erzählt, bald sei es fertig. Die Eglisauer hätten eine mächtige Brücke gemauert, und die gedeckte, hölzerne müsse ebenso den bald gestauten Fluten weichen wie eine ganze

Häuserzeile. Es heisse, der Fluss werde dann ständig viel mehr Wasser führen, nicht wie jetzt, wo er einmal ein Rinnsal sei und dann wieder ein reissender Strom.

Ob man dann bei den Kies- und Sandbänken noch fischen könne, fragte Fridli.

Das müsse man abwarten, er werde es dann sehen.

«Sie machen den Rhein kaputt», sagte Fridli zu Beni, als sie nach Schulschluss auf dem Damm sassen und auf den friedlich ziehenden Fluss schauten.

Nach der Stauung klagte ein Dichter in Versen, der Rhein komme daher wie ein alter Mann, man kenne ihn gar nicht mehr. Jene, die am Wasser wohnten, erzählten, es sei unheimlich gewesen, der Fluss sei eines Nachts einfach verstummt.

Zwei Wochen vor Weihnachten brachten sie den Vater nach Hause. Sein Vorarbeiter aus der Winterthurer Firma erzählte der Mutter, was geschehen war. Fridli und die Brüder lauschten im Nebenzimmer. Emil sei zusammengebrochen und habe sich wie ein angeschossenes Tier am Boden gewälzt – kreidebleich. Er müsse furchtbare Schmerzen gehabt haben.

Papa legte sich am heiteren Nachmittag ins Bett. Das hatte Fridli noch nie erlebt. Mitten in der Nacht erwachten die Buben, weil sie den Vater schreien hörten. Nach Hermines Hilferuf trabte der Andelfinger Doktor mit seinem Einspänner nach Flaach. Er verschrieb Abführmittel, und wenn das nicht hülfe, einen Einlauf. Der Vater konnte die Arbeit nicht wieder aufnehmen. Manchmal sass er in einem Liegestuhl am offenen Fenster in der Sonne und genoss die schmerzfreien Momente. Dann überwand Fridli seine Scheu und setzte sich zu ihm. Er spürte, dass sich Papa darüber freute, obwohl sie kaum redeten. Hans hatte freiwillig aus der Sekundar- in die achte Klasse der Repetierschule gewechselt, sodass er lediglich noch zwei halbe Tage pro Woche im Unterricht sass. Er führte den Haushalt, kochte für die Familie, pflegte den Vater und brühte ihm Katzenschwanztee, der die Schmerzen zu lindern schien. Die Mutter spulte derweil in der Spinnerei bei kurzer Mittagszeit. Einzelne Nachbarn beschwerten sich und hiessen die Familie, die Fenster zu schliessen, Gislers Schreien sei nicht auszuhalten. Aber man hörte ihn auch durch die Scheiben. Dann verfärbten sich seine Augen und die helle Haut hinter den Ohren gelb, und Ende April veranlasste der Doktor die Einlieferung ins Kantonsspital Winterthur. Emil Gisler wurde von einem Pferdefuhrwerk abgeholt, das aussah wie ein Leichenwagen. Im Spital hiess es, er habe Dickdarmkrebs. Sogar die Buben wussten, was das bedeutete, aber man sprach nicht darüber. Am neunten August 1919 starb ihr Papa.

Einen Tag vor seinem Tod hatte ihn Fridli mit Mama besucht. Ausser den Augen war ihm an Papa alles fremd vorgekommen. Sie hatten tief in den Höhlen geruht. Wo früher die Wangen gewesen waren, hatte sich dünn und gelb die Haut auf die Knochen gesenkt. Fridli hatte seine kleine Hand in eine kalte, magere Klaue gelegt. Seine Brust war eng geworden, und der Hals hatte sich zugeschnürt. Er hatte keinen Ton herausgebracht, und die Begrüssung des Vaters war so leise gewesen, dass er die Worte nur geahnt hatte. «Fridli, bist du es?»

Nach der Beerdigung fand die Familie in der «Untermühle» zusammen, direkt neben dem Friedhof, in so grosser Zahl wie nie zuvor und nie wieder danach. Bald war der Lärm in der niederen Wirtsstube derart angestiegen, dass im allgemeinen Palaver kaum mehr Worte auszumachen waren. Fridlis Gefühle pendelten zwischen der Unmöglichkeit, zu verstehen, was ihm geschah, Trauer und dem Versuch, den Schmerz zu überspielen. Immer hatte er sich nach der Zuwendung Papas gesehnt. So oft war dieser gleich in der Budik verschwunden, wenn er nach Hause gekommen war. Und nun würde er nie mehr kommen. Mit aller Gewalt versuchte der Bub, unter den Augen der Schwätzer seine Tränen zu unterdrücken.

Wenig hatte der Vater zurückgelassen: die Sattlerkiste für Max, Bastkoffer und Rasiermesser für Fridli, ein dunkles Kleid, Stiefel und das Reisetagebuch für Hans, das Emil seit Beginn seiner Wanderzeit geführt und gehütet hatte. Ein Stapel unbezahlter Rechnungen, Fotos, Briefe, bittere, wehmütige und wenige schöne Erinnerungen blieben bei Hermine.

Mit sechs anderen Knaben lag Fridli in einem hohen Saal desselben Spitals wie eben noch der Vater. Er hatte an einem Sonntag Anfang Dezember über heftige Kopf- und Halsschmerzen geklagt, sich ungewöhnlich müde gefühlt, während das Fieber rasch gestiegen war. Der Andelfinger Doktor hatte ihn am Montag untersucht, ihm eine erste Seruminjektion verabreicht und ihn umgehend mit der Diagnose Rachendiphtherie ins Spital eingewiesen. Der Zehnjährige wusste, dass man daran sterben konnte. Weil sich bald wieder der Appetit meldete, schwand die Angst. Er wurde verwöhnt, bekam schmackhaftes Essen, zum Dessert oft Speiseeis. Es gab Kinderbücher, Spielzeug, ein Eile mit Weile und das Kartenspiel mit dem Schwarzen Peter. Fridli zeichnete oder las, wann immer er mochte. Die Krankheit schien die anderen Kinder nachsichtig gemacht zu haben, denn keines störte sich an seinem Humpeln. Er war nur nach dem Wieso und Seitwann gefragt worden, und sie hatten gar Mitgefühl geäussert.

Die Mutter hatte ihn vor Weihnachten besucht, ihm aber nicht nahe kommen dürfen. Am Heiligabend hatte einer der Knaben einen schrecklichen Hustenanfall erlitten. Die Kinder riefen die Schwester, diese einen Pfleger. Er wurde hinaus- und nie wieder zurückgebracht. Die Schwester sagte, er sei jetzt im Himmel. Er blieb nicht der Einzige.

Fridli vermisste Brüder und Mutter, besonders an Weihnachten und Silvester. «Jetzt sitzen sie in der Stube», erzählte er dem Bettnachbarn, «und machen Spiele.»

Die Schwestern hatten ein Weihnachtsbäumlein ins Zimmer gestellt, fünf Kerzen, drei Kugeln und Lametta. Jedes Kind bekam ein kleines Geschenk. Fridli packte ein Heft aus, einen Bleistift und einen Spitzer – sie hatten gemerkt, wie gern er zeichnete. Auf den Spitzer war er stolz.

Jahre später würden die Brüder Fridli erzählen, was sich an jenem Silvester zugetragen hatte. Die Mutter hatte einen Kuchen gebacken, Hans Suppe gekocht und Max Kakao gebraut. Am Ende dieses schweren Jahres wollten sie für einmal alles vergessen. Es war der erste Silvester ohne Papa, aber auch ohne Fridli.

Fast zwei Jahre wohnten sie nun in der Platte und waren mittlerweile von einem Teil der Dörfler akzeptiert. Andere schauten wie eh und je auf sie herab oder an ihnen vorbei. Die Buben kamen mit ihren Mitschülern besser zurecht, auch wenn sie sichtlich keine typischen Flaachemer waren, falls es denn solche überhaupt gab. Die meisten Schüler waren stämmige Bauernkinder. Die drei Brüder, etwas schmaler gebaut, wirkten städtischer. Das galt auch für die Mutter. Hermine stand im Einundvierzigsten, jung für eine Witwe, alt für eine heiratsfähige Frau. Sie wirkte jünger, wenn man vom Gram absah, der ihre ebenmässigen Züge verdunkelte und nur selten durch ein Lächeln aufgelöst wurde. Der zuweilen stechende Blick, den sie ihrem Ältesten vererbt hatte, verlieh der empfindsamen Frau eine Wehrhaftigkeit, die sie gar nicht besass.

Sie löffelten die Suppe. Neben der Petrollampe im Hintergrund verbreitete eine Kerze auf dem Tisch ihr warmes Licht.

«Wie es wohl Fridli geht?» Die Mutter machte sich Sorgen.

«Fridli ist zäh», sagte Max leichthin, und auch Hans versuchte zu trösten.

Die Mutter erzählte ihre Eindrücke vom letzten Besuch, als Gepolter im Korridor und heftiges Klopfen an die Stubentür in die beschauliche Stimmung drangen. Ohne eine Antwort abzuwarten, trat ein stiernackiger Mann in die Stube.

«Wissen sie es?» Er schaute zur Mutter.

Sie schüttelte wortlos den Kopf.

«Ich bin euer Vormund, am zweiten Jänner ist es so weit, dann hole ich euch ab», erklärte er den Buben ohne Umschweife. «Ihr werdet verkostgeldet, die Mutter kann euch nicht ernähren. Welcher ist der Hans?» Er schaute von einem zum anderen.

Hans nickte stumm mit dem Kopf.

«Du kommst zum Wagner Chueri ins Oberdorf. Und du», er schaute zu Max, «kommst zum Leiner Chueret, zu eurem Nachbarn. Um zwei müsst ihr bereit sein. E guets Nöis!» Der Mann ging zur Tür, wandte sich nochmals um und schaute die Mutter an. «Ihr müsst, das wisst Ihr ja, bis am siebten Jänner draussen sein. Habt Ihr jetzt einen Platz?» Ohne eine Antwort abzuwarten, verliess er den Raum und die Wohnung. Es war plötzlich bedrohlich still.

«Du hast das gewusst?» Max klang aufgewühlt.

Die Mutter begann zu weinen, es schüttelte sie geradezu. Hans versuchte sie zu beruhigen, «ist ja gut», wollte aber auch wissen, wie das gekommen war.

«Ich musste euch bevormunden lassen, sie haben mich gezwungen.» Immer wieder unterbrach Schluchzen ihre Antwort. «Mein Lohn reicht nicht einmal für Haushalt und Miete.»

Der Flaachemer Gutsverwalter hatte die Witwe von Sattler Gisler im November ins Gemeindehaus bestellt. Da hatte sie gesessen vor drei Gemeinderäten. Vierschrötige Männer, alle mit mächtigen Schnäuzen in ernsten Gesichtern. Der Verwalter versicherte ihr, etwas verlegen, man wolle nur ihr Bestes. Der Präsident übernahm das Wort: «Schaut, gute Frau, die Schulden, die seit der Erkrankung Eures Mannes aufgelaufen sind, beim Doktor, Spital und Vermieter, sind so hoch geworden, die könnt Ihr mit Eurem Lohn niemals tilgen. Die Buben werden auch kosten, sollen eine Lehre machen. Es gibt nur eine Lösung, Ihr müsst sie bevormunden lassen. Wir schauen für einen guten Platz, und Ihr sucht Euch ein Zimmer. Die Möbel, die Ihr nicht mitnehmen könnt, kaufen wir Euch ab.»

«Ich habe Euch eine Vorlage für den nötigen Brief vorbereitet», übernahm der Verwalter, «schreibt das zu Hause in Ruhe ab und bringt mir das Papier. Wir stellen uns die Änderungen im Januar vor.»

«Aber, ich will die Kinder nicht ...»

«Ihr habt bis übermorgen Zeit», schnitt ihr der Präsident das Wort ab.

Flaach, den 20. November 1919

Sehr geehrte Herren

Ich beantrage die Bevormundung meiner Söhne

Hans Emil, geboren den 16. Juli 1905

Max, geboren den 13. Januar 1907

Alfred, geboren den 20. Juni 1909

Weil der Vater Emil Gisler, Sattler, am 9. August 1919 gestorben ist, bin ich den Anforderungen, welche die Erziehung der Familie mit sich bringt, nicht mehr gewachsen. Ich bin damit einverstanden, dass man mir die elterliche Gewalt über die Kinder entzieht.

Als Vormund schlage ich meinen Schwager Eduard Gisler, Veilchenstrasse 7 in Zürich-Hottingen, vor.

Hochachtungsvoll

Witwe Hermine Gisler-Wüscher

Während des Abschreibens der behördlichen Vorgabe stoppte sie wieder und wieder. Ich habe doch immer gearbeitet, die Buben im Zaum gehalten, Emil war oft unterwegs, es sind gute Buben, und ich habe allein eine Wohnung gefunden.

Seit der Vater tot war, hatte Fridli Angst. Er ahnte, dass die Mutter nicht genug verdiente. Am dritten Januar besuchte sie ihn, stand neben seinem Bett mit verquollenem Gesicht und hängenden Schultern und schickte sich an, ihn zu umarmen, aber ihm schien, dass vielmehr er sie in die Arme nehmen müsse.

«Was ist los?», fragte er nur.

Hermine begann zu weinen, und Fridli schluchzte mit. Dann erzählte sie bruchstückhaft, was vorgefallen war.

«Verdingbuben sind sie also, Hans und Max. Und ich, was ist mit mir?»

«Das weiss ich noch nicht, ich suche einen Platz für dich. Wenn ich eine Arbeit und eine Wohnung gefunden habe, kommst du zu mir.»

Fünf Monate nach dem Tod des Vaters löste sich die Familie auf. Hans und Max wurden Verdingbuben, die Mutter wollte nichts wie weg von Flaach, sie schämte sich, wollte anderswo eine neue Arbeit suchen. Eduard Gisler, der Privatdetektiv, hatte das Amt abgelehnt, und die Gemeinde hatte den Schulpfleger Konrad Gisler aus dem Oberdorf als Vormund eingesetzt, den sie nicht kannten und mit dem sie nicht verwandt waren. Ein Chnoorzi, hatte man der Mutter im Dorf gesagt und damit einen geizigen Hinterwäldler gemeint. Nachdem der Vormund die Buben wie angekündigt abgeholt hatte, fuhr Hermine bald mit kleiner Habe nach Thalwil zu ihrer Schwester Anna, an deren Schulter sie sich ausweinte.

Anna versuchte Hermine zu trösten. Hans und Max seien nun gross genug, um sich zu wehren. Sie habe gelesen, dass die Fürsorgebehörden arme Kinder zu Fleiss und Ehrlichkeit erzögen, für deren Leben und um den Staat vor Kosten zu bewahren.

«Das haben wir doch auch getan, sie sind hilfsbereite Buben. Die Behörden aber meinen, wir Arme seien am Elend selber schuld, und am Stammtisch werden wir als faules Gesindel beschimpft. Aber darüber schreibt niemand», empörte sich Hermine und brach in Tränen aus. Emil sei solid gewesen und habe geschafft, was er konnte. Ja, sein Zorn, der habe ihm oft geschadet. Und sie habe in Flaach immer gearbeitet, aber für einen Hungerlohn. Doch zusammen hätte es allmählich gereicht. Gerade als sie von der Gemeinde nichts mehr gebraucht hätten, sei Emil krank geworden. Sie habe sich immer geschämt fürs Armsein – schon als Kind. Sie ... Ihre Stimme streikte.

Am zwölften Januar holte die Mutter ihren Jüngsten im Spital ab. Er war wieder gesund, sollte sich aber noch etwas erholen. Weil sie weiterhin bei der Schwester wohnte, brachte sie Fridli vorübergehend im «Nidelbad», einem Diakoniewerk hoch über dem Zürichsee, unter. Ein halbes Dutzend Absagen auf Stellenbewerbungen hatte sie bereits eingeheimst – ohne Arbeit war auch keine Wohnung zu bekommen. Hermine hoffte auf einen kleinen Zuschuss aus dem Verkauf der Möbel. Dem Angebot der Gemeinde folgend, hatte sie alles im Haus gelassen. Wie und wohin hätte sie es auch mitnehmen sollen? Sie hatte vor, der Schwester für die Unterstützung einen Zustupf in die Haushaltskasse zu geben. Anna wehrte ab, sie solle das Geld für sich beiseitelegen, aber Hermine schämte sich, so viel von ihr zu empfangen. Der Zwiespalt löste sich, da sie von den Flaachemer Behörden nie auch nur einen Franken zu sehen bekam.

Zwei Dutzend Buben mit gefalteten Händen und gesenkten Köpfen sassen am langen Tisch im Saal des Kinderheims. Bruder Ludwig, der Heimleiter, betete wie vor jedem Essen. Das Murmeln, unverständlich und monoton, schläferte Fridli ein. Am Abend dauerte es besonders lange. Dann wurden die Kinder unruhig, tauschten verstohlene Blicke und tuschelten vorsichtig. Einmal packte einen der Knaben der unheilige Übermut, er klappte den Mund auf und zu, auf und zu und rollte mit den Augen. Unterdrücktes Grunzen machte sich um den Tisch breit. Bruder Ludwig, aus seinem Sermon gerissen, schnellte den Kopf in die Höhe, und ehe der Gaukler eine ernste Miene aufsetzen konnte, war er erkannt. Ludwig schoss auf, raste um den Tisch, riss den Buben von der Bank, drosch wild und ziellos auf Kopf und Rücken, ins Gesicht, auf die Brust, bis der Gepeinigte blutete und stürzte. Dann setzte er sich wieder: «Essen!»

Fridli zuckte zusammen, konnte kaum glauben, was er gesehen hatte – er würde sein Lebtag frömmeln und prügeln nicht mehr voneinander trennen können. Zuerst hatte er im «Nidelbad» gewohnt, in einem Zimmer mit zwei alten Männern, einem deutsch- und einem französischfreundlichen, die noch immer den Weltkrieg ausfochten. Seit zwei Monaten war er nun im «Längimoos», in einer Zweigstelle des Diakoniewerks, und er fühlte sich unter den Knaben trotz Bruder Ludwig aufgehoben. Nun, eines Abends, suchte ihn die Hausangestellte im Schlafsaal auf.

«Du musst morgen beim Aufstehen deine Sachen packen», erklärte sie dem erstaunten Buben, «deine Mutter holt dich nach dem Zmorge ab. Hast du einen Koffer?» Neben Fridlis Bett stand der Nachttisch, in dem alle seine Sachen lagen. Der kleine Bastkoffer dämmerte unter dem eisernen Bettgestell diesem Augenblick entgegen – Papas Koffer, mit dem er auf der Walz gewesen war.

Am nächsten Morgen brach Fridli alle Regeln, als er sich nach dem eiligst verschlungenen Frühstück vom Tisch erhob, ohne die Bewilligung von Bruder Ludwig abzuwarten, sich mit einem «Tschau zäme» von den Buben, nicht aber vom Leiter verabschiedete und die beim Ausgang wartende Mutter drängte, sofort zu gehen. Er lief mit dem Koffer in der Hand, der Mutter vorauseilend, ins Freie. Drei Kilometer lagen vor ihnen bis ins Sihltal nach Gattikon. Ein langer Weg für Fridli und Gelegenheit, der Mutter von seinen Erlebnissen im «Längimoos», von Bruder Ludwig und der Prügelstrafe zu erzählen.

«Wie konnte der fromme Mann so lange zum lieben Gott beten und dann einen kleinen Buben halb totschlagen?» Die Mutter schüttelte ratlos den Kopf.

Dank ihrer Erfahrung als Spulerin hatte Hermine in Gattikon in der Spinnerei Arbeit bekommen. In der kleinen möblierten Wohnung in einem der Kosthäuser ihres Arbeitgebers angekommen, erklärte sie Fridli, was wo zu finden war. Sie assen den vorbereiteten Kartoffelsalat, dann drückte ihm die Mutter einen Schlüssel in die Hand und strich ihm zärtlich über die kurzen Haare. Die Fabrik wartete.

Fridli schaute sich in den Räumen mit den fremden Möbeln um, die nun sein Zuhause werden sollten. Küche, Stube und seine Schlafecke, alles im selben Raum, und eine kleine Kammer für Mama. Mutters gestrickte Jacke, die Pantoffeln, die Haar- und ihre Zahnbürste waren vertraut, trotzdem fühlte er sich fremd.

An einem regnerisch-kühlen Aprilmorgen hinkte er mit gemischten Gefühlen ins Gattiker Schulhaus. Er hatte sich im Zimmer der neu gebildeten vierten Klasse einzufinden. Fridli taxierte die Kinder, darin hatte er bereits Erfahrung. Wer waren die möglichen Spötter, denen er sich zu erwehren hatte? Er war ein Jahr älter als die meisten, gekräftigt durch Strielen und Klettern in der Wildnis. In der Pause verliess er als Letzter das Schulzimmer, lehnte sich im Hof an den Zaun und beobachtete die anderen. Die Mädchen mit Zöpfen und Schürzen, die Knaben geschoren, mit kurzen oder langen Hosen, Wollstrümpfen und Schnürstiefeln. Die meisten waren Bauern- oder Arbeiterkinder. Manche waren noch etwas gehemmt, doch einige Buben hatten begonnen, Fussball zu spielen. Als der Ball zufällig bei Fridli landete, nahm er ihn auf und warf ihn zurück.

«Aha, der Hülpi kann nicht kicken», rief ein frecher Stürchel, und die anderen lachten.

Fridli stiess sich vom Zaun ab, hinkte auf die Gruppe mit dem Langen zu und blieb vor ihm stehen: «Willst du Prügel?»

Der andere blieb stumm, und Fridli kehrte zurück an seinen Platz.

Schon in den ersten Tagen freundete er sich mit Köbi an, einem Arbeiterkind. «Kommst du mit in die Schwämme?», fragte er ihn eines Tages. Am nächsten Nachmittag zogen sie los.

«Jetzt ist Morchelzeit», wusste Fridli, «wir gehen an die Sihl.» Sie kämmten die leicht verbuschte Böschung beidseits des Flüsschens durch und wurden mehrmals fündig. Auf dem Nachhauseweg schlug Köbi vor, zusammen fischen zu gehen. Immer am Wochenende werde der Fabrikkanal geleert. In den Vertiefungen, wo das Wasser stehenbleibe, habe es Groppen. Er kenne einen Italiener, der die Fische kaufe.

«Sicher komme ich mit.» Fridli war begeistert. Er hatte einen Freund gefunden. Am Samstag um vier liefen sie zur Fabrik, doch der Kanal war noch nicht leer, sie hatten eine halbe Stunde zu warten, bis sie hinabsteigen konnten. Bald hatte Fridli das erste der kleinen, stachelig gefiederten Fischwesen mit den grossen Augen erhascht. Sie konnten sich tarnen und bei mangelnder Vorsicht schmerzhaft stechen. Vom Käufer lernte er im Laufe der Zeit wie ein Italiener fluchen. «Porco cane», «figlio di puttana» und andere melodische Liebenswürdigkeiten setzte er, ohne die Bedeutung zu kennen, in mehr oder minder passenden Momenten ein, erntete die Bewunderung einiger Mitschüler, einen Verweis des Lehrers und eine Ohrfeige der Mutter.

Die beiden Freunde sassen oft auf der Kanalmauer, liessen die Beine über dem Wasser baumeln, ersannen Räuber- und Jagdgeschichten und träumten von der grossen Welt. Einmal tanzte ein kleines Mädchen hinter ihnen vorbei und trällerte ein italienisches Lied. Begleitet wurde sie von ihrem Vater, der sich unter einen Baum in den Schatten setzte. Die Kleine zeichnete mit einem Stock Felder auf den gekiesten Boden und hüpfte dann geschickt von Fläche zu Fläche.

«Himmel und Hölle, kennst du das?»

«Ich habe schon zugeschaut, aber ich kann nicht hüpfen.»

«Ist ja nur ein Mädchenspiel.»

Mittlerweile war die Kleine auf die Mauer geklettert und machte vorsichtige Schritte wie auf dem hohen Seil. Dazu sang sie wieder.

Fridli erzählte von der Flaachemer Wildnis, seinem Forellenbach, dem Plündern der Vogelnester und von Beni, als plötzlich ein spitzer Schrei und ein Platschen den Frieden zerrissen.

«Das Mädchen!» Köbi schrak auf und rannte an die Stelle, wo es balanciert hatte. Fridli hinkte hinterher. Nun stürzten auch der Vater und weitere Kinder herbei. Die Kleine schrie, schlug mit den Armen, und plötzlich versank sie. Niemand konnte schwimmen. Köbi, dessen Vater in der Fabrik arbeitete, rannte in die Werkhalle und alarmierte den Meister. Dieser schickte zwei Männer mit langen Rechen zum Unfallort, die das Mädchen aus dem Kanal fischten. Sie war nicht mehr zu retten. Auf dem Wasser trieb langsam ein rotes Stoffband davon. Es bildete sich ein seltsamer Leichenzug, den Fridli zeitlebens nie vergessen würde. Auf einem Leiterwagen der Fabrik lag das Mädchen, zugedeckt mit dem Kittel des verzweifelt schluchzenden Vaters. Mit hängenden Köpfen trotteten ein halbes Dutzend Kinder unter der strahlenden Sonne hinter dem Wagen her über die Sihlbrücke nach Langnau.

Wie wäre das, tot zu sein, fragte sich Fridli, oder einfach nicht mehr da. Und fand keine Antwort. Sicher war: Die Toten waren Hunger, Spott und Schmerz für immer los. Dieser Gedanke wurde zur Versuchung und zum Trost. Wenn es nicht mehr auszuhalten wäre, gäbe es diesen Ausweg.

Doch das Mass war noch nicht voll. Im Sommer trat sich Köbi, sein kleiner Freund, einen Nagel in den Fuss, und wegen der vernachlässigten Verletzung starb er an Starrkrampf. Die Klasse sang zum Abschied ein Lied in der Kirche. In dieser Nacht weinte Fridli das Kissen nass, versuchte dabei leise zu sein, damit die Mama es nicht höre. Sie erwachte trotzdem, setzte sich an sein Bett und legte ihm die Hand auf die Stirn. Worte des Trosts fand sie keine. Fridli war dankbar für die Hand und für das Schweigen. Mit Köbi hatte er den Verlust von Vater, Brüdern, von Beni und der Flaachemer Wildnis zu ertragen gewusst. Köbi war ein Stück neue Heimat gewesen.

«Hast du keinen Vater?», hatte ihn Köbi einmal gefragt, Köbi, der nun in der Erde lag und nie mehr etwas fragen würde.

«Im Sommer ist er gestorben.»

«Gestorben ...»

«Er hatte immer schlimmere Schmerzen.» Fridli erzählte seine Erinnerungen in einem Zug, leise, fast flüsternd. Dann schien er aus einem bösen Traum zu erwachen. Heftiges Schluchzen begann ihn zu schütteln. Auch

Köbis Augen wurden nass. Sie schwiegen eine ganze Weile. Fridli putzte sich Tränen und Rotz aus dem Gesicht.

«Es ist, weil ich mich wieder an alles erinnere. Sie haben den Sarg gebracht und in die Scheune gestellt. Dann haben sie ihn begraben. Die Verwandten sind gekommen, auch der Detektiv.»

«Ihr habt einen Detektiv in der Familie?»

«Onkel Eduard, ein grosser, starker Mann. Er hat mir erzählt, was er macht. Er beobachtet und überführt Halunken, beschafft Beweismittel, fotografiert Verdächtige und vieles mehr. Ich werde auch einmal Detektiv.»

Ein halbes Jahr später erklärte die Mutter ihrem Jüngsten beim Morgenessen, sie zögen bald um, sie habe eine neue Stelle gefunden. Im April 1921 packten sie erneut ihre Habe und reisten ins Gfenn bei Dübendorf. Die Mutter würde einem ledigen Bauern den Haushalt besorgen. Eine neue Gegend, der Eintritt in die fünfte Klasse unter fremde Kinder und ein Banknachbar, mit dem er sich anfreundete. Der Bub wohnte auf einem Bauernhof am Rand des Flugplatzes.

Das Geräusch wurde lauter, als Fridli sich der Überlandstrasse näherte, sie überquerte und zum ersten Mal auf den Flugplatz-Hof humpelte. Vom Tuckern steigerte es sich zum Knattern. Von rechts nahte ein drahtiger Vogel, er wurde schneller, raste an ihm vorbei und hob ab in den Himmel. Er erinnerte Fridli an die Schwäne auf dem Rhein, die heftig flügelschlagend übers Wasser rannten, um allmählich in die Höhe zu steigen. Der Apparat hatte vorn zwei Veloräder, bestand aus einem feinen Holzgestell mit Drahtverspannung, war teilweise mit Sperrholz verkleidet, und die Flügel waren mit Stoff bespannt. Sein Propeller sah aus wie eine grosse, schlanke Schiffsschraube. Er erkannte den Piloten mit Helm und riesiger Brille, als er in seinem Vogel vorbeiraste. Bald darauf zog er Schleifen am Himmel, hatte sich vom Schwan in einen Milan verwandelt, stolz und frei.

Bereits zwei Monate später hiess ihn die Mutter, seine Sachen wieder zu packen, andertags zögen sie weiter. Wieso, er habe hier einen Freund gefunden. Aber mehr war von ihr nicht zu erfahren. Schon immer hatte er das Gefühl gehabt, nirgends dazuzugehören, jetzt war es tatsächlich so.

Juni 1921, wieder ein neuer Lehrer, wieder eine neue Klasse, im Wil bei Dübendorf, im Südosten vor dem Anstieg zum Dübelstein. Sie wohnten bei einem Witwer direkt neben der Kirche in einem alten Bauernhaus. Auch am neuen Ort sollte die Mutter den Haushalt besorgen und auf dem Hof mithelfen. Heiri Gull, ein kleiner, frommer Mann um die sechzig, hatte drei längst erwachsene Kinder. Der ergraute Meister wirkte verkniffen, was am schiefen Mund, halb verborgen unter einem gestutzten Schnauz, sowie an seinem misstrauischen Blick liegen mochte. Der Kirchenpfleger, Bauer und Viehhändler besass ein gutes Dutzend Kühe, sechs Schweine und viele Obstbäume. Auf dem Hof herrschte lebhafter Betrieb. Hermine sott die Wäsche in einem grossen Kupferkessel, im selben Behälter wurden die Kartoffeln für die Säue gar. Auch die kleinen Kuchen aus gepresstem Obsttrester, die in der Tenne in Reih und Glied trockneten, würden im Saustall landen. Nach der Schule half Fridli manchmal der Mama. Gull aber fand, der Bub müsse im Stall und auf dem Feld mitschaffen, schliesslich esse und schlafe er hier. Er lungere ständig herum, und man wisse nie, was er als Nächstes anstelle. Die Mutter widersprach. Er sei noch ein Kind und behindert, zudem hätten sie nichts dergleichen abgemacht. In Flaach hatte Fridli ab und zu einem Kleinbauern geholfen. Für ein paar Batzen, meist aber für Essbares, das er nach Hause gebracht hatte. Der Mann hatte nie ein böses Wort verloren, weder über die Armut noch über sein Hinken.

Wieder freundete sich Fridli mit einem Schulkameraden aus der Nachbarschaft an, auch ein Bauernbub. Dieser lud ihn ein zur Jagd auf eine grosse Wiese, gespickt mit Erdhügeln, aufgeworfen von Wühlmäusen. Die beiden fuhren mit einer Güllebänne aufs Feld und kippten die stinkende Brühe in einzelne Mauslöcher. Andere hatten sie verstopft. Den Mäusen, die bald aus offenen Ausgängen flohen, verhalfen sie zur «Reise in die ewigen Jagdgründe», wie der Bauernbub es nannte. Dabei hatten sie den halben Batzen vor Augen, den dessen Vater für jede selige Maus bezahlte. Bei warmem Wetter nahmen sie ein angenehmes Bad in der nahen Glatt, um sich wegen der Gülle nicht zu Hause unter Aufsicht waschen zu müssen.

Gull fand an der zwanzig Jahre jüngeren Witwe Gefallen. Sie war schön und tüchtig, konnte vorzüglich kochen und verstand es zu sparen. Er machte Hermine Avancen. Als der sechzehnjährige Hans sie einmal besuchte, zog sie ihn ins Vertrauen. Er wirkte schon erwachsen, und sie hatte sonst niemanden, mit dem sie reden konnte. Heinrich Gull begehre sie zu heiraten. Sie sei schon eine ältere Frau und bekäme etwas Sicherheit. Bald nehme sie keiner mehr, und dann sei sie bis ans Lebensende Dienstmädchen. Sie begann zu weinen.

Er wisse, dass sie es nicht einfach habe, aber der Gull möge ihn und die Brüder nicht.

Das gebe sich dann schon. Er dürfe niemandem davon erzählen.

Hans blieb einsilbig bis zu seiner Abfahrt.

Gulls Söhne mussten Lunte gerochen haben und kamen häufiger auf den Hof, um nach dem Rechten zu schauen. Fridli erlebte die Gulls, den alten wie die jungen, als frostige Leute – sie behandelten ihn wie einen, den man verdächtigte, Kirschen zu klauen. Nebst seinem neuen Freund war der Lehrer das Beste im Wil. Er war ein gütiger Mann, die Schüler hatten Respekt vor ihm und verehrten ihn. Freundlich hatte er Fridli der Klasse vorgestellt und die Kinder gebeten, ihm beim Heimischwerden zu helfen. Der junge Gisler spürte die Zuwendung und brachte zum ersten Mal Aufmerksamkeit und Fleiss auf, was sich in den Noten niederschlug. Doch es trieben ihn Sorgen um, denn auch er bemerkte, dass sich zwischen der Mutter und dem Alten etwas anbahnte.

«Mama, was will der Gull von dir?»

«Was sollte er wollen? Und überhaupt geht dich das nichts an.»

Er hatte Angst, auch die Mutter zu verlieren. Der Vater tot, die Brüder verdingt – er hing an ihr, sie war der letzte Rest von Familie. So unbändig und wild er draussen war, zu Hause suchte er stets ihre Nähe, was dem alten Gull gar nicht passte. Zum ersten Mal wurde Fridli klar, was ein Zuhause war. Auf dem Gabler, im Schollenberg und in der Platte hatten sie ein Zuhause gehabt. Sie waren eine Familie gewesen und hatten zusammengehört. Nun war er mit der Mutter unterwegs, aber ein Zuhause gab es nicht mehr.

Im September drehte sich das Karussell erneut. Mutter und Sohn verliessen den Gull'schen Hof und landeten im Wetziker Kosthaus einer Textilfabrik, wo Hermine zu arbeiten begann. Die Wohnung war ein einziger Raum, und das Klo im Treppenhaus teilten sie mit anderen Mietern. Fridli hatte die Schule in Unterwetzikon zu besuchen, die nächste neue Klasse, der nächste neue Lehrer. Wetzikon war ein grosses Dorf, rasch fand er Kontakte zu einigen Burschen in der Klasse und der Nachbarschaft. Als geschickter Wilderer trieb er sich mit ihnen auf den Feldern herum. Im Aabach machten sie mit Büchsen Jagd auf Glasaale, die Jungfische, die so durchsichtig waren, dass sogar die Innereien durchschienen.

Er sei nun schon ein grosser Bub, sagte die Mutter, bald dreizehn, schon fast ein Mann. Es sei einer vom Mietamt Wetzikon da gewesen, der habe ihnen verboten, im gleichen Zimmer zu wohnen. Der Vormund habe bestimmt, dass er nach Flaach komme zum Chüefer Jokeb, er wisse, zum Jakob Meier, auf Anfang Februar. Sie redete ohne Punkt und Komma daher, dann begann sie zu weinen.

Fridli verstand die Welt nicht mehr.

Als die Mutter wieder zu ihrer Stimme fand, tröstete sie ihn: Er könne wieder zu ihr ziehen, wenn sie nächstes Jahr Heiri Gull heirate, er habe es ihr in die Hand versprochen. Sie wolle, dass er weiter zur Schule gehe.

Fridli konnte nicht begreifen, dass die Mutter den alten Geizhals heiraten wollte, fragte dann, ob die Brüder auch ins Wil kämen. Sie wehrte ab, Hans werde im Frühling und Max ein Jahr später eine Lehre im Dorf beginnen, es sei normal, dass sie bei den Lehrmeistern wohnen würden. Aber für Fridli war klar, dass Gull die beiden nicht auf dem Hof haben wollte.

Er stürmte hinaus, liess sich nicht von der Mutter aufhalten. Hastig hinkte, fast rannte er durch das Dunkel dem Aabach entlang, fluchte wie ein Bauer und unterdrückte die Tränen. Nein, weinen wollte er nicht, auch wenn es so weh tat wie bei Köbis Tod. Ausser Atem blieb er stehen, hob Steine vom Boden auf und schleuderte sie mit voller Kraft über den Kanal an die Ufermauer.

Februar 1922, Flaach, fünfte Klasse, der Lehrer hiess Pfenninger. Fridli kannte ihn durch Hans und mochte ihn. Nach zwei Jahren war er als Verdingbub wieder am Heimatort gelandet. Immerhin stiess er in der Klasse auf Beni, seinen Freund aus den Tagen in der Platte, und traf nun ab und zu seine Brüder.

Max legte Fridli die Hand auf den Arm und sagte: «Jetzt sind wir halt alle drei Verdingbuben, schaffen wie Knechte und können so einen Beitrag an die Gesellschaft leisten, wie der Pfarrer im Konfirmandenunterricht gesagt hat. So ein Tubel!»

Es war ein Sonntagnachmittag im Sommer. Hans hatte einen halben Laib Brot mitgebracht, Max ein Stück Speck und Fridli eine Flasche Most. Seit dem Auseinanderreissen der Familie hatten sie sich zu dritt erst einmal eine halbe Stunde gesehen. Sie teilten den Proviant und liessen die Flasche kreisen.

Er könne nicht verstehen, dass die Mutter sie einfach aufgegeben habe, es komme ihm vor wie Verrat, sagte Max zu Fridli. Jetzt müsse auch er für so einen Chnoorzi schuften. Und ausgerechnet für den Chüefer Jokeb! Wie es ihm gehe dort.

«Ich kann ihm nichts recht machen, krampfe doppelt, will kein Krüppel sein.»

Kräftig sei er geworden, sagte Hans, was er schaffen müsse beim Chüefer. Alles mache er: im Rebberg, auf Feld und Acker, im Stall. Nebenbei hole er Vogeleier und müsse fischen gehen für den Tisch. Trotzdem bekomme er dauernd aufs Dach. Aber nachts verschwinde er manchmal und strollche durch die Wälder.

Wenn Fridli allein arbeitete, hockte er sich zur Erholung des Beines in längeren Abständen ein paar Minuten hin. War der Chüefer aber dabei, war das nicht erlaubt. Musste er sich trotzdem kurz setzen, nannte der Meister ihn einen faulen Hund.

Fridli biss ins Brot und fragte mit vollem Mund: «Und was macht ihr?»

Der Leiner sei auch ein Chnoorzi, ein humorloser. Aber die Frau sei in Ordnung, sagte Max.

Sie hatte ihm den Speck geschenkt. Die beiden waren schon um die sechzig und die Kinder schon lange fort. Sie schufteten von morgens bis in die Nacht, Max natürlich auch. Ob vom Schaffen oder vom Wohnen, ihn schmerzten ständig die Beine. Die Nachbarin, die Hebamm, behauptete, es sei die Gliedersucht, es habe auf dem Hof eine Wasserader. Max wohnte in einem Verschlag unter dem Dach, glühend im Sommer, eisig im Winter. Im Folgejahr werde er eine Lehre beginnen, dann komme er weg. Er wollte Sattler werden, wie der Vater.

Hans dagegen hatte schon im April beim Schneider Fehr mit der Lehre begonnen. Wagner Chueris Frau hatte ihm im Auftrag des Vormunds drei Berufe vorgeschlagen: Zimmermann, Schuhmacher oder Schneider. Zimmermann sei zu anstrengend für ihn, hatte sie entschieden, und als Schuhmacher müsse er den alten Weibern die stinkigen Schlarpen flicken. So schickte er sich ins Los und wurde Schneider. Gern wäre er Zimmerer geworden. Zwar feingliedrig wie Max, war er auf dem Hof zu einem kräftigen und zähen Burschen erstarkt.

Das sei schade, er wäre sicher ein guter Zimmermann geworden, sagte Fridli. Wie die Wagners zu ihm gewesen seien.

Es waren auch Alte, Kleinbauern wie andere, mit ausgeflogenen Kindern, die sich keinen Knecht leisten konnten. Darum hatte der Vormund sie bei solchen Leuten versorgt. Sie behandelten ihn gut, und er bekam genug zu essen. Man redete nicht viel miteinander, kaum mehr als mit den Tieren. Auch er hatte überall mitgeschafft. Wie es sich gehörte, hatten sie ihm zum Schluss das Konfirmandenkleid, Hemd, Krawatte, Hut, Schuhe und Schirm gekauft.

«Jetzt bin ich ausstaffiert wie für eine Modeschau. Wenn ich die Lehre einmal abgeschlossen habe, werde ich aus diesem Kaff verschwinden. Vielleicht gehe ich wieder in die Stadt. Vielleicht mache ich ein Atelier auf für elegante Massanzüge.»

«Ich werde auf Reisen gehen», sagte Max, «und niemand wird mir vorschreiben, wohin.»

Fridli dagegen dachte an Onkel Eduard. «Detektiv zu werden, würde mir gefallen. Aber ob das geht mit meinem Bein?»

«Du musst dein Leben in die eigenen Hände nehmen», hatte der Detektiv-Onkel an der Beerdigung des Vaters zu Fridli gesagt, aber erst jetzt verstand er, was er gemeint hatte.

Auf dem Chüeferhof fühlte Fridli sich wie der Kater, der Mäuse zu jagen hatte und ab und zu einen Tritt erhielt. Er musste arbeiten, wo immer seine Hände gebraucht wurden. Der Meister verteilte Ohrfeigen und die Meisterin das lieblos Gekochte auf die Teller. Chüefer Jokeb war ein mürrischer, wortkarger Mann, kräftig und gedrungen, mit struppigen angegrauten Haaren, unsteten Augen und meist stoppelig schwarz im Gesicht. Er war um die vierzig, seine Frau ein halbes Dutzend Jahre jünger, ebenso mürrisch und schweigsam. Sie hatten keine Kinder. Fridlis Mutter hatte ihre Kleider instand und sauber gehalten, mochten sie auch abgetragen gewesen sein. Die Chüeferin dagegen schien auf solches wenig Wert zu legen. Auch Fridlis Kleider wurden nicht mehr oft gewaschen. So, wie er im Stall arbeitete, ging er zur Schule, nur die Hose wechselte er. Es gab höchstens dreimal im Jahr eine grosse und dazwischen, wenn es nicht mehr anders ging, eine kleine Wäsche.

Er sei das Fressen nicht wert. Das wurde zu Fridlis Lebensgefühl bei den Chüefers. Dabei war das Fressen nicht zum Rühmen. Sie habe weit Besseres auf den Tisch gebracht mit ihrem dünnen Portemonnaie, hatte er der Mutter in einem Brief geschrieben. Gesehen hatte er sie nicht mehr seit der Trennung in Wetzikon. Zum Essen stand immer Apfelwein auf dem Tisch. Alkohol war Alltag bei den Chüefers. An die dreitausend Liter Most liefen im Laufe des Jahres durch ihre Kehlen. Most und Schnaps produzierten sie selbst. Nach der ersten und zweiten Pressung von Obst und Weintrauben füllten sie den Trester in Fässer und versiegelten diese mit Deckeln aus Lehm und einer Art Mörtel aus vermanschtem Strassenstaub. Im Laufe des Winters kam der Störbrenner mit der fahrbaren Anlage und bescherte ihnen gegen hundert Liter hochprozentigen Träsch.

Im Haus der Chüefers lebten auch Jokebs Eltern, beide über achtzig.

«Bueb, bring mir einen Schnaps, der Bauch tut mir weh, nein, bring die Flasche!», konnte man den Alten hören. Er hatte jedes Jahr so lange Bauchgrimmen, bis der ganze Vorrat weggesoffen war. So sass Fridli mit vier chnoorzigen Erwachsenen am Tisch, lauschte ihrem Schmatzen und dem Gluckern der sich füllenden und leerenden Gläser. Das Essen kam lieblos auf den Teller, war aber reichhaltiger, als Fridli es gewohnt war. Zum Frühstück schenkte die Meisterin Kaffee ein, setzte ihnen Brot, Butter und manchmal Konfitüre vor. Am Abend briet sie eine Rösti oder wärmte die Reste des Mittagessens auf. Einmal im Jahr schlachtete man eine Sau, räucherte Schinken und Würste und lagerte sie in einem Aschefass, um die Fliegen fernzuhalten.

«Gibt es am Sonntag gebackene Forellen?» Eine beliebte Frage des Meisters, der keine Antwort erwartete. Fridli wusste, was zu tun war. Er fing im Laufe der Zeit mehr Fische im Bach als der Herr mit Patent und Angelrute. Fischen und Jagen lagen ihm im Blut. Die Arbeit auf Acker und Feld dagegen war für ihn beschwerlich.

An einem Sonntag tischte die Meisterin Hasenbraten auf, und selbst Fridli bekam ein schönes Stück. Der Chüefer begehrte auf, was ihr einfalle, dem Hülpi einen ganzen Schenkel zu geben.

«Er ist das Fressen nicht wert.»

Aber, sagte die Frau, der Bub habe den Hasen geschossen. «Na und», blaffte der Meister. Dazu sagte die Chüeferin nichts mehr, so wie sie meist zu allem schwieg. Aber der Schenkel blieb auf Fridlis Teller, er schluckte Tränen und Wut hinunter.

Ich muss es immer wieder beweisen, dachte er. So war er am folgenden Sonntag früh, die Sonne kämpfte mit dem Nebel, die braven Leute schliefen noch, oder sie machten sich für den Kirchgang schön, am Flaacherbach auf der Jagd. Die Böschung war an manchen Stellen mit Weidenfachwerk verstärkt, unter dem das Wasser Hohlräume ausgewaschen hatte, die den Forellen als Unterschlupf dienten. Fridli hockte im Bach, hatte schon drei Stück erhascht, ihnen das Genick gebrochen und sie am Ufer zwischen Grasbüschel geklemmt. Es war sein Stolz, sie mit blossen Händen gefangen zu haben.

Plötzlich brach eine tiefe Stimme in seine Konzentration: «Schau, gleich springt eine ins Wasser zurück.»

Er erkannte über sich den Kopf eines Bauern und machte ihn spontan zum Komplizen: «Sie haben aber nichts gesehen!»

Dieser lachte, sein Name sei Hase, er wisse von nichts, und verabschiedete sich.

Unrechtsgefühle hatten bei den Chüefers keinen Platz, sie sorgten auf ihre Art für das Überleben, und Fridli hatte mitzutun. So hatte Jokeb mit der Besitzerin des Schlosses vereinbart, dass er für eine kleine Saisonpauschale jeden Morgen das Fallobst mitnehmen dürfe. Der Wind musste in den Bäumen ums Schloss heftiger geblasen haben als anderswo, denn kaum die Hälfte der Früchte blieb im Geäst. Auch Gemüse aus fremden Gärten kam auf den Tisch, wenn man Fridli dafür ausschickte.

Früher hatte er für die eigene Familie Hasen gejagt, Nester geleert – der Not und dem eigenen Jagdtrieb gehorchend, aber gestohlen hatte er nie. Mutter wie Vater hätten ihn bestraft, auch als Arme hatten sie rechtschaffen und ehrlich zu sein.

«Das Fressen nicht wert», immer wieder sagt er das, «wie ein Vogt ist er manchmal hinter mir her, der Chüefer, und ich kann ihm nichts recht machen. Dann wieder bin ich ihm völlig egal.» Während er mit Beni über den Rheindamm strielte, erzählte er zum wiederholten Mal von den täglichen Demütigungen. Benis geduldiges Zuhören tat ihm gut. In den seltenen Momenten mit ihm oder den Brüdern war er glücklich. Im Jahr der Verdingung hatte er von der fünften in die sechste Klasse gewechselt und anschliessend wie seine Brüder in die Repetierschule. Nun sass er von Frühjahr bis Spätherbst nur noch an zwei Vormittagen in der Schulbank. Weil er immer müde war, empfand er es als wohltuende Abwechslung. Das Beste aber war das Zeichnen, dann war er hellwach. Er hatte die Begabung, mit dem Bleistift Pflanzen, Tiere und Menschen naturgetreu abzubilden, wofür der Lehrer ihn stets lobte. Das ermutigte ihn, auch nachts bei Kerzenschein zu üben. In der kurzen Zeit bis zum Ende der sechsten Klasse hatte die Gemeinde dem Chüefer einen Beitrag an die Lebenskosten Fridlis bezahlt, anschliessend hatte der Knabe Kost und Logis als Knecht zu verdienen, was er längst tat. Der böse Spruch aber über seinen Wert blieb nicht im Haus, der Chüefer gab ihn auch am Stammtisch zum Besten. Von dort sprang er via Familientisch zu den Mitschülern, die in der Pause höhnten, er sei noch einmal des Chüefers Untergang.

Seit einer Stunde hackte Fridli mit dem Chaarscht, der dreizinkigen Hacke, Unkraut aus dem Acker. Ich kann das so gut wie jeder andere, dachte er. Nur der Fuss macht mir Mühe, mit dem werde ich nie richtig laufen können. Ein Spitzfuss sei das, hatte der Doktor gesagt. Sie lachen über mich, der Meister spottet und schimpft, dabei schaffe ich doch immer. Wenn es nicht mehr geht, mache ich Schluss. Dann habe ich alles hinter mir. Es sei die Erlösung, hatten sie nach Vaters Tod gesagt. Wie könnte ich es anstellen? Ich müsste von der Brücke in den Rhein springen, Mäusegift schlucken oder mich mit dem Terzerol erschiessen. All diese Möglichkeiten riefen Widerspruch in ihm selbst hervor: Das Gift fand kein Vertrauen, das Terzerol, seine uralte Vorderladerpistole, und der Rhein waren Freunde. Er legte den Chaarscht weg und setzte sich auf einen Findling – ums Heulen war ihm zumut. Hatte er Angst? Nein, die Angst war schon lange verschwunden. Er dachte an Beni und die Brüder, sie würden ihn abhalten und ihm Hoffnung machen.

Der Chüefer, dieser Sauhund, und die Dorfchnoorzis waren das Sterben nicht wert. Er packte den Chaarscht und begann wie ein Berserker weiterzuhacken. Denen würde er es zeigen. Keiner sollte ihm mehr Hülpi oder Armegüetler ins Gesicht sagen, sonst würde er es bereuen.

«Wo warst du wieder, du fauler Hund?» Bevor Fridli ausweichen konnte, schrammte der Handrücken des Meisters schmerzhaft über sein Gesicht.

Er blieb stumm, der Chüefer wollte keine Antwort. Fridli hatte den Hühnerstall ausgemistet, ein Stück Brot in der Küche geholt und war auf dem Weg zu den Sauen, als er dem Meister über den Weg lief. Seit Tagen war der Bauer ungeniessbar, es musste etwas im Gange sein.

«Verschwinde und hol Forellen!»

Er humpelte zu Hans, um mit einem normalen Menschen reden zu können. Noch ausser Atem, erzählte er mit brüchiger Stimme von Chüefers Launen.

«Dieser blöde Kerl!», der grosse Bruder klopfte Fridli auf die Schulter, «gut, bist du hergekommen, wir haben Glück, der Fehr ist nicht da. Was sagt eigentlich die Chüeferin, wenn er dich so behandelt?»

«Ich bin ihr egal. Sie redet nur, was sein muss, mit dem Chüefer oder mit mir. Aber erzähl, wie geht es dir als Schneiderstift?»

Er lachte und erzählte, eben, vor Fridlis Besuch, sei die Frau des Schlossers Heiri, eine wahre Matrone, ins Atelier gerauscht. «Ach, duuu bist der neue Lehrling», hatte sie ohne Gruss gesagt. Sie wolle ihre Sachen holen, der Fehr habe sie bereitgelegt. Hans hatte, um ihr das «duuu» heimzuzahlen, gefragt, wie der Name laute. Sie hatte mit ihrem Mann einen Laden, alle kannten sie, und sie fühlten sich im Dorf als wichtige Geschäftsleute. Sie war mit ihrem Kleiderstapel wutentbrannt abgedampft.

Wie er mit dem Meister und seiner Frau auskomme, wollte Fridli wissen. Die seien, wie sie aussähen. Er dürr wie das tapfere Schneiderlein, mürrisch und humorlos, streng und genau. «Ich habe mir kürzlich ein Stück Profilgummi gekauft, zugeschnitten und auf die Schuhe genagelt, Gummisohlen sind modern.» Da habe der Fehr ihm befohlen, den Gummi wegzumachen, das sei nichts für Leute wie ihn. Die Fehr bringe deutlich mehr auf die Waage, und sie habe die Hosen an. Wenn er etwas Spezielles wolle, halte er sich an sie. Man müsse ihr flattieren, das habe sie gern.

«Ich habe gehört, du gehst zu den Methodisten.»

Das sei Dorfklatsch, gab Hans zurück. Er habe über Schach gelesen, aber keine Spielpartner gefunden. Fehr habe ihn in seine Kirche mitgenommen und den Bernete vorgestellt. Die ganze Familie spiele Schach. Seitdem sitze er mit ihnen am Brett. In der Kirche sei er nur dieses eine Mal gewesen, er sei nicht etwa fromm geworden. Apropos fromm, es seien nicht alle wie der Gull oder ihr sauberer Dorfpfarrer, bei dem nur die Mehrbesseren zählen würden. Die Bernete seien in Ordnung. Es seien übrigens auch Gislers.

Falls es für die Familie noch eine Hoffnung gegeben hatte, im Mai 1923 starb sie endgültig. Hermine Gisler verheiratete sich mit Heiri Gull, und die Gull-Kinder machten gute Miene, trotz ihrer Sorge um das Erbe. Es gab ein langes und feuchtfröhliches Fest, das die letzten mit einem Röstifrühstück beschlossen. Hans radelte im Morgengrauen von Dübendorf zurück nach Flaach. Fridli war nicht eingeladen worden, den Hülpi wollten die Gulls nicht dabeihaben. Max weigerte sich zu gehen. Als ihm Hans die Einladung der Mutter gebracht habe, sei er wütend geworden.

«Als Gäste sind wir also recht, aber als Söhne zählen wir nicht.»

Aber die Mutter sei doch machtlos, antwortete Hans.

Darauf sei Max explodiert: Er solle ihn in Ruhe lassen mit dieser Sauerei und abhauen!

Immer, sagte Hans zu Fridli, müsse er den Kopf hinhalten für den Mist der anderen.

Die frisch gebackene Ehefrau musste bald darauf Farbe bekennen und Fridli beibringen, was sie wohl schon lange wusste, Max und Hans ahnten: Der Alte wollte ihn nicht im Wil. Er stellte sich dumm, wusste nichts mehr von seinem Versprechen. Mutters Brief war tintenverschmiert.

Im Wil, den 13. Mai 1923

Mein lieber Fridli

Dass Du jetzt doch nicht bei mir sein kannst, tut mir weh. Es geht einfach nicht, aber so bist Du wenigstens in der Nähe Deiner Brüder. Ich werde Dich besuchen, wenn ich kann.

Ich grüsse Dich herzlich

Deine Mama

Fridli stand neben dem dunklen, eichenen Katheder von Lehrer Pfenninger. Die Morgensonne fiel mild ins Zimmer, er sehnte sich hinaus an den Fluss. Leise sagte er, sodass niemand sonst es hören konnte: «Ich muss beim Chüefer bleiben, der Gull will nichts von mir wissen.» Nur mit Mühe unterdrückte der Vierzehnjährige die Tränen.

«Wir werden es gut haben miteinander.» Lehrer Pfenninger legte ihm mit leichtem Druck die Hand auf die Schulter. Er war ein einfühlender und warmherziger Mann, schien sehr gut zu verstehen, wie es in Fridli aussah und was es bedeutete, ein Verdingbub zu sein.

Das ist der einzige Erwachsene ausser Benis Vater, vor dem ich Achtung habe, dachte Fridli.

Zwei Monate danach, an einem Sonntagnachmittag, das Dorf brütete seit Tagen unter einem hohen, stahlblauen Himmel, weder Hund, Katze noch Maus zog es ins Freie, strichen zwei Buben auf Indianerpfaden durch Feld und Busch.

Fridli stutzte. Ein Bauer hatte seinen Pflug unter einem Baum stehen lassen. Auch Beni hatte das Vehikel entdeckt. Sie nickten sich zu, tuschelten und zogen beide auf unterschiedlichen Wegen ab. Fridli griff sich in Chüefers Scheune ein paar Stricke, und Beni lieh in seines Vaters Budik Werkzeuge aus. Denen zeigen wir es, dachte Fridli und wusste selbst nicht genau, was er damit meinte. Von «denen da oben» hatte Papa immer mit Wut gesprochen. Wieder beim Pflug aus Holz und Eisen angelangt, begannen die Buben wortlos zu arbeiten, warfen sich nur von Zeit zu Zeit Blicke zu. Schraubten Teil um Teil los, zuerst den Riester, das seitliche Brett, das die abgetrennte Scholle wendete, dann den Keil, das Messer, die Räder und die Achse, bis nur noch der Pflugbaum übrigblieb. Mit Umsicht ordneten sie alles im Gras und nickten sich zu. Beni kletterte auf den Baum, zog eines der Seile hinter sich her und knüpfte es in die Krone. Fridli befestigte das andere Ende am Pflugbaum und kletterte dem Freund nach. Gemeinsam zogen sie das lange Stück in die Höhe und verkeilten es im Geäst, hievten anschliessend alle Einzelteile in der richtigen Reihenfolge auf den Baum, um sie gleich zu montieren. Harte Arbeit, viel Schweiss und blaue Flecken. Sie stiegen vom Baum, entfernten sich eine Steinwurflänge, beschauten das Wunder und gaben sich gegenseitig einen Stoss in die Seite. Niemand hatte sie gesehen. Wiederum auf getrennten Wegen kehrten sie nach Hause zurück.

Allerdings gehörten sie zu den Verdächtigen. So folgte die Klage des gedemütigten Bauern, der zum Dorfgespött geworden war, ohne Verzug. Doch weder der Chüefer noch Benis Eltern oder der Lehrer hielten es für denkbar, dass die beiden diesen Streich verübt hatten. Man tippte auf ältere Burschen oder Erwachsene.

Beladen wie ein Lasttier mit Sattlerkiste, Koffer und einem ausgestopften Eichhörnchen, tauchte Max im Juli 1924 auf dem Chüeferhof auf und bat Fridli darum, die Sachen bei ihm lagern zu dürfen. Auf Vaters Sattlerkiste war er stolz. Ein aufklappbarer Holzkoffer, vollgepackt mit Scheren, Ahlen, Sattlernadeln, einem Hammer, gewachsten Garnen und mit jenem Halbmond, der einmal an Fridlis Kopf vorbei in die Schollenberg'sche Kammerwand gesaust war.

Als sie die Reichtümer die Treppe hochtrugen, fragte Max, wie das gewesen sei mit dem Pflug, das habe ihm gefallen, aber Fridli lächelte bloss. Oben setzten sie sich auf den Strohsack, auf dem Fridli schlief, eine Art Matratze mit einem Schlitz in der Mitte, durch den man das Stroh von Zeit zu Zeit wieder gleichmässig verteilen oder auswechseln konnte. Vor drei

Monaten war Max zum Bauern und Sattler Fehr gezogen, um die Lehre anzutreten. Zum Sattlern kam er aber nicht oft, weil der Meister ihn ständig zur Arbeit aufs Feld schickte. Max hatte über die Tage Buch geführt. Weniger als die Hälfte war er als Sattler im Einsatz gewesen. Nun war ihm der Kragen geplatzt, er hatte seine Sachen gepackt und war abgehauen.

«Unser Vater hat doch die Lehre beim alten Fehr gemacht», sagte Fridli.

«Ja, aber er hat auch gesagt, der Junge sei dem Alten nicht vom Baum gefallen. Er ist ein ungehobelter Kerl. Ein Original sei er, sagen die Leute. Aber für mich hat ein Original etwas Gmögiges. Der Fehr jedoch ist zum Kotzen, er ist ein schlimmer Grobian.» Die Bauern seien ein grobes Volk, und er möge sie nicht. Vater sei anders gewesen. Ihn habe er verstanden, auch seinen Zorn. Gegen diesen Zorn könne man nichts machen, der breche einfach aus. Fridli hatte Mutters oft wiederholten Seufzer im Ohr, Max sei wie der Vater. Und Max hatte einmal erzählt, er habe Angst, auch so hoffnungslos zu scheitern wie dieser.

Ob er Papier habe. Max schrieb einen langen Brief an den Armenvogt mit einer Aufstellung der Tage in der Werkstatt, auf dem Feld und in der Berufsschule. Er beschrieb die Unordnung bei Fehr, die fehlende Betreuung des Lehrmeisters und berichtete auch von einem Stipendium, das ihm der Kanton zugesprochen und an Fehr überwiesen hatte, fünfzig Franken, die ihm dieser nicht aushändigen wollte. Das hatte die versalzene Suppe zum Überlaufen gebracht. Ein ähnliches Schreiben richtete er an Fehr, der später behauptete, so etwas könne der Bursche unmöglich selbst aufgesetzt haben. Nachdem sie ein Glas Most geleert hatten, zog Max weiter, um in einem der Nachbardörfer bei einem Bauern zu arbeiten. Fridli bewunderte den Bruder für sein sprachliches Geschick und dafür, dass er sich nicht alles gefallen liess. Es machte ihm Mut. Die Sachlage war so klar, dass der Lehrvertrag aufgelöst wurde. Mutter Hermine konnte den Dübendorfer Sattler Wanner dazu bewegen, Max aufzunehmen, und die Flaachemer stimmten zähneknirschend zu, denn das Lehrgeld war um fünfzig Franken höher.

Dass die Erwachsenen Fridli wegen seiner Behinderung oft nicht ernst nahmen, brachte auch mit sich, dass sie zuweilen in seiner Gegenwart die vertraulichsten Dinge verhandelten. So beobachtete er, wie der Viehhändler aus Eglisau, den sie überall nur den Jud nannten, dem Chüefer zwanzig Fünfzigernoten auf den Tisch klopfte. Mit dem Geld baute der Bauer Stall und Scheune um. Als nach einem Jahr die Tilgung der Schuld fällig war, konnte er nicht bezahlen. Fridli hörte ihn mit der Frau streiten, und ein paar Wochen später war er Zaungast bei der Gant, als Chüefer Meiers Habe unter den Hammer kam.

Für Fridli hatte damit die Zeit beim Chüefer im Frühling 1925 ein Ende, eine neue begann beim Wilson. Jakob Frei, so hiess er eigentlich, war Geissenbauer. Fridli fand, Wilson sei ein armer Teufel, der zu kämpfen habe wie die meisten der Kleinen. Zum Überleben trugen Gelegenheitsarbeiten im Dienst der Gemeinde bei. Oft war Wilson besoffen und wurde jähzornig. Dann wich Fridli ihm aus. Dabei hielt er ihn nicht für einen schlechten Kerl, eher für einen hoffnungslosen. Der ledige Bauer und seine Stiefschwester, die den Platz der Hausfrau einnahm, plagten ihn nicht, sie füllten auch seinen Teller wie ihre eigenen. Wilson war einsilbig, während das Fräulein fortwährend über die Flaachemer schimpfte.

Wilson harkte eines Nachmittags frühe Kartoffeln aus seinem Äckerlein, und Fridli trug sie in einem Korb zum Leiterwagen. Der Meister wankte bei der Arbeit, denn er hatte bereits zu viel Most getrunken, und es war heiss. Fridli fürchtete, er hacke sich in die eigenen Füsse.

«Macht Pause und gebt mir den Chaarscht.»

«Du fräche Siech, ich bin noch lange nicht besoffen», Wilson drohte Fridli mit der Hacke.

Der blieb vor dem Bauern stehen, schaute ihm in die Augen, sagte: «Du ziehst den Kürzeren.»

Der Meister wich zurück. Damit verschaffte sich Fridli für die Zukunft Respekt bei dem Mann, der sein Pflegevater sein sollte. So kam es, dass sie auf dem Feld, vor allem wenn Wilson getrunken hatte, wie Kumpel Kalbereien anstellten, statt ernsthaft zu arbeiten. Seit dieser Zeit duzte der Bub den Meister. Fridli wusste, was auf dem Hof zu tun war, erledigte seine Arbeit selbstständig, abends und nachts machte er, was er wollte. Überdies putzte er für kleinen Lohn im Restaurant Weingarten Fässer, und wenn die Vögel Lust auf reifende Trauben bekamen, liess er sich von den Bauern anheuern, um als lebendige Vogelscheuche in die Luft zu schiessen.

Wie die Trauben für den Fuchs hingen Fridlis Chancen als Hülpi bei den Mädchen unerreichbar hoch. Darum gab er sich anderen Leidenschaften hin. Offen wie ein grobporiger Schwamm saugte er alles auf, was die Enge der dörflichen Welt sprengte. Je fantastischer die Geschichten, die er in Illustrierten, Schülerkalendern oder Büchern aufschnappte, desto gieriger nahm er sie auf. Sport, exotische Länder, Übersinnliches – alles, was fremd war, interessierte ihn brennend. Er las über die Kolonialkriege in Nordafrika, die Unterwerfung der Marokkaner, über die Indianer am Amazonas und die Versklavung von Afrikanern.

«Unglaublich spannend – und schlimm! Davon haben wir in der Schule nichts gehört.»

«Eigentlich seid ihr Verdingkinder auch Sklaven», sagte Beni.

Parallel zum Körperwachstum entwickelte sich Fridlis Spitzfuss ins Extreme und behinderte ihn zunehmend bei der Arbeit und beim Strielen in der Wildnis. Als er nur noch langsam und unter Schmerzen gehen konnte, suchte er Rat beim Armenpfleger. Man könne nichts machen, sagte der, das sei nun halt sein Schicksal. Einen Augenblick fühlte Fridli sich wie der Kleine, den die anderen nicht mitspielen liessen. Dann aber wurde er wütend, verliess grusslos und türknallend die Kanzlei, um Lehrer Pfenninger aufzusuchen. Der war entsetzt, als er den Fuss sah, und versprach, Mutter und Vormund anzurufen und für die sofortige Behandlung im Balgrist zu sorgen.

Mitte Juli 1926 wurde Fridli operiert. «Ich war auf der Schlachtbank», nannte er das später. In der schlaflosen Nacht danach bekämpfte er die Schmerzen mit den deftigsten Kraftausdrücken. Er schimpfte dermassen, dass die Nachtschwester ihn voller Entsetzen beschwor aufzuhören.

«Du bringst dich mit deinem gottlosen Fluchen in die Hölle!»

Der Tag brachte Ablenkung, in der zweiten Nacht musste er sein Repertoire nicht mehr ausschöpfen. Sein Bettnachbar tröstete ihn. Fridli fühlte sich beschämt, denn der andere war fast ganz gelähmt. Heilung und Therapie beanspruchten Zeit und Geduld.

Ein weiterer Mitpatient erzählte ihm von der Lehre Emile Coués. Autosuggestion könne Schmerzen lindern, manchmal auch Krankheiten heilen. Fridli war elektrisiert, ihm schien, das sei genau das Richtige für ihn. Der andere wollte wissen, wie er so lange mit dem Spitzfuss habe werken können.

«Ich habe auf die Zähne gebissen», sagte Fridli, «bis es fast nicht mehr gegangen ist.»

Er scheine einen starken Willen zu haben, lobte ihn der Coué-Anhänger. Als er heimkehren durfte, überliess er Fridli eine Broschüre über die Methode. Er sagte, wer die Autosuggestion beherrsche, könne auch das Hypnotisieren lernen.

Begeistert verinnerlichte Fridli die beiden Leitsätze Emile Coués: «Jeder Gedanke in uns ist bestrebt, wirklich zu werden.» Und «Nicht unser Wille, sondern unsere Einbildungskraft, die Fähigkeit, sich etwas glauben zu machen, ist die bedeutsamste Eigenschaft in uns.» So könne man grosse Erfolge mit der einfachen Übung erzielen, sich lebenslang täglich nach dem Erwachen und vor dem Schlafen etwa zwanzigmal halblaut vorzusprechen: «Es geht mir mit jedem Tag in jeder Hinsicht immer besser und besser.»

Mit einer mächtigen Beinschiene und angepassten Schuhen sollte auch Fridli bald entlassen werden. Der Professor empfahl, vor der Wiederaufnahme der Arbeit eine Erholungspause mit vorsichtig zunehmender Belastung einzulegen. Fridli schrieb der Mutter und fragte, ob er zwei Wochen bei ihr wohnen dürfe. Am Tag vor der Entlassung erreichte ihn endlich der zustimmende Bescheid.

Gull hatte keine Freude am ungebetenen Gast. «Du kannst bereits wieder richtig laufen, das Hinken ist fast weg. Es ist Zeit, wieder zu arbeiten.» Täglich mehrmals rieb der Bauer dem Burschen seine Fortschritte unter die Nase.

Als nach fünf Tagen auch Hans zum Wochenende auf den Hof kam, um die Mutter und Fridli zu besuchen, wurde es dem alten Frömmler zu viel. Er holte Hilfe bei seinem Ältesten, der am Abend wie das Jüngste Gericht über die beiden Brüder und die Mutter hereinbrach. «Was ist das für eine Art, hier tagelang zu schmarotzen, ihr solltet euch schämen! Anständige Leute schaffen, aber ihr hockt herum und fresst die Küche leer.»

Hans verging die Lust am Besuch und Fridli auf Erholung. Am nächsten Tag reisten beide ab.

Was man mit seinem Bein angestellt habe, wollte Wilson wissen.

Fridli griff nach einem Zettel in der Hosentasche und erzählte, was er dem Arzt aus der Nase gezogen hatte. Weil er in den letzten Jahren schneller gewachsen sei als die Achillessehne, habe sich ein Spitzfuss entwickelt. Nun habe man die Sehne verlängert, er könne jetzt normal stehen, und das Gehen falle ihm leichter. Ein bisschen hinke er noch immer, das linke Bein sei kürzer, darum müsse der eine Schuh höher sein. Der Doktor habe ihm auch erklärt, wie er geschnitten und genäht habe, doch das habe er nicht ganz begriffen.

Wie er überhaupt zu diesem Bein gekommen sei, fragt Wilson weiter.

Kinderlähmung habe er gehabt. Aus eigener Erinnerung wusste er natürlich nichts, kannte nur die Erzählung seiner Mutter. Im Alter von sechs Wochen sei er mit der Krankheit angesteckt worden. Der Hausarzt habe empfohlen, das Bein mit Ziegenbutter einzureiben, ein anderer Arzt aber sofort auf Polio getippt. Er sei ins Orthopädische Institut des Professors Schulthess gebracht worden und später immer wieder in den Balgrist.

Mit langen, vollen Haaren, gut genährt und mit leicht rundlichen Backen war er nach Flaach zurückgekommen. Blau die klaren Augen unter der hohen und breiten Stirn, schön geschnitten Nase und Mund, kräftig das Kinn und verschwunden der Spitzfuss. Plötzlich wurde ihm Aufmerksamkeit zuteil. Im Konfirmandenunterricht machte er eine unerwartete Eroberung, doch leicht hätte es stattdessen eine Schlägerei abgesetzt.

Ein Bauernsohn spottete, man habe das Hinkevögelchen wohl aufgepäppelt im Spital. Bevor Fridli der aufsteigenden Wut freie Bahn lassen konnte, hatte sich ein blond bezopftes Mädchen dazwischengestellt. «Du bist ein blöder Schwätzer, kannst du dir vorstellen, was es bedeutet, so ein Bein zu haben?» Und zu Fridli, der bereits eine kriegerische Haltung eingenommen hatte, raunte sie: «Es lohnt sich nicht, sich mit dem Löli zu prügeln.»

Natürlich kannte Fridli Klara, die Tochter eines der wenigen grösseren Bauern im Dorf. Die meisten Burschen schielten nach dem hübschen, aber zurückhaltenden Mädchen. Er machte keine Ausnahme, hätte sich aber nie getraut, sie anzusprechen. Nun schenkte sie ihm ein warmes Lächeln. Ihr

Dazwischentreten hatte ihm Eindruck gemacht. Statt ihr zu sagen, dass er sich selbst zu wehren wisse, quollen aus seinem Mund ganz andere Worte.

Am folgenden Sonntag schlenderten Fridli und Klara durch den Wald, dann dem Volkemerbach entlang. Sie setzten sich am Waldrand in den Schutz eines verlotterten Schuppens und des davorstehenden mächtigen Haselbusches. Sie erzählte vom elterlichen Hof, dass sie nur Mädchen seien und sie die Älteste, die Vorbild zu sein habe, was ihr nicht immer gelänge. Ihre energischen Züge, die blitzenden Augen und die warme Stimme machten Fridli Eindruck. In seinem Innern rumorte ein unbekanntes Tier, stürzte ihn in flaue und gleichzeitig aufregende Empfindungen.

Ihr Vater hätte sicher keine Freude, sagte er mit heiserer Stimme, wenn er wüsste, dass sie mit ihm spazieren gehe. Wieso sie sich eigentlich eingemischt habe.

Dieser Löli laufe ihr nach, mache immer dumme Sprüche.

«Du hast ihm also nur eins auswischen wollen?»

Nein, ihr habe schon immer gefallen, dass er sich nicht unterkriegen lasse – leicht habe er es ja nicht gehabt bisher. Ob er erzählen möge.

Fridli berichtete vom Gabler, von der Kinderlähmung, von Vaters Tod, von Chüefer Jokeb und von Wilson. Es sprudelte aus ihm heraus, doch versuchte er, die Qual der Jahre zu verharmlosen. Es sei einfach so gewesen. Klara spürte, wie ihn die Erinnerungen aufwühlten, sie berührte scheu seine Wange. Dann küssten sie sich – es war für beide das erste Mal. Sie trafen sich in Abständen von zwei bis drei Wochen am selben Ort und mit grosser Vorsicht. Einmal fanden sie den Schuppen unverschlossen und nutzten einen Haufen leerer Kartoffelsäcke als Lager. Als sie eine Stunde später aus dem Zwielicht des Holzschopfs in jenes des frühen Abends traten, fühlte es sich an, als hätte sich ihre Welt verwandelt.

Als der Pfarrer in der nächsten Unterrichtsstunde eindringlich vor Unkeuschheit warnte, blinzelten sie sich zu. Mit dem chaibe Pfaff hatte Fridli nichts am Hut. Er spürte dessen Geringschätzung und kannte den Grund. Die meisten Eltern gaben ihren Kindern Naturalgaben für den Geistlichen mit, während Fridli stets mit leeren Händen kam, hatten doch weder Wilson noch er etwas zu verschenken. Dass der wohlhabende Pfarrer käuflich war, liess Fridli von diesem auf alle übrigen schliessen.

Wilson war wieder einmal angetrunken und trödelte herum. Fridli hätte ihm sagen können, was auf dem Feld zu tun war, aber er dachte, es lohne sich nicht. So machte er seine Arbeit und wunderte sich, dass dem Bauer noch nie etwas zugestossen war.

So will ich auf keinen Fall enden, dachte er. Die Zukunft beschäftigte ihn. Zuerst wollte er das Sattlern lernen, aber nicht beim Fehr, dann würde er weitersehen. Immer noch spukte ihm der Detektiv-Traum im Kopf. Ausserdem hatte er faszinierende Berichte über Patagonien geradezu gefressen. Dort als Forscher zu leben oder im Amazonas-Urwald, das war ein anderer Traum. Und er hatte in einer Illustrierten von einem Hypnotiseur gelesen, der auf der Bühne Menschen in Trance versetzte. Wie konnte man solche Sachen lernen? Vor allem fort aus diesem Kaff! Es schien ihm, das dunkle Haus raube ihm den Atem, so beschloss er einmal mehr, am Abend in den Wald auf die Pirsch zu gehen, um der Enge für einen Moment zu entrinnen.

«Ich bin noch draussen», sagte er nach dem Znacht zu Wilson und zog ab, ohne eine Antwort abzuwarten. Im Dorf redete man über Sattler Gislers Fridli – er sei ein Wilderer. Beni und Wilson wussten zu schweigen, und er war vorsichtig. Nach dem Oberfeld schlich er auf unsichtbaren Pfaden durch den lockeren Wald bis in die Nähe der Thur, um sich im Schutz der Bäume behutsam Richtung Rhein zu bewegen. Ein paar Steinwürfe vor der Brücke und der Strasse nach Ellikon setzte er sich auf einen Baumstrunk, zwei, drei Meter bevor der Wald in die Uferwiese überging. Er zog sein Terzerol aus der Tasche, machte es bereit, liess sich in eine bequeme Haltung sinken und begann, vor sich hin zu träumen. Die aufkommende Dunkelheit nährte seine Fantasie, und die Stille hüllte alles in Watte, den eigenen Schnauf, das leise Plätschern des Flusses, das Huschen einer Maus. Er stellte sich vor, als grosser Jäger im Urwald auf der Lauer zu liegen, auf Schlangen, Affen und Raubtiere gefasst, als er auf dem Waldboden das Rascheln dürrer Blätter hörte. Der Ur- war wieder der Auenwald und der grosse Jäger wieder Fridli. Die Geräusche wurden leiser, er blieb still sitzen, wartete, wartete eine Ewigkeit. Ein schlanker Mond warf einen diffusen Schimmer in die Bäume – ausreichend für seine geübten Augen. Erneut ein Rascheln, dann ein Hoppeln, es wurde lauter, und nun sah er ihn, sah seine

Augen leuchten. Der Hase fühlte sich unbeobachtet und begann den Kerbel in der Wiese zu fressen, vielleicht fünf Meter vor Fridlis Versteck. Der Puls schoss in die Höhe, das Tier hörte gewiss sein Herz pochen. Ganz langsam hob er das Schiesseisen, zielte sorgfältig und drückte ab. Der Schuss hallte nicht lauter als ein Knallfrosch, doch im Frieden der Nacht musste er weit zu hören gewesen sein. Um diese Zeit, dachte er, ist kaum jemand unterwegs. Seine uralte Vorderladerpistole mit Kaliber fünfundvierzig und einem hölzernen Griff, eine Perkussionswaffe, hätte aus einem Seeräuberfilm stammen können. Sie liess sich gut in der tiefen Hosentasche verstauen. Viel weiter als ein Dutzend Meter konnte man damit nicht präzis schiessen. Der Hase hatte einen Sprung getan und war dann liegengeblieben. Fridli wartete fünf Minuten, reglos, alles blieb still, dann holte er die Beute in den Wald, setzte sich wieder hin und betrachtete sie. Ein Rammler, ein kräftiges, erwachsenes Tier. Sanft strich er ihm über das seidige Fell und steckte es in den mitgebrachten Leinensack.

In dem Moment, als er sich erheben wollte, um weiterzuziehen, drang von der Wiese ein sachtes Tappen an sein Ohr, dann war es wieder still. Tapp, tapp – unvermittelt trat eine Gestalt direkt durch die offene Stelle des Waldrandes, blieb zwei Meter vor Fridli stehen und sagte im Dialekt der Dörfler von jenseits des Rheins: «Du bist wirklich ein verwegener Kerl.»

«Komm mir nicht zu nah!»

«Nur keine Angst. Ich will dir nichts Böses. Ich habe dich schon in Flaach gesehen – du hinkst. Hast du einen Unfall gehabt?»

«Das geht dich nichts an. Wer bist du, was tust du da draussen?»

Er habe Beziehungen, mache Geschäfte, sagte der Fremde, bei denen er Hilfe brauchen könne. In seiner Unerfahrenheit war Fridli geneigt, ihm alle Andeutungen zu glauben. Der Zwielichtige offenbarte sich später als Schmuggler und spannte ihn für den Transport kleiner Pakete ein, von deren Inhalt Fridli keine Ahnung hatte. Jedes Mal fielen ihm ein paar Franken zu. Damit leistete er sich Bücher über fremde Länder und Kriminalromane. Sie weckten in ihm noch mehr die Sehnsucht nach Abenteuern und der Ferne, die ihn lange Jahre begleiten sollte.

Wahnsinn

Wilson war dabei, die Ziegen zu melken, als der Vormund in den Stall polterte.

«Ich muss mit dir reden, der Bub hat im April eine Lehre anzufangen, Schneider oder Schuhmacher.»

«Hättest du dich je um ihn gekümmert, dann wüsstest du, was er werden möchte.»

«Er hat nichts zu wollen, der verfluchte Hülpi soll froh sein, dass er etwas lernen darf.»

«Beruhig dich, Fridli hat trotz Spitzfuss geschafft wie ein Knecht. Er ist nicht so schnell auf den Beinen, aber er ist selbstständig, hat Ausdauer. Er verdient es, zu lernen, was er möchte.»

Des Vormunds struppiger Schädel über dem Stiernacken lief rot an. «Du musst ihm nicht den Kopf vollschwatzen, hier bestimme ich.»

«Gopfertammisiech, wieso bist du hergekommen, wenn du nicht auf mich hören willst?»

Grusslos verliess der Besucher den Stall. In diesem Moment hinkte Fridli mit einem Büürdeli aus dem Anbau und wollte ins Haus. Der Vormund blieb stehen, noch immer in Rage. «Ich will dir eins sagen, Bürschchen, Schneider oder Schuhmacher kannst du werden und damit basta!»

Fridli schaute den seltenen Gast entgeistert an und sagte: «Grüezi.»

«Komm mir nicht frech, du weisst jetzt, wie es steht, gib mir bis Freitag Bescheid.»

«Sattler will ich werden», kam es wie aus der Pistole geschossen zurück, «wie mein Vater und wie mein Bruder, aber nicht beim Fehr. Etwas anderes mache ich nicht.»

«Du wirst schon spuren, du gottverdammter Lümmel.»

Wilson stand unter der Stalltür und beobachtete die Szene. Danach drängte er Fridli, zum Berufsberater der Gemeinde zu gehen, er werde ihn mit einem Brief unterstützen. Lehrer Pfenninger hatte ihm geraten, Steinbildhauer zu werden, weil er ein guter Zeichner war. Aber er fühlte sich zu unsicher auf den Beinen, Grabsteine waren ihm zu schwer. Es wurde November 1926, bis der Besuch beim Berater zustande kam. Doch der

Flaachemer Berater im Nebenamt, ein Primarlehrer, wusste nicht zu helfen. Wollte dem Vormund und Schulpfleger nicht in den Rücken fallen und schickte Fridli nach Andelfingen zum Bezirksberufsberater Hertli. Wilson hatte Fridli zwei Batzen für die Rösslipost zugesteckt, die Postkutsche, und so klopfte dieser ein paar Tage später an die beschriftete Tür im ersten Stock des Andelfinger Gemeindehauses. Er folgte dem langgezogenen «Herein», übersah mit einem Blick den engen Raum mit Schreibpult, Telefon, Aktenstössen und einer Dame in Schwarz. An den Wänden reihten sich lückenlos Regale, ein Tischchen mit Stuhl und eine zweite Tür im Hintergrund. Kerzengerade sass die Dame am Schreibtisch wie an einem Kommandopult und drehte sich nach Fridlis Eintreten um die eigene Achse.

«Bist du angemeldet? Wie heisst du, und was willst du, hast du die Schulzeugnisse dabei?»

Auf ihr Geheiss quetschte er sich an das Tischchen in der Ecke, um ein Formular auszufüllen.

«Schön schreiben! Herr Hertli ist in einer Sitzung, du musst eine halbe Stunde warten.» Sie wandte sich der Hermes zu, auf deren Tastatur sie virtuos zu tippen begann.

Fridli füllte die Spalten des Fragebogens, beobachtete aber verstohlen die Frau mit dem Ribel am Hinterkopf an ihrer imposanten, schwarzen Schreibmaschine, mit der sie zu verschmelzen schien.

Eine Ewigkeit später führte ein hagerer, ebenfalls schwarz gekleideter Herr einen Burschen aus der Tür im Hintergrund zum Ausgang. Die Dame deutete auf Fridli und tuschelte mit dem Mann, der darauf wieder in den Hintergrund verschwand. Nach einigen Minuten ertönte ein unverständlicher Ruf, und die Dame wies Fridli an hinüberzugehen.

«Klopf an!»

Fridli sass anderthalb Meter vor dem eichenen Schreibtisch, der den Raum beherrschte und dessen Platte auf gedrechselten Säulen ruhte. Berufsberater Hertli musterte ihn mit freundlicher Strenge.

«Ich habe Herrn Freis Brief gelesen, und ich sehe, dass du hinkst. Was ist mit deinen Beinen?»

«Kinderlähmung, nur das linke. Ich kann fast normal schaffen und habe vier Jahre beim Chüefer Meier und beim Wilson, beim Frei, auf Hof und Feld geschafft. Das war harte Arbeit.»

Sattlern sei ein strenges Handwerk, fordere zähe Kraft und guten Stand beim Massnehmen an den Pferden. Er hatte noch andere Einwände, die Fridli nicht verstand. Vom Schneidern und Schuhmachern war nicht die Rede, aber Hertli, zwischen jovialer Freundlichkeit und autoritärer Bestimmtheit wechselnd, fragte beharrlich nach den Begleiterscheinungen seines Handicaps. Er stellte in Aussicht, den Balgrist um eine Berufsempfehlung anzugehen, zum Wohle und Schutz von Gisler. Fridli wehrte ab, er könne schaffen wie andere auch. Bei den Bauern gebe es keinen Schutz, und er sei kein Krüppel.

Einige Wochen später – man hatte ihn per Post für eine nächste Sitzung aufgeboten – sass Fridli wieder vor dem mächtigen Schreibtisch. Er erfuhr, dass der Balgristarzt über ihn Gutes berichtet und für ihn Tätigkeiten empfohlen habe, die nicht ausschliesslich sitzend oder stehend seien. Es gebe in Amriswil eine Arbeitsanstalt für Gebrechliche, eine Bürstenfabrik, sagte Hertli, dort finde er die richtigen Arbeitsbedingungen und könne eine Lehre machen als Bürstenmacher, selbstverständlich sei das nicht, er solle dankbar sein.

«Bürstenmacher! Das ist doch keine rechte Arbeit, und ich bin kein Krüppel!» Fridli wurde aber bald klar, dass niemand ihm helfen würde.

Im Januar 1927 packte Fridli seine bescheidene Habe in den Bastkoffer des Vaters, verabschiedete sich von Wilson, reiste nach Amriswil und meldete sich in der Bürstenfabrik. Anstaltsleiter Lüscher, ein feingliedriger Mann mit müden Augen, führte ihn persönlich in eine winzige Kammer im Abwarts- und Gesindehaus mit Bett, Tisch, Stuhl, Kerzenstock, Waschbecken und einem kleinen eingebauten Wandschrank mit Bibel. Ein eigenes Zimmer zu haben, besänftigte Fridlis Groll. Lüscher hiess ihn die Sachen deponieren und führte ihn ins Produktionsgebäude. Auf dem Weg dorthin erzählte er von seiner Fabrik, die in eine Arbeitsanstalt umgewandelt wurde. Er habe das seit langem mit Kanton und Berufsberatung geplant. Herr Hertli habe übrigens früh an ihn, Alfred, als geeigneten Lehrling gedacht. Er könne also erkennen, dass man sich sehr um ihn bemüht habe.

«Mich hat niemand gefragt, ich habe Sattler werden wollen.» Lüscher sagte, man habe nur sein Bestes im Sinn. Fridli aber hatte plötzlich das Gefühl, man brauche ihn als Versuchskaninchen.

Lüscher zeigte ihm den Arbeitsplatz, wo er anderntags um sechs Uhr dreissig zu erscheinen habe. Fridli erschrak. Alles schien ihm kümmerlich und krämerisch. Eine Staubschicht trübte die Fenster, die in der Höhe mit Spinnweben verhangen waren. Zudem lag ein eigenartiger Geruch in der Luft, eine Mischung aus Lack, Putzmittel und Moder. Sie gingen durch mehrere Räume, in denen ein Dutzend Arbeiter, meist ältere Männer und Frauen sowie drei Jugendliche, an ihren Plätzen sassen oder standen. Ihre Gesichter waren stumpf, sie schienen den Chef und den Neuen kaum wahrzunehmen, trotzdem spürte er Neugier.

Er dachte an jenen alten Hausierer, der regelmässig an die Türen der Flaachemer geklopft hatte, um Schuhbändel, Wichse, Nadeln, Faden, Knöpfe und eben Bürsten zu verkaufen. Als Bub beim Chüefer und beim Wilson hatte er mit ihm eine leise Verbundenheit gespürt. Ein Hausierer galt ebenso wenig wie ein Verdingbub, er hatte die Launen der Dörfler zu ertragen und wurde von den Kindern verspottet. Er zog von Ort zu Ort, aber er war frei, so frei, hatte es Fridli gedünkt, wie er, wenn er auf dem Feld unbeaufsichtigt seine Arbeit machte, mit Beni durch die Büsche zog oder nachts wilderte. Dieses Gefühl der Verwandtschaft war verflogen, er wollte weder Krämer noch Bürstenmacher sein.

Ob er träume, fragte Lüscher den Jungen, der dem Vortrag über die Arbeitsordnung nicht gefolgt war. Er solle ihm gefälligst zuhören. Um sechs Uhr gebe es im grossen Saal Frühstück, um zwölf Mittag- und um sieben Abendessen. Er habe sich morgen beim Meister zu melden, der ihn in die Arbeit einweisen werde.

Durch das Fenster sah Fridli hoch am Himmel einen Milan majestätisch Kreise ziehen.

Die Aufgabe war leicht zu begreifen. Fridli sollte Tierhaare herrichten, sortieren, waschen, bündeln, bis die Borsten die richtige Länge und Qualität hatten, um mit Draht in die Bürstenkörper eingezogen zu werden. Diese Arbeiten waren aufwändig, aber langweilig. Das Einfädeln des Drahtes verlangte eine ruhige Hand und präzise Bewegungen, die ihm, an die harte Feldarbeit gewöhnt, fremd waren. Die hölzernen Körper wurden in einer anderen Abteilung hergestellt. Bald erlebte er die Bedingungen als belastend. Ihm widerstrebte das Herumhocken in den staubigen Räumen und das Stehen am Ort über längere Zeit, was mit Schmerzen verbunden war.

Er tröstete sich mit abendlichen Ablenkungen, sah sich Filme im Amriswiler Kino an. «Casanova», «Laurel und Hardy» oder «Mata Hari» begeisterten ihn. Die flimmernden Bilder erschlossen ihm die Welt. An anderen Tagen blieb er abends in seinem Zimmer, lag auf dem Bett und las. Die Broschüre von Emile Coué gehörte zur täglichen Lektüre. Mit Konzentration und Hingabe begann er zu üben. «Es geht mir mit jedem Tag in jeder Hinsicht immer besser und besser, es geht mir mit jedem Tag in jeder Hinsicht immer besser und besser, es geht mir mit jedem Tag …» Diese Worte wurden sein Schlüsselsatz fürs Leben. Bald merkte er, dass er tatsächlich seine Stimmung und das körperliche Empfinden beeinflussen konnte. Als er mit missionarischem Eifer begann, dem gleichaltrigen Fritz, Lehrling wie er, der oft unter Kopfschmerzen litt, die Methode näherzubringen, wurde der Meister aufmerksam und misstrauisch. Er informierte den Chef, es scheine ihm, Gisler predige zweifelhafte Theorien. Es bedurfte wenigen Nachforschungen Lüschers, um den meisten Gewohnheiten Fridlis auf die Spur zu kommen. Den Rest erzählte der Achtzehnjährige offenherzig selbst, über die Erweiterung seines Horizontes im Kino, über den Segen der Coué-Methode, die seine Beschwerden lindern könne, und über die Möglichkeiten der Hypnose, die er später zu nutzen gedenke. Lüscher war entsetzt. Er sei doch Christ. Diese Dinge seien des Teufels, schwarze Magie. Diese Vorfälle müsse er Berufsberater Hertli melden, aber wenn Gisler sich wieder recht verhalte, werde es keine Konsequenzen haben. Dann forderte er ihn auf, zu den Versammlungen der Heilsarmee zu kommen. Es kann ja nicht schaden, dachte Fridli, und er mischte sich unter die Gotteskrieger. Man hatte ihm gesagt, er könne bei Fleiss und Treue Heilsarmeeoffizier werden, wie Herr Lüscher. Und die Mitarbeiter des Arbeitsheims, die bei der Heilsarmee mitmachten, kamen in den Genuss von Privilegien, erhielten zum Beispiel Salami zum Znüüni statt nur trockenes Brot. Er versuchte, der Vorstellung eines reinen Menschen entsprechend zu leben, was ihn in romantischer Art faszinierte. Er verzichtete auf Kino, Krimis, Coué und das Onanieren. Bald aber zweifelte er daran, in diesem Kreis ein besserer Mensch zu werden. Einige der Heilskrieger erinnerten ihn an Ludwig, den frommen Bet- und Prügelbruder im «Längimoos». Als er öffentlich auf der Strasse beten sollte, hatte er genug. Zum Anstalts- und Heilsarmeechef Lüscher sagte er, die meisten gäben nur vor, fromm zu sein, weil man es von ihnen erwarte, und andere meinten, sie seien etwas Besonderes.

Am folgenden Wochenende traf er in Flaach eine unzufriedene Klara. Wieso er sich nie gemeldet habe.

Man habe in Amriswil einen besseren Menschen aus ihm machen wollen. Lachend und schimpfend erzählte Fridli, während sie zum Schuppen spazierten, seine Erlebnisse. Er besänftigte ihren Unmut und versprach, häufiger zu kommen. Auf dem Rückweg ins Dorf spürte er Zweifel – hatten sie sich wirklich gern? Nach dem Erzählen der Neuigkeiten war das Gespräch versiegt. War Klaras Zuneigung nur Mitleid? Das wäre fast so schlimm wie Verachtung. In Amriswil hatte er sie kaum vermisst.

Er übernachtete bei Wilson, der klagte, Rücken und Herz machten ihm das Leben schwer und Fridlis Hilfe fehle ihm.

Sonntagfrüh suchte er Beni auf. Sie bummelten durchs Dorf, dem Flaacherbach entlang bis zum Rhein, wärmten ihre Abenteuer auf und erzählten, wie es ihnen erging.

«Du weisst, ich lerne Küfer«, sagte Beni, aber ich bin mir nicht mehr sicher, ob das eine gute Entscheidung war. Die Leute kaufen immer mehr günstige Fässer aus dem Ausland. Doch die Arbeit gefällt mir.»

«Ich habe gar keine Freude an der Bürstenmacherei», klagte Fridli, «und Zukunft hat sie auch nicht. Ich werde in der Textilindustrie Arbeit suchen, da könnte ich wenigstens etwas verdienen.»

So diskutierten sie ihre Sorgen, die schon ganz die von Erwachsenen waren. Als er sich danach aufs Velo schwang, um zurück nach Amriswil zu kurbeln, trat ihm der Schmuggler in den Weg, begann wie üblich, zu schwadronieren und Fridli auszufragen. Er habe gut daran getan, mit der Heilsarmee aufzuhören, das sei nichts für einen Kerl wie ihn. Er hätte da etwas, ob er Zeit habe heute Abend. Er wolle nichts mehr damit zu tun haben, stoppte Fridli den Schwätzer und fuhr davon.

Fridli brachte Fritz nun gezielt das Coué-Training bei. Sie trafen sich heimlich, indes verschwatzte sich Fritz. Der Meister, der davon Wind bekam, alarmierte den Chef. Lüscher rechnete Fridli seine Sünden vor: die schwarze Magie, die Kinogänge und das Messer, das er, wie man höre, mit sich herumtrage. Er werde dies Herrn Hertli mitteilen.

Tage darauf öffnete Fridli einen Brief des Berufsberaters. Er werde ihn abholen für eine Untersuchung in der Psychiatrischen Poliklinik des Kantonsspitals. Der Flaachemer Vormund habe sein Einverständnis gegeben. Man werde abklären, ob ein Bursche wie er, der mit einem Stilett herumlaufe und andere zu so merkwürdigen Sachen verführe, nicht eine Gefahr für die Arbeitsanstalt bedeute und andernorts versorgt werden müsse. Zuerst weigerte sich Fridli, aber nach Androhung polizeilicher Abholung lenkte er ein. Gegen Ende Juni 1927 fuhr er per Bahn mit Hertli in die Poliklinik nach Zürich. Am Vorabend hatte er leichthin zu Lüscher gesagt, wenn sie meinten, er sei verrückt, dann werde es eben so sein.

Fridli wartete fünfzehn lange Minuten in einem kahlen Zimmer. Er überlegte, ob er abhauen sollte, als sich die Tür öffnete und ein grosser Mann mit kantigem Gesicht eintrat. Er war in Begleitung einer zierlichen jungen Frau mit einem freundlichen Lächeln. Der Mann stellte sich als Professor Bänziger vor und seine Assistentin als Frau Doktor. Der Verdingbub sei ein geeignetes Beispiel, um ihr als angehender Psychiaterin das Vorgehen in einer psychologischen Exploration zu demonstrieren, erklärte Bänziger der jungen Frau, als wäre Fridli gar nicht anwesend. Sie dürfe, wenn es wichtig scheine, Fragen an Gisler stellen, und solle mit Heben der Hand darum ersuchen. Er trug ihr auf, Notizen zu machen, und erklärte, dass stets eine vertiefte Anamnese gemacht werde, aber in diesem Fall verzichte er, denn er wisse schon einiges über den Burschen. Psychiater Bänziger befragte Fridli zwei Stunden lang.

Er hielt ihm vor, die Fabrik in Aufruhr versetzt zu haben und undankbar zu sein, da man ihm doch die Möglichkeit biete, als Behinderter, der mindererwerbsfähig sei, etwas zu lernen.

Er habe nur ein operiertes Bein wegen der Kinderlähmung, entgegnete Fridli, es sei etwas kürzer, aber er habe vier Jahre bei den Bauern streng geschafft, er sei kein Krüppel. Und er wolle Sattler werden, wie der Vater. Er könne nicht den ganzen Tag in einer Fabrik herumstehen oder -hocken.

Die Assistentin bat um das Wort, wollte wissen, ob Fridli es bei den Bauern gut gehabt habe.

«Gut? Den Chüefers war ich lästig, ich konnte ihnen nichts recht machen. Wilson war in Ordnung und zufrieden mit meiner Arbeit, aber er war halt ein Süffel.»

Das reiche, unterbrach Bänziger, als die Frau weiterfragen wollte, und begann, Fridli in scharfem Ton zu befragen: «Du gibst dich also mit Hypnose ab, wer hat dich dazu gebracht?»

«Ich habe ein Buch bekommen über die Coué-Methode. Ich mache das für mich und gegen die Schmerzen, die ich manchmal vom langen Stehen habe.»

«Durch wen bist du zur Hypnose gekommen?»

«Das ist auch von Coué.»

«Wer hat dir das Buch gegeben?»

«Das ist nicht wichtig, der war auch Patient im Spital.»

«Und was wirst du tun, wenn du nicht mehr in die Bürstenfabrik gehst?»

«Ich suche Arbeit in einer Textilfabrik, da muss man nicht ohne Lohn schaffen wie in Amriswil.»

«Mit wem gehst du jeweils ins Kino?»

«Ich gehe allein, das bin ich gewohnt.»

«Hast du keine Freunde?»

«Ich habe nur einen, in Flaach, wegen des Hinkens bin ich sonst allein. Es macht mir aber nichts aus.»

«Und der Fritz in Amriswil?»

«Der Fritz – hat Ihnen das der Herr Hertli erzählt?»

«Komm, erzähl schon, mit dem betreibst du doch Hypnose!»

«Ich möchte einmal Hypnotiseur werden, herumreisen, Vorträge halten, Geld verdienen.»

So ging das Gespräch weiter und weiter. Ein paar wenige Angaben zu Fridlis Geschichte kamen noch zusammen: über die Brüder, ihre Berufe, über Vaters Tod und die Verdingung.

Irgendwann überfiel Bänziger Fridli mit der Frage: «Hast du politische Pläne?»

«Politisch? Nein.»

«Komm, ich weiss, du hast Geheimnisse, bist du bei den Kommunisten?»

«Nein.»

«Geht es um etwas in der Schweiz?»

«Nein.»

«In Europa?»

«Nein.»

«In Amerika?»

«Nein!»

«In Afrika?»

«Nein, äh doch, Marokko, es wird unterdrückt von den Spaniern und Franzosen, das ist eine Sauerei. Ich habe vieles gelesen darüber. Ich möchte Marokko befreien. Man muss etwas tun, und wenn es nur Aufruhr ist.» Fridli schien sich in Empörung zu reden und schaute Bänziger herausfordernd an.

«So, ein Freiheitskämpfer willst du sein.»

«Ich hatte immer Freiheitsdrang», sagte Fridli trotzig und bestimmt.

Die Assistentin hob die Hand und meldete eine Frage an.

«Was bedeutet Freiheit für dich?»

Fridli schluckte, danach hatte ihn noch niemand gefragt, darüber redete er vielleicht mit den Brüdern, wenn sie sich ihre Träume ausmalten. Die Sache mit Marokko hatte er erfunden, darum ging es gar nicht.

«Ich bin ja ein Verdingbub, da ist man nicht frei, und wir waren eine arme Familie. Mit uns hat man immer gemacht, was man wollte.»

«Und wenn du selbst bestimmen kannst, was wirst du dann tun?»

«Es reicht jetzt», unterbrach Bänziger, «ich habe keine Zeit mehr. Wir sprechen uns noch», sagte er in unfreundlichem Ton zur Assistentin, und zu Fridli: «Du gehst mit Herrn Hertli zurück, er wird dich bald informieren, wie es weitergeht.»

Die Assistentin streckte Fridli ihre Rechte hin und wünschte ihm lächelnd alles Gute. Zurück im Arbeitsheim, erzählte Fridli dem entsetzten Heimleiter lachend, er habe dem Professor einen Bären aufgebunden.

Ein paar Tage später sass er mit Lüscher in Hertlis Büro in Andelfingen. Der Berufsberater eröffnete ihm, dass er auf Grund der Resultate der Voruntersuchung in Zürich für einige Zeit ins Burghölzli müsse. Fridli erschrak und protestierte, das sei ja Wahnsinn. Hertli befahl ihm, zu schweigen, er sei noch nicht fertig. Er lese jetzt, sagte er zu Lüscher, aus dem Gutachten von Professor Bänziger vor:

Gisler hat eine schwere Jugend durchgemacht und ist früh an Kinderlähmung erkrankt. Auch die Geschwister gelten als abnorm. Der Explorand besucht regelmässig das Kino, liest schlechte Lektüre und gibt sich mit Hypnose und schwarzer Magie ab. Er hat wenig Realitätsbezug und ist sozial unzugänglich. So ist es mir während der ganzen Unterredung nicht gelungen, einen gefühlsmässigen Rapport mit dem Burschen herzustellen. Es schien, dass dieser überhaupt nicht imstande ist, sich natürlich zu geben, wie es seinem Alter entspricht. Zuweilen hat Gisler ein kindliches Lächeln, dann wieder einen ausgesprochen trotzigen Ausdruck gezeigt, wobei er in seiner ganzen Haltung eine eigentümliche Pose eingenommen hat, in der Verachtung seiner Umgebung und Selbstüberhebung zum Ausdruck gekommen sind. Man muss von einer schweren geistigen Störung ausgehen, einer Hebephrenie, einer Form von Schizophrenie, wie sie bei jungen Leuten oft auftritt, die weitere Fortschritte machen, ja die eventuell für die Umgebung gefährlich werden kann. Eine stationäre Beobachtung ist nötig.

«So etwas habe ich mir gedacht», sagte Lüscher.

«Im Burghölzli sind doch die Verrückten, wieso soll ich dorthin? Andere Leute gehen auch ins Kino, sie lesen auch Krimis, und die Coué-Methode hat gar nichts mit Magie zu tun. Das ist alles dummes Zeug!»

«Sehen Sie, einsichtig ist er auch nicht», sagte Hertli zu Lüscher.

«Weisst du, wieso du hier bist?», frage Doktor Binder.

Wieso stellt er eine so blöde Frage, sie wissen es doch beide besser als ich, dachte Fridli. «Das würde ich auch gerne wissen.»

Der Doktor und Berufsberater Hertli, der ihn an diesem Julimorgen 1927 per Eisenbahn ins Burghölzli gebracht und ermuntert hatte, er müsse offen und ehrlich sein, so lasse man ihn schneller wieder laufen, tauschten vielsagende Blicke.

Fridli blieb stumm, was hätte er auch sagen sollen? Er wurde versorgt, so viel war ihm klar, und verantwortlich dafür war Hertli. Er hatte keine Angst, aber er war wütend, stets wurde über ihn verfügt. Doch eines war sicher, er würde sich keine Blösse geben, sich nicht provozieren lassen, würde seine Wut nicht zeigen, auf das warteten sie bloss. Wie konnte an einem so schwarzen Tag die Sonne scheinen?

Fast eine Woche später liess ihn Doktor Binder in sein Büro bringen und kündigte an, mit ihm in den nächsten Wochen Gespräche über sein Leben zu führen. In den letzten Tagen war er untersucht und vermessen worden wie eine neu entdeckte Gattung.

Fridli schlief mit anderen Männern und Burschen in einem langen Raum mit vielen Betten auf beiden Längsseiten. Zu jedem Stahlrohr-Bettgestell gehörte ein Nachttisch mit einer Schublade, in der eine Bibel lag, und ein abschliessbares Kästchen für persönliche Utensilien. Vor dem Bett stand ein Stuhl. Alles in Reih und Glied und vorbildlicher Ordnung. Es gab auf Abteilung drei einen grossen Aufenthaltsraum mit Tischen und Bänken, an denen jeweils etwa dreissig Personen die Mahlzeiten einnahmen und wo sich das tägliche Leben abspielte. Einige der Bewohner tigerten ständig hin und her oder sassen auf Stühlen, ihren Oberkörper vor- und zurückbewegend. Andere schrien herum, so wie er sich Prediger in Ekstase vorstellte, und solche, die normal verrückt schienen, qualmten, palaverten und jassten. Es gab auch die Stillen, Zurückhaltenden, die beobachteten und lasen wie er. Zwei Bücherregale boten ausreichend Lesestoff, aus dem Fridli sich spontan die Karl-May-Bände gegriffen hatte. Durch Lesen oder Zeichnen entzog er sich dem Lärm, dem Lachen und Schreien.

Binder fragte nach Eltern, Geschwistern, Verwandten, Krankheiten in der Familie, nach der Kinderlähmung, den Schulleistungen, Bauern und nach der Arbeit in der Bürstenfabrik. Der Doktor wollte wissen, ob er sich gegen Spott tätlich gewehrt, ob er gestohlen habe, wie das gewesen sei, im gleichen Zimmer mit der Mutter zu schlafen, und ob er onaniere, gar zu zweit mit einem Freund. Solche Fragen irritierten Fridli, aber allmählich schickte er sich in sein Los und gab mehr oder weniger ehrlich Auskunft. Nur als auch Binders Chef an einem Gespräch teilnahm, fühlte er sich in die Enge getrieben, verschloss sich, gab schnippische Antworten und versuchte, seine Verunsicherung hinter einer überlegenen Miene zu verbergen. Sie hatten ihn auch über Klara befragt. Er habe die Freundschaft beendet, mehr wollte er nicht sagen. Binder kam wiederholt auf Couéismus und Hypnose zurück, auch wollte er Genaueres über den Schmuggler erfahren, über das Wildern und über Fridlis Reisefantasien. Immer wieder fragte er nach der Situation im Arbeitsheim.

«Wenn du die Arbeit ohne Schmerzen machen könntest, wäre dann alles in Ordnung?»

«Nein, die Bürstenmacherei hat keine Zukunft, und ich soll praktisch gratis arbeiten. Zudem ist die Arbeit langweilig, man ist immer in diesen staubigen Räumen, und mit den anderen kann man nichts Gescheites reden. Aber vor allem bin ich kein Krüppel.»

«Und darum gehst du ins Kino, liest Krimis und übst die Coué-Methode?»

«Ich lese auch Bücher über fremde Länder, und die Autosuggestion tut mir gut. Aber ich wundere mich, dass der Lüscher darin Teufelskram sieht. Gefährlich für die Seele sei es, hat er gesagt.»

«Kannst du dir nicht vorstellen, dass er sich um dich sorgt?»

«Ich kann für mich selbst Sorge tragen. Immerhin habe ich guten Willen gezeigt, habe sogar bei der Heilsarmee mitgemacht. Nur habe ich Zweifel bekommen und mich wieder abgesetzt. Ich glaube nicht an Gott und Teufel.»

«Wen könntest du dir als neuen Vormund vorstellen?», fragte Binder.

«Herrn Lüscher», antwortete Fridli, ohne zu zögern.

«Lüscher! Wieso ausgerechnet Lüscher?»

«Vor dem habe ich darum Achtung, weil er immerhin selbst glaubt, was er sagt.»

So ging es während dreier langer Gespräche.

Nach den Gesprächen sass er meist für sich in einer Ecke und liess die Gedanken aufsteigen. Manch eine Frage Binders beschäftigte Fridli weiter. Bis sechs, in den Jahren auf dem Gabler, war er körperlich schwach gewesen, hatte sich an den Spielen der anderen nicht beteiligen dürfen, sich nicht wehren können, wenn er ausgelacht, geplagt oder fortgejagt wurde. Er hatte oft über die Ungerechtigkeiten gegrübelt. Um sich zu rächen, hatte er den anderen Sachen versteckt. Binder fragte, wie er sich dabei gefühlt habe. Hatte er gedacht, es denen gezeigt zu haben? Für den Doktor schien seine Antwort wichtig zu sein.

Im Schollenberg dann, in Flaach, durch die neue Freiheit in der Wildnis, durch das Strielen und Klettern, war er kräftig und mutiger geworden und hatte gelernt, sich zu wehren. Er erzählte dem Doktor, wie er und Hans oft Streit mit Max gehabt und gegen ihn zusammengehalten hätten. Erzählte, wie sehr er an der Mutter gehangen und nach Vaters Tod Angst gehabt habe, auch sie zu verlieren. Doktor Binder wollte wissen, ob er nach seiner Verdingung Heimweh gehabt habe nach Mutter und Familie. Die Frage schmerzte, aber nie hätte er preisgegeben, wie weh es getan hatte. Er gab sich überlegen und erklärte, er wisse gar nicht, was Heimweh sei. Im Dorf sei man durch die raue Bevölkerung selbst rau und abgehärtet geworden.

Fridli versuchte, dem Doktor zu erklären, dass seine Fantasien und Träume die Hoffnung auf einen Ausweg aus der Verdingung nährten, aus den Ungerechtigkeiten und aus dem Dorf. Und dass er sich nicht vorstellen könne, bei einem Chnoorzi eine Lehre zu machen oder so zu leben wie Wilson, der saufe, aber auch ein armer Siech sei. Er konnte nicht ausdrücken, die Worte fehlten ihm, dass er nicht mehr herumgeschoben, nicht mehr fremdbestimmt und machtlos sein wollte. Fridli war irritiert, dass der Doktor zu empörenden Einzelheiten weder einen Kommentar abgab noch genauer nachfragte.

Die Pfleger beschrieben Alfred Gisler als aufgeweckt. Er sei meist guter Laune, sondere sich in keiner Weise ab, rede mit den Leuten, bleibe aber zurückhaltend. Oft sitze er in einer ruhigen Ecke und lasse sich nicht stören. Er lese viel, aber meistens zeichne er in geschickter Weise nach Vorlagen aus Zeitschriften Tiere und Menschen, vor allem Köpfe. Ganz erstaunlich sei gewesen, dass er die Karte von Südamerika mit den verschiedenen Ländern korrekt aus dem Kopf skizziert habe.

Das Austrittsgespräch Ende August fand wieder mit dem Berufsberater statt. Binder sass diesmal allein hinter dem Tisch und sprach zu Hertli und Fridli wie der Lehrer zur Schulklasse. Herr Hertli sei ab sofort Fridlis Vormund. Der Lehrvertrag in der Anstalt sei aufgehoben worden. Herr Hertli bringe Alfred nach Flaach zurück. Er werde bei einem Bauern untergebracht, dem er zu helfen habe, bis eine Arbeitsstelle gefunden sei. Er müsse versprechen, die Sache mit der Hypnose aufzugeben, mit dem Schmuggler keinen Kontakt mehr aufzunehmen und sich an der Arbeit anständig zu verhalten. Für den Fall neuerlichen Versagens werde man ihn in eine Arbeitserziehungsanstalt einweisen, schloss Binder seine Urteilsverkündung. Fridli wurde in den Korridor geschickt, er solle dort auf Hertli warten.

Es war klar, Binder würde nun Dinge erzählen, die er nicht hören sollte. Als sich die Tür hinter Fridli schloss, schlich er zurück, lehnte sich an den Rahmen und drückte ein Ohr ans Türblatt.

Doktor Binder sagte, er habe die Gesprächsaufzeichnungen für Hertli zusammengefasst. Er schrieb Alfred Gisler ein eigentümlich wurstiges Wesen zu. Der Bursche habe eine mangelhafte Erziehung erlebt und sei entgleist. Auffallend seien starke körperliche Minderwertigkeitsgefühle. Aus seinen Antworten gehe hervor, dass er in der Poliklinik bei Professor Bänziger ebenso übertrieben habe, wie er jetzt hier tiefstaple. Dabei sei viel Neurotisches. Hebephrenie sei nicht beweisbar, aber bei dem eigentümlichen Gefühlsleben Gislers für später eine Gefahr.

«Ich lese Ihnen nun das Gutachten für die Armenbehörde Flaach vor, es sollte seinen Zweck erfüllen», hörte er Binder sagen.

In der Familie des Exploranden gibt es eine Reihe psychopathischer Charaktere. Beim Exploranden selbst fällt schon in seiner Kindheit der starke Trieb auf, sich zur Geltung zu bringen und eine Rolle zu spielen. Bei seiner verschlossenen, durchsetzungsunfähigen, allen Schwierigkeiten und Widerständen ausweichenden Natur konnte sich dieser starke Trieb aber nicht in genügender Weise in die Umwelt auswirken, und er betätigte sich deshalb von jeher schon auf dem Ersatzgebiet der Fantasie. Sein Geltungstrieb lässt

Alfred von Reisen nach Südamerika träumen und mit seiner Indianerromantik angeben. Man kann von einem unterdrückten Machttrieb ausgehen, den er in der Hypnose ausleben will. Man muss darum auch in Alfred einen Psychopathen sehen, einen Menschen mit abnormen Charakteranlagen. Man muss die Gesellschaft schützen vor kranken Elementen.

Fridli hörte nicht alles und verstand noch weniger. Aber so viel bekam er mit: Binder war kaum auf die schwere Kindheit und Jugend eingegangen, auf die fehlende Unterstützung durch den Vormund, und die schlimmen Verhältnisse bei den Bauern waren ihm nicht der Rede wert.

Er kehrte auf die Wartebank zurück und fühlte sich gedemütigt. Gleichzeitig stieg in ihm eine riesige Wut auf. Aber wie schon mit den Toten musste er auch damit allein zurechtkommen. Burghölzli! Das konnte man keinem Menschen erzählen, auch nicht den Brüdern, das war der tiefste Sturz, den einer tun konnte – «der spinnt», würde es heissen.

Fridel
1929–1945

Frei wie ein Milan

«Wieso rufen dich plötzlich alle Fridel?», fragte Hans, als die drei Brüder an einem Sonntag im August 1929 wieder einmal zusammensassen. «Fridli ist ja wirklich vorbei, aber für mich bist du jetzt Alfred.»

«Für die Fahrer der Radsportgruppe war ich von Anfang an Fridel und nun auch für die Boxer – es ist mein Sportlername.»

Auch im Leben der Brüder hatte sich eine Menge abgespielt – es war sicher zwei Jahre her seit dem letzten Treffen zu dritt. Sie waren Soldaten geworden, Max boxend, Hans grimassierend. In Max' Kompanie war ein zweiter Boxer. Sie trainierten zusammen, das schuf Respekt bis hinauf zum Kommandanten. Hans dagegen avancierte zum Kompaniekalb. Immer wenn es langweilig wurde oder brenzlig, schnitt er Grimassen oder erzählte Witze. Fridel wurde als diensttauglich befunden und erlebte zum ersten Mal das Hinkebein als Entlastung.

Als der Lehrmeister Max das geliebte Boxen verboten hatte, noch vor der Rekrutenschule, war der explodiert, hatte mit Schlägen gedroht und war getürmt. Er verkaufte die Konfirmandenuhr, pedalte mit einem geklauten Velo nach Marseille. Nach acht Tagen kostete er am Mittelmeerstrand das Wasser, um bestätigt zu finden, was man ihm erzählt hatte: Es war salzig. Am Abend schob er seine letzten Münzen für ein Nachtessen über den Tisch. Dann war es aus mit der Romantik. Er ass Abfälle, schlief in dreckigen Häusernischen zusammen mit Ratten und half als Tagelöhner riesige Lastkähne zu entladen. Manchmal ganze Schiffsbäuche voller Zucker, den er mit vollen Händen in den Mund stopfte, um den höhnischen Hunger zu besänftigen. Sein wahres Ziel in Marseille aber war die Fremdenlegion. Doch dann erwischte ihn der Paratyphus. Die Legion wies den kranken, papierlosen Jungmann ab. Das Schweizer Konsulat besorgte einen Arzt und organisierte die Heimreise.

«Aber», fragte Fridel, «wieso gerade die Legion? Hättest du ohne Bedenken gegen die marokkanischen Stämme gekämpft, die sich für ihre Freiheit wehren?»

«Willst du jetzt moralisch werden? Ich hatte von allem genug, wollte einfach weg aus diesem Scheissleben.»

Dank der Vermittlung der Mutter erhielt Max eine zweite Chance, die Lehre zu beenden. Drei Wochen vor der Abschlussprüfung gerieten Meister und Stift erneut aneinander. Es war das endgültige Aus. Nach der Rekrutenschule hatte Max keine Lust auf einen neuen Chef und machte sich im Zürcher Oberland selbstständig. Mietete in Laupen bei Wald, im Restaurant Orsini, einen Raum als Budik und Wohnung. Da sassen sie nun und liessen die Mostflasche kreisen. Max zündete sich eine Zigarette an, inhalierte tief und stiess den Rauch über die Köpfe der Brüder.

«Du rauchst wieder, mitten in der Boxsaison?», fragte Fridel.

«Nein, nur wenn du mich ärgerst.»

Sie schwiegen. Auf dem schartigen Rand eines Glases sass eine Fliege, die mit dem Rüssel in ruckartigen Bewegungen naschte. Unwillig scheuchte Max sie weg und schenkte nach.

Dann erzählte Fridel von sich. Er hatte zwei Jahre zuvor unter drei Arbeitsvorschlägen des Vormunds denjenigen in Wald gewählt, eine Stelle als Weber, im Wissen um die Nähe von Max. Vom Weben hatte er aber bald genug, und er heuerte in einer Zwirnerei an, ebenfalls in Wald. Schichtarbeit, neunzig Rappen pro Stunde, deutlich mehr als vorher. So entzog er sich gleichzeitig dem Einfluss des Vormunds. Fridel schilderte auch die Vorgeschichte mit Berufsberater und Bürstenfabrik, verlor aber kein Wort über Poliklinik und Burghölzli. Darüber würde er nie reden. Man habe ihn mit dem gelben Wägeli geholt, sagte der Volksmund, wenn einer ins Burghölzli gebracht wurde.

Stattdessen sprach er von den Abenden und Wochenenden, an denen er in der Budik von Max sass und sich ins Handwerk des Sattler-Tapezierers einführen liess. Bei ihm legte und nähte er seine ersten Matratzen. Max war um Fridels Hilfe bald froh, denn er konnte mit einem anderen Sattler einen grossen Armeeauftrag für Tränkeeimer teilen. Überdies hatte er einen eigenen Boxclub gegründet und suchte mit Ehrgeiz den Erfolg. Fridel dagegen boxte gegen sein halblahmes Bein an. Noch öfter aber war er mit dem Velo unterwegs. Zuerst mit dem alten Drahtesel aus Amriswil, später mit einem richtigen Halbrenner. Beim Fahren hatte er stets das Gefühl, die ganze Welt gehöre ihm.

«Knurren eure Bäuche auch?» Max stellte einen Laib Brot, Käse und eine weitere Flasche Süssmost auf einen Stuhl zwischen sich und die Brüder, und alle griffen zu.

«Und wie läuft's bei dir, Hans?»

Sein Leben spielte sich im Stillen ab. Er arbeitete nun als Geselle in einem Modehaus in Wetzikon. Tagsüber hantierte er mit Nadel und Faden, an den Wochenenden fuhr er ab und zu mit dem Rad durchs Zürcher Oberland, vor allem aber trainierte er Schach mit einem Buch über Aljechin, einen aufgehenden Stern. Fridel wollte wissen, ob es eine Frau gäbe in seinem Leben. Hans wurde rot. Dann erzählte er von der letzten Wetziker Chilbi.

«Ich, der Infanterieschütze Gisler», er schnitt ein grimmiges Gesicht, «habe mit einem Tingeltangel-Gewehr eine knallrote riesige Stoffrose geschossen. Da hat eine zugeschaut, laut Bravo gerufen und geklatscht. Ihr habe ich die Rose geschenkt, sie heisst Hedi Städelin. Ihr werdet sie kennenlernen.»

«Noch eine Frauengeschichte gefällig? In Wald habe ich mich», gestand Fridel, «in eine Italienerin mit feurigen Augen verliebt.» Sie habe aber plötzlich von sposare gesprochen. Vier Jahre älter sei sie als er, und sie habe wohl gedacht, sie müsse Nägel mit Köpfen machen. Obwohl er sie gern habe, sei ihm die Freiheit wichtiger. Heiraten, Kinder – nein, dazu sei er zu jung.

Überstürzt war er deswegen im Frühling weggezogen von Wald und hatte in Amriswil, wiederum in einer Zwirnerei, eine Stelle angetreten. Es war ihm wohl in der Ostschweiz, doch meist radelte er übers Wochenende ins Zürcher Oberland, um mit Max zu arbeiten oder in dessen Club zu trainieren. Im Juni 1929 war er endlich volljährig und der Vormundschaft ledig geworden. «Jetzt fühle ich mich frei wie ein Milan.»

«Box-Ring Zürcher Oberland» hatte Max seine Truppe getauft. Er war ein hervorragender Techniker, bald ein gefürchteter Kämpfer und zudem ein geschickter Trainer. Seine Schwäche war die Neigung zum Asthma, die sich durch den Staub beim Polstern und beim Überarbeiten von Matratzen zeigte. Ebenfalls litt er, wenn die Boxkämpfe in Beizen stattfanden, wo geraucht wurde. Trotzdem rauchte er ausserhalb der Sportsaison selber.

Auch Fridel wurde ein starker Boxer, führte einen harten Haken, beklagte aber, genau wie Max, ein Glaskinn. Was ein Glaskinn sei und wo sie trainierten, fragte Hans.

«Hast du ein empfindliches Kinn, reicht ein sauberer Schlag, und du gehst k.o. Wir können den «Orsini»-Saal benutzen, der Sohn des Wirtes boxt auch. Im Freien trainieren wir Kondition und Schnelligkeit, im Saal Kraft und Schlagtechnik. Mit einem Seil markieren wir jeweils den Box-Ring», erklärte Max.

«Habt ihr schon mal darüber nachgedacht», lachte Hans, «wieso ein Quadrat als Ring bezeichnet wird? Haben die Boxer die Quadratur des Kreises entdeckt?»

«Wer beim Boxen zu viel denkt, hat schon fast verloren.»

Boxen erforderte Härte: im Training, im Verzicht auf Genüsse, im Austeilen und Einstecken.

Sie standen in Gruppen auf dem Platz vor der kleinen Kirche von Seegräben – Hans, Hedi, ihre Eltern und Geschwister unter den Bäumen, nahe der Strasse ein paar Freunde und Arbeitskolleginnen und mitten im kiesbedeckten Rund Mutter Hermine, Fridel und Max, der sich eben von ihnen löste und sagte, er sei gleich wieder da. Nur Heiri Gull war nicht gekommen.

Die Heirat Mitte Juli 1930 war keine Überraschung, denn die Rose, an der Wetziker Chilbi geschossen, blühte schon fast ein Jahr, und es war nicht zu übersehen, dass das Paar bald zu dritt sein würde. Hans war immer öfter mit Hedi Städelin aufgetaucht. Sie hatte sich mit ihrem losen Mundwerk in der Gisler'schen Männerrunde mühelos behauptet. Und zudem war Hans bereits fünfundzwanzig und der Älteste.

«Ich kann es noch gar nicht fassen, dass du schon mit einem Frauenzimmer leben willst», sagte Max, der Hans für einen Moment von Hedi losgeeist und zu Hermine und Fridel gebracht hatte, «jetzt müssen wir dich aus der Freiheit entlassen.» Dann, ernst geworden: «Hat das mit dem Schwarzen Freitag zu tun, dass du jetzt im Strassenbau arbeitest?»

Am Donnerstag, dem vierundzwanzigsten Oktober 1929 hatte sich in New York und auf Grund der verzögert eintreffenden Nachrichten einen

Tag später in Europa Dramatisches und Folgenreiches abgespielt – auch für den kleinen Mann –, von den Europäern wurde der Tag seitdem nur der Schwarze Freitag genannt.

«Vielleicht», sagte Hans, «das Geschäft hat sich von Massanzügen immer mehr auf Konfektion verlagert. Im Frühling reichte die Arbeit nicht mehr. Ich, als Jüngster, musste gehen.»

«Mir haben sie auch gekündigt», sagte Fridel, «die Aufträge gingen aus. Ich kann aber schon nächste Woche in der Novaseta anfangen, in Arbon, Versuche mit einer neuen Technik – Kupferseide spinnen. Vielleicht hat das Zukunft.»

«Und ich fahre Achterbahn, rauf und runter, mal eine Matratze, mal etwas Leder, mal nichts. Aber heiraten werde ich sicher als Letzter.» Fridel verstand Max aus tiefstem Herzen.

Hedi trat zu ihnen, nahm Hans am Arm und sagte: «Komm jetzt, es geht los!» In dem Moment setzte das Geläut der Kirchenglocken ein.

Als der neue Arbeitgeber Fridel bereits nach drei Monaten in die Wüste schickte, reagierte er gelassen. So schnell liess er sich nicht aus der Bahn werfen. Ende Oktober 1930 bezog er seinen letzten Lohn, sechs Monate später sollte auch die Novaseta ihre Pforten definitiv verriegeln. Der Schwarze Freitag kannte keine Gnade.

Er zog zurück nach Flaach und half einem Kleinbauern, sich auf den Winter einzurichten. Sie ernteten die Runkeln, brachten Gülle auf die Wiesen, fällten alte Obstbäume, gruben Wurzelstöcke aus, sprengten sie und begannen im Rebberg mit der Bodenpflege.

Ab und zu setzte er sich auf den Rheindamm oder die Landzunge bei der Thurmündung, um seinen Erinnerungen nachzuhängen. Einmal traf er Beni, der im nächsten Frühling eine zweite Lehre als Zimmermann beenden sollte. Sie tranken Most und liessen ihre Jugendabenteuer aufleben.

Im Dezember kehrte er nach Laupen bei Wald zurück, wo ihm Max in seiner Kammer im Restaurant Orsini Asyl bot. Sie lebten von Polenta, Gschwellti, Servelas und Brot. Fridel übernahm Gelegenheitsarbeiten, pedalte durchs Oberland oder schäkerte mit Dorfschönen. Einmal besuchte er die Mutter in Dübendorf. Sie wirkte auf ihn müde und vergrämt. Gull wagte es nicht, den jungen, kräftigen Mann hinauszuekeln wie früher, aber er beobachtete ihn argwöhnisch.

Oft boxte er mit Max oder half ihm bei Bedarf in der Budik. Ihm gefiel, wie sauber, ja pedantisch der Bruder seine Arbeit erledigte. So erweiterte er seine Kenntnisse im Nähen von Matratzen und im Aufbau von einfachen Polsterungen. Nur mit den Wutanfällen von Max tat er sich schwer. Auch er geriet zuweilen in Rage, allerdings nicht wegen der Arbeit, die er in der Regel zügig und ausdauernd verrichtete, sondern wenn er sich verspottet oder nicht ernst genommen fühlte.

Fridel trainierte seit bald zwei Jahren mit der Radsportgruppe am Pfäffikersee und bestritt Clubrennen. Er hatte sich nie gefragt, ob er mit den Sportlern mithalten könne, hatte es einfach getan, war Mitglied geworden und mitgefahren. Sein unerbittliches Üben, die Ausdauer und die Fähigkeit, an seine Grenzen zu gehen, liessen ihn über sich hinauswachsen. Mit seinen Kollegen organisierte er Querfeldein- und Bergrennen, gewann auch einige davon. Eines der Clubrennen führte als Zeitfahren mit Einzelstart vom Bahnhof Pfäffikon hinauf nach Hermatswil, mit zwei steilen und wenigen schnellen Abschnitten. Nach zwei Dritteln der Distanz holte Fridel den vor ihm gestarteten Fahrer ein. Sie schauten sich kurz an und setzten Pokermienen auf. Fridel mochte den gemütlichen Burschen, aber in diesem Moment zählte nur der Wettbewerb. Beide hatten ein Handicap, Fridel ein halbes Bein zu wenig, der andere ein paar Kilo zu viel. Nun hetzten und jagten sie sich gegenseitig dem Ziel entgegen. Fridel gewann das Rennen – ein unbedeutender Sieg, aber einer über sich selbst.

Im Januar 1931 pedalte er zur Familienvisite in Wetzikon. Er wurde von Hans herzlich begrüsst, zurückhaltend von Hedi und schreiend vom Söhnchen. Staunend beobachtete er den liebevollen Umgang des Vaters mit dem Junior. Hans, noch immer im Strassenbau arbeitend, hatte sichtlich an Kraft und Statur zugelegt, sodass Fridel in ihm wieder den älteren, ja väterlichen Bruder wahrnahm. Zu ihnen stiess ein Spontanbesucher, der in der Huebi in Pfäffikon arbeitete. Er animierte die Brüder Gisler, sich ebenfalls in der Huebi, der Draht- und Gummifabrik, zu bewerben. Tatsächlich wurden beide eingestellt. Hans begann in der Gummimischerei, Fridel in der Pneuherstellung. Hans hatte Fridel spontan ein Zimmer zur Untermiete angeboten. So war beiden gedient, und der Arbeitsweg mit dem Velo war nur ein Katzensprung. Länger als drei, vier Wochen sei der Gummigestank nicht auszuhalten, klagte Fridel nach ein paar Tagen. Es sollten mehr als zwanzig Jahre werden.

Erst zwei Jahre zuvor waren in der Huebi die Vollgummi- von Luftreifen abgelöst worden. Jeder einzelne Pneu wurde in exakter Handarbeit aufgebaut. Fridel arbeitete im Akkord und verdiente zwölf, dreizehn Franken pro Tag, so gut wie ein Berufsmann. Seine Arbeitskollegen baten ihn, dem Akkord Sorge zu tragen und nicht geldgierig zu sein, weil sonst die Entschädigung herabgesetzt werde. Das hiess, nicht zu viel und nicht zu wenig zu arbeiten. Der dosierte Einsatz verlangte Zurückhaltung, ganz entgegen seinem Motto «Hopp, gib ihm!».

Eines Sonntagabends im April erschien Fridel nicht zum Nachtessen. Hans machte sich Sorgen, während Hedi schimpfte, sie werde nichts aufwärmen. Als auch am Morgen kein Fridel am Tisch sass, das Bett unberührt war, fuhr Hans zum Polizeiposten. Am Vortag sei ein Velofahrer ins Spital Wetzikon eingeliefert worden, wusste ein Beamter. Der Portier des Krankenhauses schickte Hans in die erste Etage, und von dort führte ihn eine Pflegerin mit der Ermahnung, nur kurz zu bleiben, zum Bruder. Der war unter einem gewaltigen Turban fast nicht zu erkennen. Weder Fridel, der kaum ein Wort herausbrachte, noch die Zimmergenossen oder die Krankenschwester konnten Hans über das Vorgefallene aufklären.

Klar war nur, was der Bettnachbar während der Arztvisite aufgeschnappt hatte und so ausdrückte: «Gisler fährt Velo, bis der Schädel bricht.»

Es blieb Hans nichts anderes übrig, als stracks in die Huebi zu pedalen, sein eigenes Zuspätkommen und das Ausbleiben des Bruders zu erklären. Drei Tage später wurde ein Polizist zum Patienten vorgelassen, der inzwischen vernehmungsfähig war, doch Fridel konnte nichts zum Unfallgeschehen sagen, wusste bloss, dass er der Querfeldeinmeisterschaft als Zuschauer beigewohnt, an der Siegesfeier teilgenommen und sich für den Heimweg aufs Rad gesetzt hatte.

Ein Augenzeuge gab Folgendes zu Protokoll:

Ich sah, wie ein Rennfahrer mit Schwung aus der Gartenbeiz auf die Strasse fuhr und dabei den Töff übersah, der von links kam. Dieser hatte nach der Kreuzung eben wieder Gas gegeben und knallte mit aufheulendem Motor frontal ins Fahrrad. Der Velofahrer segelte wie ein Artist in hohem Bogen auf die andere Strassenseite und landete kopfvoran in der Wiese – genau auf dem Deckel eines Abflussschachts.

Vier Wochen blieb Fridel im Spital – viel Zeit, um über sich nachzudenken. Kann ich die Arbeit in der Huebi wieder leisten, was soll ich sonst beginnen? Will ich mein Vagabundenleben weiterführen oder gar wie Hans sesshaft werden? Die Unfallbilanz war nicht erfreulich: Er hatte rechtsseitig das Gehör verloren, von nun an plagten ihn Kopfschmerzen – mal mehr, mal weniger –, immer wieder glaubte er, seine Schädeldecke knirschen zu hören, und er fühlte einen unangenehmen Druck. Als ihn sein Bettnachbar nach der Zukunft fragte, tönte es jedoch optimistisch zurück: Bald komme die Tourenzeit, und dann müsse er auf die Reise.

Nach seiner Entlassung fand er in Auslikon, einem Weiler am östlichen Ende des Pfäffikersees, eine Unterkunft. Im Zimmer gab es sogar eine Spüle, und in einer Ecke konnte man kochen. Er wunderte sich über sich selbst, als er mit Stolz das einfach eingerichtete Logis betrachtete. Sauber und aufgeräumt. Es käme wohl niemand auf die Idee, dass er ein Herumtreiber auf Velorädern war, bereit, sein Lager unter jeder Brücke aufzuschlagen.

Die Huebi lag zehn Velominuten von Auslikon entfernt am See. Im wechselnden Rhythmus der Schichtarbeit fand sich bald ein neuer Alltag. Oft stand Fridel nach der Arbeit auf der Brücke über den Chämptnerbach vor dem Strandbad Auslikon unter mächtigen Bäumen, manchmal wusch er sich im See den Schweiss und Gummistaub weg. Mit Brotkugeln fing er dutzendweise Leugeli, kleine Fischchen, vergleichbar mit Sardinen. Mit zwei, drei Griffen entfernte er Kopf und Innereien, die Gräte blieben drin. Zu Hause briet er die Beute knusprig und genoss sie wie ein Gourmet.

Fridel fühlte sich wie in seinen alten Jagdgründen aus Kindheit und Jugend. Oft setzte er nachts Köder in den Turpenlöchern, moorigen Teichen, aus denen er am Morgen pralle Schleien zog, die er so lange in stets erneuertem Wasser schwimmen liess, bis sie den Moorgeruch verloren. Ebenso oft sass er in den frühen Morgenstunden im Ried, schaute still in den erwachenden Tag, lauschte dem Schilfrohrsänger und freute sich, wenn eine Rohrdommel durch die Stängel zu ihrem gut getarnten Nest turnte.

Er war mit seinem Leben zufrieden: Die Arbeits-, Sport- und Fischerkollegen respektierten ihn, nur der lädierte Schädel bereitete Kummer, und er sehnte sich nach etwas Liebe. Im Frühling allerdings taute das Bedürfnis nach Zärtlichkeit wie der Schnee an der Sonne, und Fernweh machte sich breit. Gut, hatte er seine Arbeit, ohne diese würde er womöglich zum Landstreicher.

Die kurzen Pausen in der Huebi nutzten er und Hans, um sich auszutauschen. Fridel erzählte von Glücksgefühlen in der Natur. Hans dagegen klagte über seine Lasten: die Familienpflichten, nächtliche Stunden auf dem Tisch mit Nadel und Faden und das Herumtragen der schweren Kübel in der Mischerei. Bald darauf erlöste ihn sein ehemaliger Arbeitgeber mit einem Angebot, und er fand zurück in den Schneidersitz. Ab Juni nähte er einen grossen Posten Militärhosen, jeden Tag ein Paar für zehn Franken. Das Material brachten sie ihm nach Hause. Den grünen Hosenbeinen folgten Bahn- und Postuniformen, und immer öfter fand er private Kunden, sodass allmählich eine unabhängige Schneiderei in der eigenen Wohnung entstand.

Die Weltwirtschaftskrise brachte die Märkte weiterhin gefährlich ins Schlingern. Die Umsätze der Arbeitgeber brachen ein, Mitarbeiter wurden in Massen entlassen, und die sozialen Spannungen stiegen. Fridel hatte sich bisher der Politisierung entzogen. Arbeitskollegen und Vorgesetzte spalteten sich aber zunehmend in Rote, Braune und in ein Häuflein Besonnener. Aus dem nördlichen Nachbarland tönte es mit Marschmusik und Geschrei herüber, man müsse sich entscheiden zwischen Bolschewismus und Nationalsozialismus. Die Schweizer Nazis wurden Frontisten genannt oder kurz Fröntler. Ihre Hetzreden stiessen Fridel ab, zudem fühlte er sich mit den Arbeitern solidarisch. Mit seinen Brüdern ging er darum gelegentlich zu Versammlungen der Kommunisten.

Ein Vorarbeiter in Fridels Abteilung drohte ihm, sie, die Roten, kämen noch dran, er werde schon sehen – der Bolschewismus habe hier nichts verloren. Er knallte ihm das mitgebrachte Auftragspapier mit einem hasserfüllten Blick auf den Materialtisch. Fridel wurde sich plötzlich bewusst, dass es auch für ihn um mehr ging als um Dorfpolitik. Ein ihm gewogener Kollege, dem er davon erzählte, warnte ihn, es gebe mehr Fröntler, als er denke. Wenn die an die Macht kämen, hätten sie, die Linken, nichts mehr zu lachen. Die kommunistischen Genossen im Zürcher Oberland waren nach Zürich orientiert. Ein paar von ihnen, ein versprengtes Grüpplein, trafen sich an einer abgelegenen Stelle in einem Wald, mangels Vereinslokal und um nicht aufzufallen. Während einer solchen konspirativen Runde forderte ein leitender Genosse Solidarität mit den Stadtzürchern. Die Fröntler und die Bürgerlichen planten gemeinsam eine Provokation der Linken. Am kommenden Samstag würden sie mit einem Fackelzug versuchen, nach Aussersihl zu marschieren, ins Arbeiterquartier schlechthin. Die «Neue Zürcher Zeitung» habe geschrieben, es werde ein «Weiheakt der vaterländischen Aktion».

«Da sind wir dabei, was meinst du, Max?»

«Jawohl, wir werden ihnen die Weihe in den Arsch stecken.»

Drei Tage später kam der Umzug nicht weit. Vom Aufmarschplatz beim Bellevue drängte die Masse auf der Talstrasse mit Fahnen, Fackeln und Trommeln vorwärts. Kaum hatten die ersten die Sihlbrücke überschritten, wurden sie von den Roten rabiat zurückgeschlagen. Unter vorgehaltenen Genossenhänden hiess es, man habe auf Dächern der Langstrasse mit Benzinfässern auf die Halunken gewartet. Die Halunken, das waren die Schläger der Fröntler, der Harst genannt. In den unmittelbar darauffolgenden Zürcher Wahlen 1933 erlitten die Bürgerlichen eine empfindliche Niederlage, die Fröntler gewannen zwar Sitze, aber keine Macht.

Als die Pneuproduktion im folgenden Frühjahr in einen Neubau verlegt wurde, bezog Fridel für die Dauer der Umzugsarbeiten freie Tage. Er pedalte durch die Poebene nach Venedig und Udine, wo er eine ehemalige Arbeitskollegin besuchte, dann zurück via Trento, Ofenpass und Flüela nach Hause. Die Reiseerlebnisse machten ihn nachdenklich. Wenn auch beeindruckt von den prächtigen Landschaften und den sympathischen Einheimischen, schien es ihm, er träfe dieselben Akteure, dieselben Verhältnisse an wie andernorts. Vorsichtig beobachtete er überall die Schwarzhemden, die Faschisten, vor denen er gewarnt worden war. Ein Früchtehändler am Strassenrand, dem er eine Melone abkaufte, verfluchte und beschimpfte seinen kleinen Sohn als «fiol d'un can» und die Ehefrau als sein Verderben, ohne zu bedenken, dass der Fremde womöglich einiges von der «lingua degli angeli» verstehen könnte. In Fridel stiegen die schmerzhaften Empfindungen auf – immer noch lebendig, nicht umzubringen –, als Dreck behandelt zu werden. Der Knabe tat ihm leid. Die Lagunenstadt Venedig im Übrigen schien zu bestätigen, dass wie vielerorts vorne der Glanz und die hohen Preise und hinter den Kulissen die Not herrschten. Die Stadt Udine schlug dem Fass den Boden aus. Dort bauten sie noch immer an einem Denkmal für die Opfer des ersten Weltkriegs, während sie bereits den nächsten herbeiredeten.

Die neuen Produktionsanlagen liefen schon seit Wochen auf Hochtouren, und die Lager füllten sich, sodass der Meister Fridel wieder einmal zum Stempeln schickte. Das verdross ihn keineswegs, im Gegenteil, die freien Tage bedeuteten ausser Velofahren auch Boxen und Fischen. Der Flaachemer Pfarrer hatte immer gepredigt, die Zeit sei das kostbarste Gut und man dürfe sie nicht unnütz vertun. Arbeit sei Gottesdienst. Das hatte der sechzehnjährige Fridli nicht verstanden. Dem Fünfundzwanzigjährigen aber war klar, da hatte einer dem Volk Wasser empfohlen, in dessen Keller der Wein in Fässern lagerte.

An so einem Tag radelte Fridel erst stundenlang durch die Ostschweiz, danach beteiligte er sich am Training des «Box-Ring Oberland», den Max von Laupen nach Wetzikon verlegt hatte. Während die anderen Fussarbeit und Schattenboxen übten, stellte sich Fridel an den Sandsack und schlug

Jabs und rechte Geraden in wechselnder Abfolge. Auf seiner Kontrollrunde schaute Max ihm eine Weile zu und korrigierte Kleinigkeiten. Dann bat er Fridel, das Training zu Ende zu leiten, er fühle sich unwohl und möchte nach Hause gehen.

Wie üblich folgten zum Abschluss kurze Übungskämpfe, das Sparring, in dem die Schläge schnell, aber ohne Wucht zu erfolgen hatten. Unter den Nachwuchsboxern war ein athletischer Schmiedelehrling, der Technik mit Ungestüm und Ehrgeiz verband und nun wünschte, mit Fridel eine Runde zu boxen. Der Kampf begann einseitig, denn Fridel schlug dem Burschen, der oft die Deckung vernachlässigte, regelmässig linke und rechte Geraden an Kinn und Körper. Als aber Fridel über seinen halblahmen Fuss stolperte, das Gleichwicht suchte, dabei die Deckung öffnete, landete eine Schmiedefaust mit Wucht an seinem Glaskinn. Er knallte mit dem Hinterkopf auf den harten Boden. Knock-out. Als er wieder auf den Beinen stand, fühlte er sich seltsam befreit. Die Druckgefühle, ständige Begleiter seit dem Velounfall und dem Schädelbruch, schienen verschwunden. Er glaubte zwar, der Schädel sei wieder gebrochen, und beschloss, sich in nächster Zeit zu schonen. Erstaunlicherweise blieben danach die chronischen Kopfschmerzen aus. Der junge Boxer aber, dem Fridel innerlich dankbar war, prahlte, er werde nun auch den älteren Gisler k.o. schlagen.

Zwei Wochen später erfuhr Fridel von einem der Jungboxer, Max habe den Schmiedelehrling eingeladen, sein Versprechen einzulösen. In einem ungleichen Kampf sei der zwölf Kilogramm schwerere Schmied noch vor Ablauf von zwei Minuten zu Boden gegangen, habe sich anschliessend in die Garderobe zurückgezogen und sei seither nicht mehr aufgetaucht.

In ganz Europa brodelte es, und Bürger wurden zu Barbaren. Die nationalsozialistische Frontenbewegung träumte von Grossdeutschland und focht auf Zürcher Strassen Kämpfe mit den Kommunisten aus. Politik hatte Fridel stets interessiert, wenn ihn aber das Fernweh überfiel, verlor sie an Bedeutung. An Ostern 1932 hatte Fridel begonnen, ein Tourenbuch zu führen, dessen erster Eintrag eine Fahrt nach Strasbourg war. Nun, im Juni 1935, schrieb er in unbändiger Vorfreude:

Wenn der Föhn die Berge nah heranrückt, die Sonne immer höher steigt und ihre Kraft zunimmt, dann packt mich die Unruhe, und kein Doktor kann mit Gütterli und Pillen etwas ausrichten.

Er plante eine Tour nach Marseille. Am Abend vor dem Aufbruch verstaute er Pass, Wolldecke, Fotoapparat, Wasch- und Rasierzeug, Wäsche, Proviant für zwei Tage und den Flachmann, mit Kirsch gefüllt, in den Satteltaschen. Am Samstag um drei in der Früh startete er in Auslikon, frühstückte nach dem ersten Aufstieg in Rothenthurm und pausierte auf der Teufelsbrücke, am Fuss des Gotthards. Fridel kräftigte sich für die bevorstehende Kraxelei mit Brot, Käse, Milch und dem Anblick der tanzenden Sonnenstrahlen, die in die wilde Gischt der Reuss einen fantastischen Regenbogen zauberten.

In Biasca angekommen, fand er einen Heustock als Nachtlager, verdrückte den Znacht aus den Satteltaschen, setzte sich auf der Piazza vor eine Osteria und liess sich ein Glas fruchtigen Merlots aus der Leventina servieren. Ein Dörfler gesellte sich zu ihm, stiess mit ihm an und fragte nach seinem Ziel. Bereitwillig erzählte Fridel von seiner Tour, der Veloleidenschaft, und weil der Wein gesprächig machte, auch vom Boxen und Fischen.

«Una persona versatile» sei er, ein Multitalent, lobte der Tessiner.

Am frühen Sonntagmorgen kurbelte Fridel mit neuen Energien nach Chiasso. Der italienische Zöllner legte angesichts der kleinen Kirschflasche die Stirn in Falten, gab sich aber lachend geschlagen, als Fridel sie als «medicina per il mal di stomaco» deklarierte.

Nachts, ausgestreckt auf dem Heustock eines Bauernhofs, liess er die Eindrücke des Tages an sich vorbeiziehen. Aus dem Dunst auftauchend der Mailänder Dom, in Reisfeldern gespiegelte Strommasten und Bäume, die Menschenspaliere der Pfingstprozession in Pavia und andere Bilder, die nicht nur im Kopf, sondern auch in seiner Fotobox lagerten. Mitten in der Nacht wurde er durch ein betörendes Konzert geweckt. «Usignolo!» Einer Nachtigall habe er die bühnenreife Darbietung zu verdanken, erklärte ihm morgens der Bauer. Er hatte den Gesang noch im Ohr, als er auf dem Weg in den Süden den Po überquerte, um nach zügiger Fahrt am Nachmittag

Genua zu erreichen. Unversehens stach der berühmte Leuchtturm in den Himmel, doch ein Uniformierter holte Fridels Blick wieder auf den Boden. Nach einem Geplauder durfte er in den Hafen und sich von Kränen, Lagerhäusern, Dampfern und Menschen aller Hautfarben beeindrucken lassen. «Vietato fotografare!» Mit Vorsicht schlug er das Verbot in den frischen Meerwind. Nach drei Stunden Rundfahrt brummte sein Schädel von der Stadt, er verliess sie Richtung Westen und übernachtete in einem der nächsten Dörfer.

Anderntags sog er die Bilder der Küstenfahrt wie ein Schwamm auf. Das tiefblaue Meer, die Fischerkähne, Dampfer, eine Frau, einen Turm von Körben auf dem Kopf balancierend, riesige Kakteen, Pinien, mächtige Geranienstauden und eine ihm fremde Blumenpracht. Er hatte sich am Strassenrand auf einen Stein gesetzt, überwältigt von der Schönheit. Als Knabe hatte er, die Behinderung vergessend, Ähnliches in der Wildnis um Rhein und Thur erlebt. Inzwischen war er sechsundzwanzig und konnte es kaum fassen, die Jahre der Verdingung so weit hinter sich zu wissen. So wie auch die erniedrigende Zeit im Burghölzli. Am liebsten hätte er sie vergessen, aber die Bilder hatten sich tief in seine Seele gefressen. Das Schlimmste war das Eingesperrtsein gewesen. Wie ein Tier im Käfig war er sich vorgekommen. Nach der Entlassung hatte er Wut und Kränkungen in den Sandsack von Max geprügelt. Jetzt war er frei, konnte arbeiten, was er wollte, und fahren, wohin es ihm beliebte. Hans hatte inzwischen zwei Buben und eine Frau, die Erwartungen hatten an ihn. Max setzte sich selbst Grenzen, indem er bei Schwierigkeiten imstande war, Begonnenes im Jähzorn zu zerstören.

Fridel legte sich auf der Karte die nächsten Etappen zurecht. Nach Cannes würde er fahren und dann über den Estérel bis Marseille. In Puget-sur-Argent übernachtete er und leistete sich ein Abendessen für vier Francs. Suppe, Salat, Reis, Fleisch und Wein wurden aufgetischt.

«Merci, Madame, aber den Wein habe ich nicht bestellt.»

«Das Essen kostet vier Francs – mit oder ohne Wein.»

«Das ist grossartig. Dann bitte ich nur um Wasser, um den Wein zu verdünnen.»

«C'est dégoûtant. So etwas tut man nicht.»

So trank er einen Teil des Weins pur, goss den Rest in seinen Bidon und verdünnte ihn heimlich doch. Später erkannte er, dass die richtige Wasser-Wein-Mischung für unterwegs bekömmlicher war als reines Wasser.

Neun Jahre nach Max kam Fridel in Marseille an. Anders als dieser konnte er sich eine einfache Unterkunft leisten und ohne Nöte die Stadt erkunden. Bevor Fridel zu einer Stadtrunde aufbrach, legte er sich eine Stunde hin. Wie der Wellengang Seeleuten an Land weiter Gesellschaft leistet, fühlte er noch auf der Matratze das Rütteln der Pavés, der Kopfsteinpflaster, über die er stundenlang gefahren war.

Im neuen Hafen staunte er über die Dimensionen, die Arbeiter, Geschäftemacher und Passanten, die aus aller Welt kamen, und den aufgeregten Betrieb. Anderntags, im alten Hafen, konnte er sich nicht sattsehen an den riesigen Segelschiffen, auf denen um die Wette gescheuert und poliert wurde, an den Lotsendampfern, Kohlenschiffen, Yachten und den unzähligen kleinen Booten, die die Anlegeplätze füllten. Wohin er sich auch wandte, entdeckte er neue Attraktionen. Am eindrücklichsten schien ihm aber der Transbordeur. An riesigen Doppelmasten spannte sich das Bauwerk, einer Brücke ähnlich und alles überragend, über die Hafenausfahrt. Unter der Brücke hing an Dutzenden Drahtseilen eine Schwebefähre, auf deren Plattform Fussgänger, Fahrzeuge und Güter von der einen zur anderen Hafenseite übergesetzt wurden. Auf den Enden der luftigen Brücke, fünfzig Meter über dem Wasser und zweihundertvierzig Meter lang, standen pavillonartige Gebäude.

Fridel wurde aus dem Staunen gerissen, als ihm einer auf die Schulter tippte. «Business Occasion», flüsterte er ihm ins Ohr und hielt ihm eine Uhr so nah vor die Augen, dass das Zifferblatt verschwamm. «Deux cents francs», einen Ring für «cent cinquante». Er hat ein Halsabschneidergesicht, dachte Fridel, und er wehrte das Angebot ab, zumal er die miese Qualität erkannt hatte. Doch der Mann insistierte mehrsprachig und rückte ihm nah auf den Leib.

Fridel hielt ihm die Faust unter die Nase. «Casse-toi!»

Der Filou zog spanisch fluchend ab.

Fridel atmete auf und wandte sich wieder der ebenso riesigen wie filigranen Brücke zu, die ihn an einen Weberknecht erinnerte, einen Zimberma, wie man die hochbeinige Spinne im Zürcher Dialekt nannte. Ein Matrose erklärte ihm, dass er mit dem Lift nach oben fahren und wie ein König speisen könne, aber so einer sei er wohl nicht, fügte er ohne Spott hinzu.

Fridel sparte das Fahrgeld für den Lift und stieg die Treppe hoch. Der Ausblick war fantastisch.

«Je m'appelle Jérôme», klang es aus einem jungen, freundlichen Gesicht. Nein, nein, er wolle kein Geld, er wolle ihm nur erklären, worüber er so staune.

«Wenn du landeinwärts schaust, liegt links der Quai du Port, rechts der Quai de Rive Neuve.» Er schilderte ihm die sichtbare Umgebung wie ein erfahrener Führer und empfahl ihm zum Schluss zwinkernd einen Spaziergang auf dem Quai des Anglais, am besten zu zweit.

Fridel bat Jérôme, mit seiner Blechbox ein Porträt von ihm zu schiessen. Später zeigte ihn die Fotografie angelehnt an das brusthohe Geländer, im hoch geschlossenen Hemd, mit Knickerbocker, herabgerollten Kniestrümpfen und leichten Schuhen. Die rechte Hand steckte, eine Spur Verlegenheit verratend, halb in der Hosentasche. Höflich lächelnd, schien er leicht geblendet von der Spätnachmittagssonne. Ein kräftiger, gutaussehender junger Mann mit flott nach hinten gekämmten Haaren.

Wie mit Jérôme erging es ihm als Fremder überall. Niemand nahm Anstoss an seiner Behinderung oder wunderte sich, dass er ihr trotzte. Sie alle respektierten ihn ganz selbstverständlich: der Hotelbesitzer, der Bäcker, die Zöllner, die Polizisten und die einfachen Menschen, mit denen er zu tun hatte.

Die schönen bürgerlichen Quartiere interessierten ihn nicht. Er schaute sich aber die Armut an, erschüttert von so viel Jammer, menschlichen Ruinen, schäbiger Prostitution und Hoffnungslosigkeit – Frauen, auch junge Mädchen, höchstens zwölfjährig, rempelten und stupsten ihn an. Den Händlern und fliegenden Verkäufern nahm er es nicht übel, dass sie versuchten, überrissene Preise zu verlangen, er lehnte die Angebote freundlich ab. Keinen Sou hatte Fridel übrig. Nur einem kleinen Jungen, der eine bescheidene Auswahl an Brötchen feilbot, kaufte er eines ab, setzte sich damit auf eine Mauer im Schatten und schaute dem Geschehen zu. Er hatte gedacht, über Armut Bescheid zu wissen, aus eigener Erfahrung und aus Büchern. Während er die Zähne in die knusprige Kruste schlug und genüsslich kaute, erinnerte er sich daran, wie er sich geschämt hatte, als er im Balgrist nach der Operation auf rüdeste Art geflucht hatte und von seinem Bettnachbarn getröstet wurde, der, fast völlig gelähmt, viel schlimmer dran war als er. So ging es ihm nun mit der Armut. Ja, er wusste, wie hart das Leben sein konnte, aber so jämmerlich elend wie vielen hier war es ihm nie ergangen. Es war ihm, als würde ein Rest von Selbstmitleid von ihm abfallen wie die Blutkrusten einer verheilten Wunde.

Am letzten Tag in Marseille folgte er dem Rat Jérômes und flanierte über den Quai des Anglais, setzte sich dann auf eine Mauer und schickte seinen Blick geradeaus. Nach zweihundert Kilometern, so dachte er, müsste er in Spanien ankommen. Klein und gewöhnlich kam er sich vor, doch war es ein gutes Gefühl.

Von der Frankreichfahrt zehrte Fridel lange, sprach aber, im Wissen, dass sich die politische Situation zuspitzte, bereits von Spanien. Mitte Mai 1936 brach er auf, um sechs Wochen später nach viertausend Kilometern und um Dutzende Tourenbuchseiten reicher heimzukehren. Zwei Wochen danach brach in Spanien ein Vulkan aus, General Franco überzog das Land mit Hass und Totschlag. Wieder in der Schweiz, wurde Fridel gewarnt, nicht noch einmal nach Spanien zu fahren, er stünde auf schwarzen Listen als Sympathisant der spanischen Republik und somit als Feind Francos.

Die Mutter schalt ihn nach der Rückkehr, er sei ein richtiger Vagabund geworden. Er wisse ja nicht, antwortete er grinsend, wen sie alles beherbergt habe. So schnell und entschieden hatte die sanfte Hermine noch nie zugeschlagen. Scham und ein roter Abdruck auf der Wange brannten Fridel noch Stunden.

Den Kameraden seiner Radsportgruppe hielt er am Clubabend einen Vortrag über seine Reise, er las aus seinem Tourenbuch und beschrieb das Leben der kleinen Bauern:

Pferde und Maultiere müssen hart arbeiten, ich habe Verständnis für die Leute, die auf den kargen Böden mit primitiven Mitteln schaffen und früh altern. Sie sind zäh, stolz und wirken wie knorrige Olivenbäume. Mein Va-

gabundieren war für sie sinnlos, aber es waren doch diese schlichten Leute, die mich einluden. Sie spürten wohl die bäuerliche Verwandtschaft. So bin ich einmal mit einer ganzen Sippe am Tisch gesessen, habe Brot, Käse und ihre Wurst gegessen, den schweren roten Wein getrunken. Sie erzählten von den Spannungen, den Streiks und Strassenkämpfen in Teilen des Landes, sie fürchteten einen Bürgerkrieg.

Auch vom Gespräch mit einem Gastwirt in Aranjuez berichtete er:

Was ich noch plane, hat er mich gefragt. Ich wolle nach Madrid, sagte ich, dann via San Sebastian nach Frankreich und Paris. Er empfahl mir, mich zu beeilen, es werde Krieg geben, es sei nicht zu vermeiden. Was ich darüber denke. Soviel ich wisse, sagte ich, sei die Linke demokratisch gewählt worden, was die Rechte nicht anerkenne. In der Schweiz würde man eine gewählte Regierung respektieren. Da ist das Gesicht des Spaniers kalt und hart geworden. Ob ich Kommunist sei. Ich hätte mich ohrfeigen können. Nein, nein, ich verstehe es bloss nicht. Er sagte, die Volksfront wolle sie, die sich hart Wohlstand erarbeitet hätten, enteignen. Man brauche in Spanien keinen Stalinismus. Das Essen koste vier Peseten. Er komplimentierte mich förmlich aus dem Garten. Mir schien, die kalte Dusche habe mir die spanische Wirklichkeit nähergebracht.

Fridel berichtete auch von der Begegnung mit zwei Wiener Tourenfahrern, Karl Heider und Edi Ritter, auf der Landstrasse, in der Nähe von Paris. Er hatte begonnen, mit ihnen Briefe zu wechseln.

Im Dezember 1936 stand sie plötzlich in seinem Ausliker Logis und sagte, sie sei schwanger. Im zweiten oder dritten Monat, habe der Doktor gesagt.
«Der Vater kannst nur du sein.»
Er hatte Gertrud vor mehr als zwei Jahren kennengelernt, aber nachher nur sporadisch getroffen. Immer, wenn er mal nicht am Arbeiten, am Fischen, Boxen oder Tourenfahren gewesen war, wenn er sich, was höchst selten vorgekommen war, einsam gefühlt hatte. An einem Sommerfest in Wald hatte ihn die junge Frau, die ihm vom Sehen nicht unbekannt war,

angelächelt. Zwei Jahre jünger als er war sie, eine Spur grösser, und sie bewegte sich geschmeidig wie eine Katze.

Ob sie aus dem Dorf sei. Er sei ihr auch nicht fremd, rede aber nicht wie ein Hiesiger. Er sei aus Flaach, einem Kaff im Weinland. Davon habe sie nie gehört. Was er hier mache. Früher habe er in der Zwirnerei gearbeitet, der Bruder habe in Laupen gewohnt, wo sie geboxt hätten. Aus dieser Zeit habe er Bekannte im Dorf. Geboxt – auch einer von diesen Spinnern. Der Bruder habe seinen Club nun in Wetzikon, manchmal trainiere er dort. Sie könne ja mal vorbeikommen. So, die Herren bräuchten Bewunderung. Das interessiere sie nicht. Wie es wäre mit Tanzen. Fridel winkte ab, das gehe nicht, sein linkes Bein sei handicapiert, er würde ihr nur auf die Füsse treten. Fürs Boxen sei er wohl nicht handicapiert genug.

So tändelten sie, bis Fridel für Speis und Trank sorgte. Das Gespräch plätscherte bei Kartoffelsalat, Bratwurst und Wein munter weiter, mal witzig, mal widerborstig, mal anzüglich. Sie stiessen über dem Tisch mit dem Glas an und darunter mit den Füssen. Bald setzten sie sich abseits vom Festbetrieb unter eine mächtige Linde ins Dunkle. Es war nicht bloss die Wärme der Sommernacht, die die beiden in den Schuppen hinter der Kneipe am Festplatz trieb. Mit einer Gruppe Unentwegter tranken sie weit nach Mitternacht ein letztes Bier.

Schwanger! Fridel war geschockt.

«Es ist klar, dass ich die Verantwortung übernehme», sagte er zu Hans, «und ich hoffe, dass Gertrud sich durch das Kind verändern wird, denn sie ist etwas ordinär und leichtlebig.»

«Und du, bist du besser? Du hast dich doch mit ihr eingelassen.»

Später suchte Fridel Max auf und diskutierte mit ihm weiter.

«Das hast du jetzt von den Weibern», spottete dieser, «erst für den Spass eine Hure, aber zum Hochzeiten solls ein Engel sein. Und, was machst du nun?»

«Ich werde sie heiraten, wenn wir uns Mühe geben, wird es gehen. Ich kann es aber immer noch nicht fassen. Vorbei ist es mit den Velotouren. Ich muss jetzt eine Familie ernähren.»

«Was gefällt dir eigentlich an ihr?»

«Ich habe die Liebe gesucht, vielleicht habe ich das mit Sex verwechselt.»

«Könnte es auch umgekehrt gewesen sein?»

«Sie war nicht zimperlich, hat sich nicht geziert.»

«Liebst du sie?»

«Was heisst schon Liebe ...?»

«Würdest du sie auch heiraten ohne Kind?»

«Auf keinen Fall.»

Was würde er bloss tun, wenn die Fabrik ihn wieder stempeln schickte? Mit Max wurde er sich an diesem Abend einig, neben der Arbeit in der Huebi mit dem Matratzennähen zu beginnen. Sie würden sich gegenseitig unterstützen und aushelfen, wenn zu viel Arbeit anfiele, planten sie optimistisch. Das Leben wirkte bereits wieder etwas freundlicher.

Vater Emil war oft auf der Stör gewesen, und zu Hause hatte er zurückgezogen in der Budik gesessen, aber immerhin solid gelebt. Der Haushalt war ärmlich gewesen, doch sauber. Fridel wollte eine gute Ehe führen. Was aber bedeutete das? Er hatte Worte im Kopf, Angelesenes: Zusammenhalt, gemeinsames Schaffen an der Zukunft, ein schönes Zuhause pflegen, den Kindern Vorbild sein. Er fragte Gertrud, was sie sich unter einer guten Ehe vorstelle. Sie schaute ihn ratlos an, fragte, was genau er wissen wolle. Also erzählte er ihr von seinen Gedanken und bat sie, ihre Wünsche zu nennen.

«Ich will, dass wir genug Geld haben, dass ich mich schön anziehen kann, dass wir ausgehen können, es lustig haben und dass du nicht ständig meine Zigaretten und Weingläser zählst.»

Ein Haus ist ein Haus

Die Trauung fand in Wald statt, im Gemeindehaus, es war Mitte Februar 1937 und frühlingshaft mild. Das Hochzeitspaar hatte keine Einladungen verschickt. Die Trauzeugen, ein Radsportkollege und seine Frau, baten Gertrud und Fridel zum Hochzeitsessen in ihre Wohnung – eine vierköpfige Festgemeinde. Kartoffelstock, Schweinebraten an einer währschaften Sauce, zum Dessert eine gebrannte Creme. Sie griffen zu, lobten die Köchin, und bald wurde eine zweite, später eine dritte Flasche Valpolicella entkorkt, man prostete sich wiederholt zu, und die Zeugen wünschten dem Paar Hals- und Beinbruch. Nach vier Uhr streckte Fridel seine Glieder und sagte: «Lass uns aufbrechen, und du solltest weniger trinken, du bist doch schwanger.»

«Was du nicht sagst, ein bisschen Wein hat noch keinem Goof geschadet.»

Es zeigte sich rasch, dass Gertrud als Hausfrau die einfachsten Kenntnisse abgingen. Fridel war nicht anspruchsvoll. Die Mutter hatte wenig und schmackhaft Einfaches aufgetischt. Beim Chüefer wie beim Wilson waren die Portionen ausreichend, aber lieblos gewesen. Fridel selbst hatte seine Junggesellenmenüs mit Freude zubereitet. Ihm schien, Gertrud sei beim Kochen so gleichgültig wie beim Putzen. Ja, es gab nichts, was ihr Interesse oder auch nur Sorgfalt hervorgerufen hätte. Eines Tages entdeckte er im Abfallkübel das geblümte Kleid, das er ihr nach der Hochzeit geschenkt hatte.

«Was ist mit dem Rock? Der steht dir so gut.»

«Ach, er hat ein Loch, Ölflecken hat er auch. Ich sollte einen neuen haben.»

«Den kannst du flicken und waschen. Ich will, dass du den Sachen Sorge trägst. Wir haben nicht das Geld, alles immer neu zu kaufen.»

«Ich habe gemeint, du seist ein richtiger Mann, aber du redest wie ein gewöhnlicher Bünzli.»

«Gopfridstutz! Ich meine das ernst. Ich verlange von dir, dass du sparst, und zudem trinkst du zu viel, einmal Wein in der Woche genügt. Du sollst an unser Kind denken.»

«Ich lasse mir nicht vorschreiben, was ich zu tun habe.»

So gerieten sie in Streit. Immer wieder. Bevor es zu Schlimmerem kommen konnte, führte sie die mächtige Anziehung als Ausweg unter die Decke. Erst gegen Ende der Schwangerschaft blockte Gertrud ab. Sein Verdienst in der Huebi reichte bald nicht mehr.

Er schaute ihr noch mehr auf die Finger, belehrte sie. Essensreste sollte sie verwerten, ein stumpfes Messer schleifen lassen, häufiger den Boden aufwischen und täglich das Geschirr abwaschen.

Fridel pendelte zwischen Wut, Verzweiflung und Resignation. An einem Samstagnachmittag setzte er sich aufs Velo, um bei Hans moralische Unterstützung zu holen.

Hans schüttelte den Kopf. «Das ist ja nicht zum Aushalten. Ich weiss nicht, was ich dir raten soll, mein Massstab ist Hedi. Ich kann dir nur Geduld empfehlen.»

Zwei Stunden später hoffte er bei Max auf praktischeren Rat.

«Mein lieber Fridel», der Bruder lachte warm und mitleidvoll, du musst wohl wirklich Geduld haben mit ihr.» Aber er könne den Wunsch nach Ordnung und schmackhaftem Essen verstehen, drum müsse er vielleicht, wenn sich länger nichts ändere, einmal richtig auf den Tisch hauen.

In dieser Nacht konnte Fridel nicht einschlafen, was ihm höchst selten widerfuhr.

«Ich glaube, es geht los», rief Gertrud, als Fridel am Donnerstagmorgen, dem ersten Juli, aus der Nachtschicht heimkehrte.

«Was geht los?»

«Das Kind will kommen, hol die Hebamme!»

Fridel eilte in die «Sonne», um zu telefonieren.

«Das Kind – Gisler, Auslikon –, das Kind will kommen.»

Die Frau hiess ihn Wasser kochen, und ehe eine halbe Stunde um war, stieg sie bei Gislers vom Velo. Weitere dreissig Minuten später drang ein helles Krähen nach draussen, wo Fridel aus Ungeduld und Verlegenheit begonnen hatte, den Hof aufzuräumen.

«Ein Mädchen ist es», rief ihn die Hebamme herein. Blond und blauäugig war es, und es hatte den Weg ganz leicht gefunden. Die Kleine wurde nach der Mutter Trudi genannt. Das Wunder der Geburt, der winzig feine Körper ihrer Tochter liessen Gertrud und Fridel Zwistigkeiten und Unterschiede vergessen. Sie freuten sich an ihrem Kind.

Fridel arbeitete, bot sich für Überstunden an, und wie mit Max diskutiert, mietete er in Pfäffikon einen kleinen Raum und begann, Matratzen zu nähen, Möbel aufzufrischen und einfache Lederarbeiten zu machen. Der Verdienst reichte nun besser, dafür war er selten daheim. Er werkte im Schichtbetrieb in der Fabrik oder schwang die Nadel in der Budik, sodass Tag und Nacht ineinander verschmolzen. Trotzdem war er dankbar, denn Vater Emil war es nie gelungen, auf längere Sicht genügend Arbeit und Verdienst aufzutreiben.

Der Platz wurde knapp in der Junggesellenabsteige. Fridel bat den Arbeitgeber, der in Pfäffikon mehrere Kosthäuser besass, um eine Wohngelegenheit.

Ohne einen Franken mitnehmen zu können, hatte Heinrich Gull Ende Juni 1937 abtreten müssen. Fridel und seine Brüder nahmen der Mutter zuliebe an der Trauerfeier teil. Gertrud mit dem Bébé war zu Hause geblieben. Am Abend erzählte er ihr von diesem seltsamen Anlass: «Die Gull-Kinder haben nicht lange Traurigkeit gespielt, sie freuten sich bereits auf das Erbe, schmiedeten Pläne für das Haus im Wil. Und Mutter wusste auch nicht zu trauern, die vierzehn Jahre mit dem Viehhändler sind kein Honiglecken gewesen. Sie erbt dreizehntausend Franken, wird das Haus bald verlassen und zu Max nach Wald ziehen.»

Der Wein beim Leidmahl hatte Hermine die Zunge gelockert, sodass die Brüder ihr einiges über die Familie entlocken konnten.

«Dass mein Grossvater ein Vagant war, wusste ich schon», erzählte er Gertrud weiter. «Als ich etwa acht war, kam ich mit dem Botzen Jokeb ins Plaudern, ein Dorforiginal. Der Alte wusste nicht, dass ich der Enkel des Schirmflickers Gisler war. Dieser habe getrunken und gratis repariert oder Schirme verschenkt, wenn er einer Frau an den Hintern greifen durfte. Das habe ich zu Hause nicht erzählt, weil ich mich schämte. Die Geschichte meines Vaters Emil kennst du bereits», er war ein Träumer, dachte Fridel, hat wegen einer fixen Idee die weite Reise nach Berlin unternommen.

Schlage ich ihm nach? «Aber habe ich schon mal von Hermines Grossvater, dem Munotwächter erzählt? Auch er ist arm gestorben, genau wie ihre Eltern.» Nun verstehe ich, dachte Fridel, wieso die Mutter immer gesagt hat, die Scham sei das Erbe unserer Familien.

Monate später zog Hermine weiter nach Hittnau, sie musste den Rest des Erbes als Altersbatzen schonen und darum wieder Geld verdienen. Beim Betreiber eines Friseursalons hatte sie, nun beinahe sechzig, eine Stelle als Haushaltshilfe gefunden.

Es reichte Fridel zu einem eiligen Znacht mit Gschwellti und Käse.

«Immer haust du ab, und bist du einmal da, machst du mir Vorschriften. Du bist ein Egoist», schimpfte Gertrud.

Er hatte Max Hilfe beim Nähen von zwei Matratzen versprochen, und sie hatten sich auf Freitagabend und Samstagvormittag verständigt. So schnell wie die Velopedale drehten sich seine Gedanken. War er zu Hause, stritten er und Gertrud über das fehlende Geld, arbeitete er mehr, klagte sie, alles allein machen zu müssen. In der Firma und in Zürich verhielten sich die Fröntler aggressiver, man sagte, es werde Krieg geben. Was kam auf sie zu?

«Du stinkst wie ein Pneu!»

«Das ist mein Huebi-Parfum.»

Max hatte zwei Tische aufgebaut und bereits zwei Bahnen Drilch zugeschnitten, fast fünf Meter lang, sie auf den Tischen so ausgelegt, dass die eine Hälfte auf den Boden fiel, und darauf je ein Schafswollflies ausgelegt. Zudem hatte er am Nachmittag aus dreissig Kilogramm schwarzem Pferdeschweif – zu kinderarmdicken Schnüren gedreht – auf der Schaukel einen riesigen Haufen luftiges Kraushaar gezupft. Jeder begann an seinem Tisch das elastische Haar ineinander verwoben zu schichten. Das brauchte Erfahrung, Geschick und Gefühl. Drei Lagen trugen sie auf und in der Mitte eine vierte, speziell für das wohlgenährte Paar, das darauf schlafen würde. Dann unterbrachen sie die Arbeit, Max braute Kaffee.

«Du hast dich schon lange nicht mehr im Training blicken lassen.»

«Keine Zeit, viel Arbeit in der Huebi, und zu Hause geht es ohne meine Hilfe nicht. Aber du bist selbst auch nicht mehr oft im Ring, habe ich gehört, hast du allmählich genug?»

«Vor drei Wochen habe ich in Winterthur gegen einen starken Gegner verloren, und dann ist da das Asthma, dass mich bremst. Trotzdem boxe ich noch gern.»

Max erkundigte sich nach der Familie. Fridel wirkte plötzlich müde. Er versuche, aus Gertrud eine Hausfrau zu machen. Wenn er Tagschicht arbeite und abends heimkomme, wisse er nie, was ihn erwarte. Hatte sie ein Abendessen vorbereitet, war die Kleine gewickelt, hingen über Tisch und Stühlen gewaschene feuchte Kleider und Windeln statt an der Leine? Manchmal platze er in ein Chaos, dann lese er wortlos, um seinen Zorn im Zaum zu halten, Kochkellen, Löffel, Gabeln vom dreckigen Boden auf, zwischen denen Trudi herumkrabble. Sie sei ein stilles Kind und wirke verschüchtert.

«Das ist ja nicht zum Aushalten», sagte Max, «ausgerechnet du und Hans habt mir empfohlen, mir endlich eine Frau anzulachen. Hans unter dem Pantoffel von Hedi und du mit einer, die nichts taugt. Solange ich mich selbst durchbringe, brauche ich kein Weib.»

Es hatte Fridel immer gewundert, dass Max sich nicht auf Frauen einliess, im Moment wäre er gerne wie der Bruder ein einsamer Wolf. Was machte er nur falsch mit Gertrud? Ein Bünzli sei er, hatte sie gespottet. Weil er Ordnung wollte, das Trinken kritisierte, sie zum Sparen anhielt? Er konnte gar nicht anders, weil sie so ins Negative übertrieb.

«Bin ich ein Bünzli?»

«Du, ein Bünzli? Vergiss es. Ein Fanatiker bist du! Wenn du etwas willst, gibt es kein Halten mehr. Komm, machen wir weiter.»

Sie halfen einander, ein weiteres Schafswollflies über das Rosshaar zu legen und den langen hängenden Teil des Drilchs über Haare und Flies zu ziehen. Dann heftete jeder an seiner Matratze die untere und die obere Stoffbahn mit langen Nadeln provisorisch zusammen, um anschliessend die auf drei Seiten umlaufende Naht zu nähen. Stich für Stich. Fridel hatte sie nie gezählt, aber es mussten hunderte sein. Handarbeit für kräftige Finger.

«Machen wir morgen weiter, nicht zu früh, etwa um neun», bat Max, als die Matratzen zugenäht waren.

Sie schenkten sich nochmals Kaffee ein, und Fridel erzählte, dass er bald von seiner Firma in Irgenhausen, einer Aussenwacht von Pfäffikon, eine

Wohnung bekomme. Vom Wohnen kamen sie auf die Politik, denn im gerade zu Ende gegangenen März war viel passiert. Die Deutschen waren in Österreich einmarschiert, und grosse Teile der Bevölkerung hatten gejubelt – heim ins Reich –, es war nicht zu fassen. Fridel sorgte sich um seine Wiener Brieffreunde Ritter und Heider, sie waren Sozialisten, und die lebten nun gefährlich. Mit dem Einmarsch war der Kontakt abgebrochen.

Beim Verabschieden sagte Max: «Nein, kein Fanatiker, ich habe nachgedacht, ein ewig Leidenschaftlicher bist du. Aber ich habe auch eine Frage: Bin ich wirklich wie Papa?»

«Wie Papa? – Ja und nein. Auch du bist ein guter Sattler, und du kannst wie er empfindlich sein und jähzornig werden. Der Vater war immer still, ernst, ja finster. Du aber kannst auch lachen und hast Humor. Im Gegensatz zu ihm bist du ein Rebell und wehrst dich für deine Freiheit. Aber manchmal bist du so traurig und bedrückt wie er.»

Max schluckte leer.

Fridel schwang sich auf sein Tourenvelo – heimzu durch die frische Nacht. Er hatte Max viel zu verdanken, hatte von ihm nebst dem Boxen das Sattlern, Matratzennähen und Polstern gelernt. Er arbeitete im Allgemeinen schnell, in elf, zwölf Stunden schaffte er eine Matratze. Max war noch schneller, bei ihm schien die Nadel zu fliegen. Seine Werke waren regelmässig in der Form, auch die für die Rosshaarmatratze typischen Bourrelets, die umlaufenden Wülste, waren sauber genäht, perfekt und schön anzusehen. Trotzdem, hatte Max ihm anvertraut, falle ihm die Arbeit oft schwer. Fridel wusste, dass der Bruder manchmal in seiner Budik trödelte, träumte, aufräumte, Schnüre wachste, obwohl er Dringenderes zu tun hatte. Einmal hatte er ihn gefragt, wieso er diesen Kram nicht dann erledige, wenn er keine Arbeit habe.

«Das geht dich einen Dreck an», wurde er abgefertigt. Später hatte Max sich entschuldigt.

«Du hast ja recht. Es fällt mir schwer, darüber zu reden. Die Arbeit, die Budik erinnern mich oft an unseren Vater. Du weisst, er hatte Freude an den Materialien und Werkzeugen. Wenn ich die Schnüre mit Bienenwachs präpariere, verbreitet sich ein Duft, der mich die Umgebung vergessen lässt. Ich stehe dann wieder als Knabe in Papas Budik und schaue ihm beim

Wachsen zu. Auch er war ein genauer Arbeiter, darum ist eine gelungene Matratze etwas, das mich mit ihm verbindet. Aber die Kunden mit ihren Wünschen, ihrer Mäkelei, der Staub und vor allem das Asthma machen mir zu schaffen. Manchmal denke ich, wenn man so gute und genaue Arbeit macht, ist das sowieso Perlen vor die Säue geworfen.»

Im November 1938 legten die Nazis im gesamten Deutschen Reich die letzte Zurückhaltung ab und gingen mit offener Gewalt gegen die Juden vor, verwüsteten deren Geschäfte, Synagogen, Kulträume und Friedhöfe. Zehntausende wurden in Konzentrationslager verschleppt, unzählige umgebracht. Man konnte nicht alles in der Zeitung lesen, was Fridel aber durch die Genossen erfuhr, war schrecklich genug. Man rechnete nun wirklich mit Krieg und begann zusammenzurücken.

Seit zwei Monaten bereits lebte er mit Gertrud und Trudi in Irgenhausen zur Miete. Die Wohnung lag in einem ausgedienten Bauernhaus. Für beide war es die gewohnte Einfachheit, sie hatten nie anderes gekannt. Gertrud hatte aber bald an jedem Raum etwas auszusetzen. An den Ausliker Verhältnissen gemessen, war der Wohnraum grosszügig. Sie benötigten zusätzliche Möbel. Gertrud wollte neue kaufen, um den alten Plunder aus Fridels Junggesellenzeiten ausmisten zu können. Und sie wollte die dunklen Holzwände weiss überstreichen lassen.

Er versuchte, ihr zu erklären, dass sie kein Geld für neue Möbel hätten, und nein, einen Kredit nehme er auf keinen Fall auf, er wolle schuldenfrei bleiben. Er finde geeignete, günstige Occasionsmöbel, und wenn der Vermieter nichts dagegen habe, streiche er die Wände selber weiss, dazu brauche er keinen Maler.

Ehe er passende Möbel fand, stiess er auf einen Hausteil in Dürstelen, etwa viereinhalb Kilometer von Pfäffikon entfernt, auf dem Hügel über Hittnau. Sie pilgerten am folgenden Sonntag in die Höhe und liessen sich das schmale Endstück eines Flarzhauses zeigen. Er schmiedete sofort Renovationspläne. Ihn reizte auch das dazugehörige Land. Gertrud war zwar angetan von der Idee des Eigentums, verwarf aber die einsame Lage in Bausch und Bogen. Fridel nahm sich Bedenkzeit. Günstiger war kein Haus zu haben. Dreitausendzweihundert Franken! Ja, es war abgelegen, mit dem

Velo aber waren Hittnau oder Pfäffikon auch für Gertrud erreichbar. Die Umgebung hatte es ihm angetan, die Wälder, die Pilzreichtum versprachen, und der Stoffel, der Hügel über Dürstelen, die Bäche. Das täte auch ihr gut, sie käme auf andere Gedanken, hoffte Fridel und kaufte. Die Bank vertraute ihm und stützte sein Projekt. Anfang März 1939, unter einem grauen Himmel, begann ihr neues Leben in der Höhe.

«Du hast wohl gar nicht gehört, was ich von diesem Kaff halte», hatte Gertrud nach Fridels Entschluss und Unterschrift geschimpft. Keines seiner Argumente beeindruckte sie, sie ihrerseits führte ein einziges an, aber, wie sie fand, ein schlagendes: die abgelegene Lage auf dem Hügel. Fridel gab das Erklären auf und dachte, sie wird sich daran gewöhnen.

Einen Monat später zogen auch Hans, Hedi und die Kinder um – drei Buben waren es inzwischen –, ins Unteraathal in ein Kosthaus der Spinnerei Streiff. Im Sommer fuhr Fridel mit der mittlerweile zweijährigen Trudi auf dem stählernen Kindersitz des Velos für einen Besuch zu den Aathalern. Die Buben empfingen sie vor dem Haus, konnten nicht warten, ihnen stolz ihr ausgefallenes Haustier vorzuführen, einen jungen Steinmarder. Später setzte Hans sich für die Besucher im Schneidersitz auf den grossen Arbeitstisch und schwang weit ausholend seine Arme, als würde er nähen und für jeden Stich Anlauf nehmen. Dazu schnitt er grässliche Grimassen und versetzte Trudi in Angst und Schrecken. Beim Essen erzählte Hedi von ihrer Arbeit bei Streiff als Drosslerin, die viel Geschick und flinke Hände erfordere. Sie beherrsche das aus dem Effeff und lasse sich vom Vorabeiter nicht dreinreden. Einmal habe er es probiert, da habe sie ihm gezeigt, wo Bartli den Most hole. Mindestens eine Person der Städelinfamilie habe seit eh und je für Streiff gearbeitet. Dass Hedi nach der Schule dort anzufangen hatte, war nicht nur der Wille der Eltern, sondern auch der Fabrikherren. Durch die Eindrücke war Trudi eingeschüchtert und wollte nach Hause, liess sich aber mit dem Dessert vertrösten. Fridel, der mit der Schwägerin nie warm wurde, war hingegen bald froh, einen Vorwand für den Aufbruch zu haben.

Die Weltgeschichte liess ihnen keine Ruhe. Bereits Mitte März waren die Deutschen in den Rest der Tschechoslowakei einmarschiert. Von da an sass den Schweizern die Angst im Nacken. Die Landesausstellung, am sechsten Mai 1939 in Zürich eröffnet, die Landi, wurde zum Fanal der geistigen Landesverteidigung. Am ersten September überfielen Hitlers Soldaten Polen. Es war Krieg.

«Ein Brief für dich», empfing am Abend darauf Gertrud ihren Mann, «die Schrift könnte von Hans sein, er schreibt so ordentlich.»

Er warf einen Blick auf die Zeilen und las laut vor:

Aathal, den 1. Sept. 1939

Lieber Alfred

Ich berichte Dir in Eile, dass ich morgen in den Aktivdienst einrücken muss. Hedi wird nun den Hauptverdienst tragen, und der neunjährige Häns ist jetzt, wie damals ich, der «grosse Stock» und muss die Verantwortung für die Kleinen übernehmen. Bitte erkundige Dich einmal «zufällig», wie es ihnen geht, ich bin Dir dankbar.

Hoffen wir, es werde für uns nicht zum Ernstfall kommen.

Es grüsst Dich

Dein Bruder Hans

Das Zeugen war ein Kinderspiel gewesen. Aber Ehemann und Vater zu sein, schien Fridel wie eine Fahrt auf der Achterbahn. Er glaubte, seine Frau mittlerweile zu kennen, aber gerade im Umgang mit Trudi wusste sie ihn immer wieder zu überraschen. Manchmal erzählten es ihm andere, dann wieder platzte er selbst mitten in ein Chaos.

Die Nachbarin, die Bäckersfrau, war überall anzutreffen, in der Backstube, in der zugehörigen Gastwirtschaft, ums Haus und im Gärtlein. Sie schien stets ruhig und gelassen, strahlte etwas Mütterliches aus. Eines Tages sprach sie Fridel an und bat ihn ins winzige Büro hinter dem Laden. Es liege ihr schon lange auf dem Magen, sie wolle sich zwar nicht einmischen, ihm aber trotzdem berichten, wie es seinem Töchterchen gehe, wenn er weg sei. Trudi bekomme am Morgen einen Apfel und ein Stück Brot für den ganzen Tag und werde auf die Strasse geschickt. «Wenn sie hungrig ist, kommt sie zu uns. Sie ist völlig sich selbst überlassen. Einmal ist sie vor ein Pferdefuhrwerk geraten, zum Glück haben die Rosse angehalten, sind bocksteif gestanden. Ein anderes Mal ist sie aus dem Fenster der Stube gefallen, hat wie am Spiess geschrien, aber die Mutter kam nicht. Ich habe sie getröstet, hineingebracht und erzählt, was passiert ist. Ihre Frau hat geschimpft und die Kleine geohrfeigt. So geht das doch nicht, Trudi ist noch so klein!»

An diesem Abend suchte Fridel wieder einmal das Gespräch mit seiner Frau.

«Hör mal, Gertrud» – so nannte er sie stets, wenn er verstimmt war, ein Schatz war sie vor allem nachts –, «ich muss mit dir reden.»

«Was hast du wieder zu meckern?»

«Ich habe gehört, dass du Trudi hungrig herumlaufen lässt, nicht auf sie aufpasst und sie schlägst, wenn sie Trost bräuchte. Das geht doch nicht.»

«Ich brauche auch Zeit für mich, halte es hier oben nicht aus, wenn die Kleine immer an meinem Rock hängt.»

«Das Kind braucht aber regelmässig Essen und Schlaf. Und es braucht deine Sorge, dann kann es auch nicht aus dem Fenster fallen.»

«Die feine Nachbarin hat also gepetzt. Sie soll ihr Maul hüten.»

«So geht das nicht weiter, Gopfridstutz.» Fridel geriet in Wut.

Gertrud klagte, es sei langweilig in diesem Kaff, gebe keine interessanten Menschen, nur diese dreckigen Bauern. Die schauten auf sie herab, einer habe sie, die Gislers, als Arbeiterpack beschimpft. Sie sei ihm nichts schuldig geblieben. Fridel aber fand, das seien keine Gründe, die Kleine zu vernachlässigen. Sie könne mit ihr spazieren gehen, spielen oder sie in den Garten mitnehmen und dort etwas tun. Er wisse genau, dass sie mit dem Garten nichts am Hut habe. Sie wolle weg von hier. Was sie eigentlich beitragen könne, im Haushalt und Garten sei sie unfähig, und die Kleine sei ihr auch zu viel. Im Bett finde er sie doch ganz brauchbar, zischte sie.

Die Sätze schwebten wie Seifenblasen durch den Raum und platzten, bevor sie sich treffen konnten. Der Burgfrieden wurde, wie so oft, auf der neuen Rosshaarmatratze gefunden. Fridel war verzweifelt. Wie lange würde er es mit dieser Frau aushalten. Die Situation schien ausweglos. Um den Familienunterhalt und die Umbauarbeiten bestreiten zu können, waren die

Arbeit in der Huebi und die kleine Budik in der Pfäffiker Matte notwendig, ebenso der Garten. Gleichzeitig müsste er zu Hause sein, um in der Familie zum Rechten zu schauen. Wenigstens im Garten hat sich der Dürsteler Sommer gut angelassen, dachte Fridel. Die Saatkartoffeln, zur Zeit des letzten Frosts in den Boden gesteckt, hatten schon lange Kraut getrieben, und nun konnte er die ersten Knollen ernten.

Mitten in der Nacht klingelte der Wecker Sturm, und eine halbe Stunde später stürzte Fridel sich wie ein Rennfahrer die steile Strasse hinunter. Es war fünf nach vier, der volle Mond übergoss das Oberland mit einem mattsilbernen Schimmer. In Pfäffikon und der Huebi angekommen, zog er Arbeitskleider über, steckte zwei Minuten vor halb fünf seine Karte in die Stechuhr und betrat die Autoklavenabteilung. Die Frühschicht begann.

Dutzende von Vulkanisierpressen standen in der Werkhalle in langen Doppelreihen. Die verrusste Fensterfront war noch dunkel, Deckenbeleuchtung und Dampfschwaden erzeugten eine Dämmerungskulisse. Mechanische Geräusche, Zischen und Puffen setzten sich in den Ohren fest, und die Hitze trieb den Schweiss aus den Poren. Eine Presse, ein zylindrischer Kübel mit bombiertem Deckel, konnte einen Durchmesser von mehr als anderthalb Metern aufweisen. Im Zylinder und im schweren Deckel sassen je eine Hälfte der Negativform mit dem Profil von Sommer- oder Winterreifen. Darin buk man die Rohlinge zu fertigen Pneus. Fridel betrachtete seine Anlagen mit Stolz. Seit die Streitereien mit Gertrud immer heftiger werden, dachte er, empfinde ich die Huebi und die Budik als Oasen.

Er löste den Kollegen der Nachtschicht ab, führte nahtlos die Arbeit weiter, wuchtete einen Pneurohling in die offene der fünf Pressen, die er zu bewirtschaften hatte, und setzte die Anlage in Betrieb. Ein Klingelzeichen zeigte das Ende der Backzeit eines Pneus an. Fridel schloss die Zufuhr von Wasser und Dampf, baute über Ventile Druck ab und liess mit respektvollem Abstand den Deckel nach oben fahren. Den frisch geformten, heissen Reifen stellte er auf einen bereitstehenden Wagen. Er füllte den Autoklaven von neuem, und bald folgte das nächste Klingeln. So begannen sich die

Reifen zu stapeln. In der Reihe nebenan tat jener Kollege, der ihn vor den Fröntlern gewarnt hatte, dasselbe. Um neun legten sie eine Pause ein, setzten sich auf den Wagen und verzehrten an die warmen Reifen gelehnt ihre Verpflegung.

«Du bist ein zäher Bursche», sagte der Kollege, «machst diese harte Arbeit, abends bist du in der Budik, und täglich fährst du diesen steilen Weg nach Hause – wie schaffst du das bloss?»

«Ich kenne nichts anderes, früher war noch der Sport, ich sage mir immer ‹Hopp, gib ihm!›, dann läuft es. Als ich ein Jugendlicher war, wollten sie mich wegen meines Hinkebeins in einer Arbeitsanstalt für Gebrechliche versorgen, das habe ich mir nicht bieten lassen.»

«Du, ein Gebrechlicher, so absurd, jetzt bist du einer der erfahrensten Büetzer bei uns.»

Fridel hatte in allen Abteilungen gearbeitet, aber am härtesten war es an einem dieser Walzwerke gewesen, wo er drei Jahre lang Kautschuk aufbereitet hatte. Es waren kolossale Anlagen mit je zwei Walzen, die sich in unterschiedlichem Tempo gegeneinander drehten und den kleingeschnittenen Rohgummi unter gewaltigem Druck zerquetschten. Passanten auf der Strasse hörten das ohrenbetäubende Knallen, wenn die Luftblasen im Gummi unter dem Druck der Walzen platzten.

Während eines weiteren Jahres hatte er aus gummierten Bändern aus Cordgewebe Reifenkörper hergestellt, auf die rundum ein Deckstreifen mit einer dicken Gummischicht geklebt wurde. Es war diese Schicht, die in den Autoklaven zum Reifenprofil gepresst wurde.

Um halb drei übergab Fridel seine Anlagen dem Kollegen der nächsten Schicht und pedalte in seine Budik. Er wollte eine angefangene Matratze fertig nähen.

Auf dem Arbeitstisch lag ein rechteckiger Sack, ballonartig gebaucht. Fridel trank seinen Bidon leer, machte Nadeln und zähen Faden bereit und begann zu arbeiten, um den Sack in Fasson zu bringen. Er bildete an den Ecken senkrechte Kanten und anschliessend rundumlaufend die obere und die untere Wulst, die Bourrelet. Garnieren nannte das Max. Dann steppte er das Gebilde in regelmässige Abteilungen und setzte gleichzeitig die Bouffetten, vorgefertigte Quasten, wodurch die Matratze die ordentlich flache

Form erhielt. Er betrachtete das Gebilde, dachte, mit jeder Matratze und jedem Pneu zeige ich es «denen da oben». Um halb acht wuchtete er sein Tourenvelo hinauf auf das zweihundertzehn Meter höher gelegene Dürstelen. Er wollte noch in den Garten.

Vielleicht gebe es ja einen Gott, sagte Fridel, er glaube aber, diesen eher im Wald anzutreffen als in der Kirche, seine Erfahrungen mit dieser seien zweifelhaft. Die Gislers waren auf dem Papier reformiert, hatten aber weder kirchlich geheiratet noch ihr inzwischen dreijähriges Töchterchen taufen lassen. Der Pfarrer hatte ohne Anmeldung vor der Tür gestanden und gehofft, die verlorenen Seelen einzufangen. Sie wolle gar nichts damit zu tun haben, markierte Gertrud ihre Abneigung. Der Gottesmann hatte einen schweren Stand, aber ein überlegenes Mundwerk. Letzten Endes gaben sie klein bei, der Tochter zuliebe werde man also die Taufe feiern. Im Oktober 1940 fand sich das Kind aufrecht und verwundert vor dem Taufstein. Getruds Schwester und ihr Mann standen Pate, es gab kleine Geschenke und ein Taufessen im Dürsteler Restaurant.

Die Menschen arbeiteten, liebten, tauften, stritten, spazierten durch den Herbst und freuten sich an den farbigen Bäumen. Ringsum tobte der Krieg. Frankreich war in die Knie gegangen, und die Deutschen trugen den Bombenterror in englische Städte. Die Briten schlugen im Dezember 1940 mit dem Ziel Mannheim zurück. Zwei der Bomber flogen lange nach Süden, und als sie ihre Fracht fallen liessen, trafen sie den Basler Centralbahnplatz und Binningen. Eine Blitzvisite des Todes, der anderweitig im Übermass beschäftigt war.

Fridel litt am täglichen Durcheinander und den gegenseitigen Beschimpfungen, die schier zum Ritual geworden waren. Als er Gertrud half, den Tisch für das Abendessen zu decken, langte er einen Stapel ungewaschener Teller aus dem Regal mit angetrockneten Speiseresten.

«Seit wann versorgst du die Teller dreckig, das ist ja wie im Saustall!»
«Du Arschloch, lass mich in Ruhe!»

Da flog Getrud durch die Küche. Fridel hatte zum ersten Mal mit seiner grossen Arbeiterhand zugeschlagen. Eine Ohrfeige wie der rechte Haken des Boxers. Es tat ihm leid, und er schämte sich, sie versöhnten sich im Bett. Eine gewisse Zeit war sie durch Angst und Respekt verwandelt, bemühte sich um Ordnung, kochte achtsamer und nahm sich Zeit für Trudi. Allmählich liess sie sich wieder gehen, klagte zudem heftiger über ihre Einsamkeit und über Geldmangel. In einer weiteren Versöhnungsnacht wurde mutwillig ein Wunschkind gezeugt, und beide dachten, es würde ihr Leben verändern.

Ende Sommer 1941 gab Fridel ihrem Klagen nach. Mit Max vereinbarte er, gemeinsam einen Sattlereibetrieb mit Möbelhandel aufzuziehen. Fridel kündigte die Stelle in der Huebi und zog mit der Familie nach Dürnten, im Südosten des Kantons Zürich. Sie stellten Matratzen her, frischten alte Polster- und andere Möbel auf und erledigten Arbeiten auf der Stör. Die Aufträge tropften herein, und für den Anfang waren sie zufrieden. Im Oktober half Fridel für ein paar Tage einem Sattler aus der Region, und Max sollte in derselben Zeit drei Matratzen nähen. Als Fridel nach drei arbeitsreichen Tagen mit gefülltem Geldsack zurückkehrte, fand er eine aufgeräumte und geputzte Budik vor und den Bruder, der erklärte, er werde nun mit der Arbeit beginnen. Fridel geriet in Wut. Ob er nichts Gescheiteres zu tun habe, als die Werkstatt zu polieren, sie lebten nicht allein vom Hochglanz. Nun wurde auch Max wütend. Er sei nicht in Stimmung gewesen, und aufräumen sei wichtig. Quatsch, so kämen sie nirgends hin – Gopfertammi, fluchte Fridel. Max schlug ihn vor die Brust, und der Bruder liess sich nicht lumpen. Sie lieferten sich mit blossen Fäusten einen verbissenen Kampf, weder spielerischer noch sportlicher Geist erfüllte den Raum, sondern blinde Wut. Ein Nachbar, der mit einem Anliegen eingetreten war, erkannte den blutigen Ernst und schrie sie an: «Spinnt ihr eigentlich? Aufhören!»

Erschrocken, wie ertappte Buben, standen sie da, liessen die Fäuste hängen und schämten sich. Andertags verständigten sich die Hitzköpfe kleinlaut auf die Trennung. Max machte allein weiter, und Fridel arbeitete danach drei Monate in der nahen Federnfabrik. Ende 1941, in der Kasse blinkte der Boden, Gertrud war hochschwanger, zogen sie zurück in die leere Wohnung nach Dürstelen, wo gerade Drainagearbeiten im Gang waren. Fridel, harte Arbeit gewohnt, liess sich für drei Monate anheuern.

Mitte März 1942 gebar Gertrud im Beisein der Hebamme und ohne jede Anstrengung und Komplikation die kräftige Tochter Erika.

«Lieber ein Kind zur Welt bringen als einen Zahn ziehen lassen», war ihr Kommentar.

Die Freude der fünfjährigen Trudi war grenzenlos, sie kümmerte sich mit der Zuneigung und der Fürsorge um die kleine Schwester, die der Mutter fremd waren.

Fridel liess sich nach zehn Stunden pickeln und schaufeln auf die Ofenbank fallen.

«Jetzt ändert sich unser Leben, du wirst noch staunen», sagte Gertrud anstelle einer Begrüssung. Es klang so glückselig wie trunken zugleich.

«Hast du dich für einen Kochkurs angemeldet?»

«Dir vergeht das Spotten gleich. Schau, das hat mir eine Freundin geschickt.» Sie hielt Fridel einen Zeitungsausschnitt unter die Nase. Rot eingerahmt war zu lesen:

Diejenige Familie Gisler, deren Zivilstands-Familienregister in den Kirchbüchern ihres Heimatortes eine Anna Gisler aufweist, die mit dem Soldaten Josef Schäfer, geb. am 25. März 1775, von Grosshöchstetten verehelicht wurde, und am 5. August 1808 einen Sohn Christian geboren hat, melde sich sofort, zwecks Beteiligung an einer 20-Millionen-Dollar-Erbschaft im Umfang vorheriger Vereinbarung.

«Das ist ja unglaublich! Aber von solchen Gislers habe ich noch nie gehört.»

«Was kann man da machen?»

«Ich schreibe dem Einwohneramt Flaach, die haben ein Archiv, und sicher sind wir nicht die Einzigen, die das wissen wollen.»

«Stell dir vor, was wir alles kaufen könnten», schwärmte Getrud, «ein richtiges Haus mitten in einem grossen Ort, schöne Möbel, Kleider, ein

Auto. Wir könnten uns ein Kindermädchen leisten, eine Köchin, du müsstest nicht mehr arbeiten, und wir hätten keinen Streit mehr.»

«Hör jetzt auf zu träumen. Du redest grad so, als ob das Geld bereits auf meinem Sparheft läge. Die Chance ist sehr klein, Gislers gibt es wie Bäume im Wald.»

Aber auch Fridels Fantasie fand keine Ruhe. Er würde nur noch Matratzen nähen und das Polstern richtig lernen, ein Möbelgeschäft gründen, ein Haus bauen mit Schaufenstern. Endlich würden Ferien möglich. Vielleicht auf dem Velo nach Wien, die beiden Brieffreunde besuchen – wenn der Krieg einmal vorbei war. Zwanzig Millionen Dollar! Das wären sechsundachtzig Millionen Schweizer Franken, eine schwindelerregende Summe. Wenn hundert Gislers erben würden, wären es immer noch achthundertsechzigtausend Franken pro Kopf. Fridel rief sich zur Räson, wollte nicht träumen, wollte nicht enttäuscht werden.

Die Flaachemer verwiesen ihn ans Staatsarchiv, von wo sie zwei Wochen später Post erhielten.

… teilen wir Ihnen mit, dass ein Verzeichnis der auswärts verheirateten Flaacher Töchter von 1788 bis 1808 keine mit einem Josef Schäfer von Grosshöchstetten verheiratete Anna Gisler aufweist.

Die Nachforschung hatte fünf Franken Gebühr gekostet.

Die Drainagearbeiten gingen zu Ende, und Fridel nahm eine Stelle in der Giesserei im Neuthal an. Als er zum ersten Mal heimwärts fuhr, mit Russspuren im Gesicht, stiess ihm ein bitteres Lachen auf. Ich krampfe mich ab beim Gussputzen, eben noch habe ich von Millionen geträumt.

Ende 1942 trat er wieder in die Huebi ein und wurde bald zum Vorarbeiter der Pneu-Reparatur ernannt. Im Verlaufe des Jahres wurden Gertruds tägliche Klagen über die Dürsteler Einsamkeit wieder drängender, sodass sich Fridel um eine Wohnung in Pfäffikon bemühte und wiederum in Irgenhausen fündig wurde. Im Herbst zogen sie um. Bald brachen die alten Streitereien mit neuer Heftigkeit aus. Im Januar 1944 reichte Fridel erschöpft die Scheidungsklage ein. Gertrud erschrak und konnte ihn bewegen, sie zurückzuziehen. Darauf folgten zähe Verhandlungen. Schuld an allem sei dieses abgelegene Kaff gewesen und dass Fridel nie zu Hause sei, klagte sie, und er bestand auf Fortschritten im Haushalt und im Umgang mit den Kindern. Sie fanden sich auf einer schmalen, schwankenden Hängebrücke über dem Abgrund: Gertrud versprach Veränderungen und er, das Dürstelerhaus, wenn es fertig renoviert sein würde, zu verkaufen.

Es gab nur diese letzte Chance, diese Abmachung, die sie sich abgerungen hatten. Seit vier Wochen pedalte Fridel nach dem Abendessen oder direkt nach der Arbeit nach Dürstelen, um nachts die Umbauarbeiten voranzutreiben und das Haus für den Verkauf instand zu stellen.

Er könne ihn nicht verstehen, hatte ihm ein Arbeitskollege gesagt, früher sei er ein Lebenskünstler gewesen, sei herumgezogen, habe etwas von der Welt gesehen – er sei neidisch gewesen auf ihn. Jetzt krampfe er, gönne sich nichts mehr und trage schwarze Schatten unter den Augen.

An einem Samstagmorgen bat Fridel Gertrud, Proviant bereitzustellen, und erklärte, er wolle einige Arbeiten abschliessen, es werde sicher sehr spät. Um welche Zeit er wiederkomme? Bevor er abfuhr, fragte sie nochmals nach seiner Rückkehr. Die Arbeit lief ihm so gut von den Händen, dass er die ganze Nacht durcharbeitete. Als er morgens um sieben nach Hause kam, hielt ihn die Nachbarin auf, sie hatte auf ihn gewartet. Seine Frau sei eine Hure, habe ihren Jüngsten verführt, er gehe nachts zu ihr in die Wohnung. Fridel redete kaum ein Wort mit Gertrud, zwang Gefühle und Wut zum Schweigen, es würde ein Unglück geben, wenn er sie jetzt zur Rede stellte. Er wunderte sich, dass ihm das so gut gelang – war er bereits so abgestumpft?

Am nächsten Abend, etwa um neun, traf er einen aufgeregten Haufen vor dem Haus. Gestikulierend der Hausmeister, zeternd Gertrud, empört schimpfend die Nachbarin und mit Abstand und sich keines Blickes würdigend ihre Söhne. Dazwischen mächtig der Dorfpolizist. Dieser hatte offenbar bereits alle befragt und sich Notizen gemacht. Er scheuchte die Leute heim, um mit Fridel allein reden zu können. Dieser versuchte, Fantasie und Wut zu bremsen, es brodelte in ihm. Der Polizist riss ihn aus den Gedanken und berichtete.

Während Fridel am Umbauen gewesen sei, habe sich der jüngere Nachbarssohn bei seiner Frau aufgehalten. Der ältere Bruder habe den Kleinen gewarnt. Als der an diesem Abend sich angeschickt habe, wieder hinüberzugehen, habe ihn der grosse geohrfeigt. Der kleine habe sich gerächt und dem grossen eine Pfanne heissen Wassers über die Beine geschüttet. Unter dem Einfluss von Schmerz und Wut habe der ältere den anderen dermassen verdroschen, dass man ihn geholt habe.

«Gisler, ich schätze Euch, lasst Euch von ihr scheiden», sagte der Landjäger.

Im August 1944 zog Gertrud zu ihren Eltern zurück. Trudi und Erika hatte Fridel auf eine Empfehlung hin Bertha Egli anvertraut, die in Adetswil ein kleines Kinderheim führte. Fridel erhob Scheidungsklage, die in zwei Sitzungen zwischen November und Februar verhandelt wurde. Das Protokoll einer missglückten Ehe, eigenhändig verfertigt, war lang. Er listete Mängel und Versäumnisse seiner Frau im Detail auf und verschwieg auch nicht, dass er Gertrud einige Male geschlagen hatte. Sie trafen schliesslich einen Vergleich, um die Kosten möglichst tief zu halten. Gertrud verzichtete auf die Kinder, sie forderte lediglich ein vollständig ausgerüstetes Bett. Und sie bekam das Recht, die Mädchen monatlich zu besuchen. Es wurde eine unheilbare Zerrüttung festgestellt und ein Schlussstrich gezogen. Zerrüttung ...? Scherbenhaufen passte eher, dachte Fridel und zog Bilanz. Die Kinder im Heim, das Haus in Dürstelen so leer wie die Wohnung in Irgenhausen – meist hauste er in der kleinen Pfäffiker Budik –, zweitausend Franken Schulden, angehäuft von Gertrud, die er nun abzustottern hatte.

Die Worte von Max klingelten in Fridels Kopf, sein Spott über die reinen Engel fürs Heiraten und die gefallenen zuvor. Wie recht er gehabt hatte. Er dachte über sein Verhältnis zu Frauen nach. Da war die Sehnsucht. Nach Liebe suchte er, nach Wärme, Geborgenheit, nach einer heilen Welt, in der man zugehörig war und respektiert wurde. Und da war die Leidenschaft. Sie vernebelte die Sinne, hatte Edles und Rohes zugleich, dünkte ihn. Wieso hatte ihn damals Gertrud angezogen? Sie war wild, freizügig, ja frech gewesen, für ihn neu und aufregend. Es war gewesen wie seine Reisen in unbekannte Länder. Dass sie zu nichts fähig war, was einen

Haushalt ausmachte, und auch nichts lernen wollte, dass er mit ihr nicht vernünftig hatte reden können, hatte ihn zermürbt.

Immerhin wies seine Bilanz eine solide Anstellung in der Gummifabrik aus, einige Aufträge als Sattler-Tapezierer, und ob leer oder nicht, ein Haus war ein Haus. Fridel spürte eine riesige Last vom Herzen fallen, denn er hatte in den letzten Jahren aus lauter Hoffnungslosigkeit nicht nur einmal an Selbstmord gedacht. Er kündigte die Wohnung in Irgenhausen, zog wieder nach Dürstelen und stürzte sich in die Arbeit.

Die Budik in Pfäffikon war ausgestattet mit Wasser, Petrolvergaser und einer schmalen Schlafgelegenheit. Als Vorarbeiter arbeitete er zu normalen Zeiten und konnte sich anschliessend um Matratzen und Möbel kümmern. Danach schlief er in der Budik oder in Dürstelen. Schnell hatte er sich wieder an das Junggesellenleben gewöhnt. Doch die Tränen der Kinder schmerzten ihn, wenn er bei seinen unregelmässigen Wochenendbesuchen in Adetswil Abschied nahm. Es wurde ihm rasch klar, dass er sich nach einer Frau umsehen musste, einer neuen Mutter. Eines Abends setzte er sich an den Tisch, oben auf dem Berg in Dürstelen. Nach einer Stunde lag ein Haufen zerknüllten Papiers am Boden und vor ihm der weisse Bogen mit den hoffnungsvollen Zeilen in blauer Tinte. Er schrieb die Adresse auf ein Kuvert und steckte das sorgfältig gefaltete Blatt hinein. Nun stellte er sich vor, wie junge Frauen bald in der Zeitung blätterten, stutzten und lasen.

Gesucht

eine liebe Lebenskameradin *von sportlichem Mann, 36, als Mutter für meine zwei Töchter. Ich bin ein tüchtiger Arbeiter und wohne im Zürcher Oberland.*

Zuschriften bitte an Chiffre …, Die Nation, Zürich

Fredi
1945–1999

Die Liebe unters Dach bringen

Am achten Mai 1945 klang durch das ganze Land Kirchengeläut. Der Krieg war zu Ende. Am Abend radelte Fridel ins Aathal zu Hans, um mit ihm, Max und einigen Nachbarn den Frieden zu feiern – still, ohne Ausgelassenheit, froh und dankbar. Die Fröntler in der Huebi verhielten sich seit langem kleinlaut, und jener, der offen gedroht hatte, wich ihm aus. Wie es wohl Ritter und Heider in Wien erging, fragte sich Fridel.

Nur eine Woche später fischte er eine Handvoll Kuverts aus dem Briefkasten der Budik. Eine der Antworten auf sein Inserat in der «Nation» gefiel Fridel so gut, dass er noch am selben Abend zur Füllfeder griff. Fräulein Valsecchi wohnte in Zürich in einer Familie, für die sie als Dienstmädchen arbeitete. Gegenwärtig aber unterstützte sie in Basel die Eltern ihrer Dienstherrin. Als Fridel von der Huebi überraschend den Auftrag erhielt, in Basel die Mitarbeiter einer Reifenfirma zu instruieren, schlug er der einunddreissigjährigen Italienerin spontan vor, sich gleich in der Stadt am Rhein zu treffen.

Fridel schaute prüfend auf das Passfoto, steuerte dann direkt auf die Frau zu, die beim Eingang zum Elsässerbahnhof wartete. Verlegen begrüssten sie einander, dann zogen sie los an den Rhein, über die Wettsteinbrücke, bummelten nun unentwegt redend auf dem Uferweg, bis sie sich endlich auf eine Bank setzten. Fridel erzählte von seinen Töchtern, der Scheidung, der Arbeit in der Huebi und seiner Budik, Angelina Valsecchi dagegen von den Rudins und den Dettwylers, den Basler Eltern von Emmely Rudin. Mit der Chefin sei es nicht immer einfach, Hans Rudin aber sei stets nett zu ihr, er sei der Leiter des Zürcher Lebensmittelvereins.

Am Mittwoch danach trafen sie sich ein weiteres Mal, beide waren sie mutiger und freier, Fridel fast stürmisch. Gleich in der ersten Viertelstunde bat sie darum, ihn Fredi nennen zu dürfen, das scheine ihr freundlicher und wärmer zu tönen. Er wusste nichts einzuwenden. Fredi – den neuen Namen sollte er bis ans Lebensende tragen.

Während der Wanderung am folgenden Sonntag auf den Scharten, ein Hügel bei Gempen, nahe bei Basel, erzählte Angeli Fredi die ganze Geschichte ihrer Herkunft. Die Valsecchis waren «le volpi della valle che vengono fuori per viaggiare», die Füchse, die als Auswanderer aus den hochgelegenen italienischen Tälern kamen und sich in den Dörfern der lombardischen Provinzen Bergamo, Lecco und auch jenseits der Grenze in der Schweiz ansiedelten. Auf dem Friedhof von Rossino lagen sie noch zahlreicher als die Gislers in Flaach.

Giovanni Valsecchi war 1908, mit achtzehn Jahren, als Maurer nach Altdorf gekommen. Fünf Jahre später lernte er am Martinimarkt Lina Lang kennen, eine achtzehnjährige Magd, eben zugezogen aus Zürich. Sie drehten sich auf dem Tanzboden, trafen sich wieder, gingen spazieren und trösteten sich gegenseitig über das Fremdsein hinweg. Im frühen Sommer 1914 war die wachsende Frucht nicht mehr zu übersehen. An Allerheiligen kam Angelina Santina Valsecchi zur Welt, nicht nur als Feiertags-, sondern als richtiges Sonntagskind, und zwei Wochen später standen Lina und Giovanni vor dem Altar. Lina war ein uneheliches Kind gewesen. Sie selbst war zwar nun verheiratet, doch hatte sie dabei das Schweizer Bürgerrecht verloren. Sie waren eine Italienerfamilie.

Nach Angelina folgte Luisa, und bald darauf zogen die Valsecchis nach Erstfeld, in das Eisenbahnerdorf. Bertha, Josefina und elf Jahre nach Angelina der Stammhalter Gianni sorgten für sieben Teller auf dem Tisch und eine chronisch leere Kasse. Die Mutter übernahm Arbeiten als Wäscherin, Putzfrau, Köchin – was gerade möglich war. Die Eltern stritten sich oft, sie im Aussersihler und er im Bergamasker Jargon. «Die Männer wollen immer nur eines», hatte die Mutter stets gewarnt. Seit der Vater die Mutter angeschrien hatte, sie müsse froh sein, dass er sie genommen habe, fühlte sich Angelina als unerwünschtes Kind. «Ich dachte schon damals, mich dürfe es nicht geben.»

Im Zentrum von Erstfeld gegenüber dem Bahnhof lag der Konsum. Dort wohnte die Familie Rudin: Emmely, Söhnchen Peter und Hans, der Verwalter. Er leitete im Urner Oberland alle Konsumläden. Angelina begann Ende 1925, Rudins Söhnchen zu hüten und im Haushalt zu helfen. Peterli konnte ihren Namen nicht aussprechen, sagte «Anscheli» zu ihr – der Name blieb ihr treu. Am Rudin'schen Tisch wurde die magere Elfjährige aufgefüttert. Ein Jahr später erkrankte Vater Valsecchi an Krebs, in der Folge wurde er mehrmals operiert, konnte aber nicht mehr arbeiten. Die Familie verarmte vollends. Die Valsecchis wurden Ende 1927 über die

Grenze gestellt. Nur einen Monat später starb Giovanni. Weder die Witwe noch die Kinder waren je in Italien gewesen. Sie hatten mitnehmen dürfen, was sie tragen konnten. Die Gemeinde Erstfeld wollte ihre Möbel und den Hausrat als Beitrag an ihre Kosten verkaufen.

Angeli blieb bei den Rudins und hatte vor allem an Heidi ihre Freude, die an ihrem zwölften Geburtstag zur Welt gekommen war. Bald wurde sie aber nach Basel zu Verwandten der Rudins geschickt. Dort sollte sie in einer Pension als Hausmädchen für den Unterhalt ihrer ausgewiesenen Familie arbeiten.

Das Erzählen nahm Angeli mit. Sie erreichten die Schartenfluh, auf der sich das Bergrestaurant und der Gempenturm über einer Felswand breitmachten. Dort setzten sie sich im Garten direkt an die Balustrade mit freiem Blick ins Land.

Zurück, Fredi im Zürcher Oberland, Angeli in Zürich, liessen sie zweimal pro Woche Briefe hin- und herfliegen. Zudem trafen sie sich Sonntag für Sonntag, oft in Zürich, spazierten, wanderten, redeten, und wenn sie in eine unbeobachtete Ecke fanden, küssten sie sich – ängstlich sie, stürmisch er – oder setzten sich in ein Kino. Fredi redete sich vieles von der Seele, aber nicht alle der schmerzhaften Geschichten wollten über die Lippen. Auch Angeli leerte nach und nach den Kropf.

«Mit vierzehn fand ich eine neue Stelle, viel besser bezahlt als in der Pension.» Und sie lernte die Appenzellerin Emmi kennen, die eine Freundin fürs Leben werden sollte. Später folgte ein Welschlandjahr, dann kehrte sie zu den Rudins zurück, die ja nun in Zürich wohnten. Zwölf Jahre insgesamt arbeitete sie in der Familie, zweimal unterbrochen durch Zerwürfnisse zwischen ihr und Emmely Rudin. Woran das gelegen habe, wieso gerade mit Frau Rudin, wollte Fredi wissen.

Angeli suchte nach Worten. «Es gab viele Gründe, aber vor allem wusste ich nie, ob ich zur Familie gehörte oder nur das Mädchen war. Die Rudins waren meine Ersatzfamilie, ja meine Wahlfamilie. Manchmal schien alles gut, ich gehörte dazu, dann sollte ich wieder dankbar sein, dass sie, Emmely Rudin, mich vor Italien gerettet hatte, brav schaffen und nicht reklamieren. Aber wenn sie die Herrin spielte, mich in die Mädchenecke verwies, war ich frustriert, schimpfte und maulte.» Trotz allen Schwierigkeiten hatte Angeli die Rudins gern. In ihrer Wirklichkeit waren sie ihr näher als die Verwandten in Italien.

1935 besuchte Angeli zum ersten Mal ihre Familie in Rossino, weil Hans Rudin gemahnt hatte, er rechne mit Krieg, und dass man sie als Italienerin bald zwar ein-, aber nicht mehr ausreisen liesse. Wenn sie also ihre Familie sehen wolle, solle sie bald gehen. Sie wurde mit Wärme aufgenommen und im ganzen Dorf herumgezeigt. Trotzdem spürte die heimgekehrte Tochter, dass sie nicht mehr richtig zu der armen Familie gehörte. Sie kam aus einer ganz anderen Welt und schien eher ein feiner Gast zu sein. Sie war die «Schweizerin», und die Geschwister waren richtige Italiener geworden. Ein Jahr darauf wagte sie eine zweite Reise.

«In den sieben Jahren nach der Trennung hatte ich schmerzhaftes Heimweh, und nun gab es das, wonach ich mich gesehnt hatte, nicht mehr», sagte Angeli, «ich war nirgends mehr zu Hause.» Sie weinte, Fredi nahm sie in die Arme.

Am Sonntag darauf stiegen sie unter Bäumen gemächlich das Tobel hoch, das sich der Chämtnerbach aus dem Hügel gefressen hatte, Richtung Adetswil. Weit oben am steilen Weg setzten sie sich auf den moosigen Boden und ruhten sich aus. Gedämpftes Gebimmel von Kuhglocken mischte sich mit dem Murmeln des Bachs und der Stille des Waldes. Ich sitze hier, dachte Fredi, mit Angeli Valsecchi, die ich erst seit zehn Wochen kenne. Wir sind verliebt, schreiben uns Briefe, gleich lernt sie meine Kinder kennen, und bald wird sie ihre Mutter.

Angelangt im Haus Tante Bertis, wie die Heimleiterin Bertha Egli sich von den Kindern nennen liess, stiessen sie auf einen heiteren Mittagstisch. Das Besteck klapperte, die Kinder schwatzten und füllten gleichzeitig ihre Mäuler. In Fredi stieg für einen Moment das Gegenbild aus dem «Längimoos» auf.

«Kinder, seid einen Moment still und begrüsst unseren Besuch.» Die Köpfe drehten sich zur Tür, Trudi und Erika sprangen auf.

«Grüezi mitenand», riefen die Kinder, und die beiden Schwestern begrüssten den Papa und Angeli. Schüchtern und zurückhaltend Trudi, ungestüm die kleine Erika.

Nach dem Essen zogen sie mit den Mädchen los Richtung Rosinli. Erika machte Kapriolen mit Angeli. Trudi klammerte sich an Fredis Hand, plötzlich begann sie zu weinen. Unter Schluchzen erklärte sie, es sei schön bei Tante Berti, aber sie möchte nach Hause, und sie fragte, wieso die Mutter nie komme.

Das Rosinli, Aussichtspunkt, Spielplatz und Beiz, lag zweihundert Meter über dem Heim, kein Hindernis für Kinderbeine, auch nicht für die Trudis, die kurz vor dem Ziel zu rennen begann, um die Rutschbahn zu ersteigen. Fünf Meter hoch, fünfunddreissig Meter lang, mit einer glänzenden, von tausenden Hosenböden polierten Gleitfläche, zog sie seit Jahrzehnten wie ein Magnet die kindlichen Seelen an. Ehe sich die anderen versahen, schoss Trudi in die Tiefe und landete vor ihren Füssen. Auch Erika wollte rutschen, doch Fredi versuchte, es ihr auszureden. Die Kleine hatte denselben beharrlichen Kopf wie der Vater, und sie wurde von Angeli unterstützt. So kletterte Fredi, vorsichtig sein linkes Bein nachziehend, mit der Kleinen die eisernen Stufen hoch, um dann mit ihr dem sicheren Boden entgegenzusausen. Angeli applaudierte. Trudi lief zu einer Schaukel.

«Stösst du mich an, Tante Angeli?»

Später sassen die Schwestern nebeneinander auf der Schaukel, und Trudi brachte sie selbst in Schwung, während Erika vor Vergnügen quietschte. Immer mehr Spaziergänger trafen mit ihren Kindern auf dem Hügel ein, darum ergatterte Angeli an einem der Holztische vier Plätze. Die erhitzte Familie in spe setzte sich zu Most, Brot und Käse.

Zurück im Heim, liess sich Trudi zum Abschied versprechen, dass sie bald wiederkämen.

Angeli und Fredi wanderten durch den Wald weiter nach Dürstelen, wo Fredis Mutter auf sie wartete. Seit sie vor kurzem die Arbeit beim Hittnauer Friseur aufgegeben hatte, wohnte Hermine bei Fredi und hoffte, bleiben zu können. Er hatte ihr jedoch erklärt, dass er den Dürsteler Flarz verkaufen und eine Wohnung in Pfäffikon mieten wolle. Er werde für sie mit Max eine Lösung suchen. Fredi bat Angeli, von den letzten Zürcher Jahren zu erzählen.

Im März 1939 war sie, nach zweijährigem Unterbruch, wieder zu den Rudins gestossen. Natürlich gab es am Zürcher Kapfsteig bald wieder das Auf und Ab der Stimmungen, doch da waren die Landesausstellung, der ringsum tobende Krieg und die Luftschutzkurse, die Angeli zusammen mit Frau Rudin besuchen musste. Das alles hatte die Menschen in der Familie zusammenrücken lassen. Das Leben hatte plötzlich etwas Absurdes an sich. Wie wenn die letzten Tage der Menschheit zu feiern wären, genossen sie die Sommerferien, meist irgendwo in den Bergen, zelebrierten Theater-, Konzert- und Kinobesuche, Festtage und freuten sich an den häufigen Gästen aller Couleur im Haus. Dann sei der ersehnte Frieden gekommen und mit ihm Fredi, schloss Angeli.

In der Dürsteler Stube hatte Mutter Hermine bereits den Tisch gedeckt und Fredis selbstgebackene Apfelwähe aufgeschnitten. «Setzt euch und streckt die Beine, ich koche gleich den Kaffee.»

«Schön ist es hier oben», sagte Angeli, «aber wohnen möchte ich lieber unten im Dorf. Für die Kinder wird das auch besser sein. Ich freue mich auf sie, fühle mich aber unsicher.»

So landeten sie in ihren Zukunftsträumen. Fredi wollte die Liebe unters Dach bringen wie der Bauer das Heu vor dem Regen und Angeli vor dem Heiraten noch Bergferien geniessen, mit ihm natürlich.

Nach Hans traf Angeli auch Max, der seit kurzem in Oberhittnau eine Sattler-Tapezierer-Werkstatt betrieb, in einem einzigen Raum, in dem er auch wohnte. Angeli fand, man sehe ihm an, in welch dürftiger Umgebung er hause – das gelte auch für Fredi in seiner Pfäffiker Budik. Auf seinen ratlosen Blick wurde sie genauer: «Mein Eindruck ist nicht schlecht, aber bei Hans und seiner Familie fühle ich mich wohler, bei ihm scheint alles so sauber und aufrichtig. Bei Max kann ich es nicht deuten. Er ist mir ein wenig gedrückt vorgekommen. Oder ist er immer so? Auf jeden Fall habe ich mich gefreut, ihn kennenzulernen.»

Ihr Himmel war frei von Wolken, sie steckten sich Ringe an, gaben sich das Treueversprechen und planten eine Ferientour. Angeli schlug eine Wanderung in Etappen vor, das Logieren und Kochen in Berghütten. Das Geständnis fiel darum wie ein Regenguss aus blauem Himmel. Fredi beichtete, dass er im Augenblick weder etwas an die Ringe beisteuern noch das Geld für die Bergferien aufbringen könne. Erzählte Angeli von den zweitausend Franken Schulden, von denen er einiges bereits abgetragen habe, und der Hoffnung, den Rest innerhalb höchstens eines Jahres tilgen zu können. Er habe das Dürsteler Haus ausgeschrieben und auf raschen Verkauf gehofft, um seinen Beitrag zu leisten. Bisher vergebens. Noch schwerer fiel es ihm, zu erzählen, was er erst seit kurzem wusste. Gertrud war vor ein paar Tagen mit einem dritten Kind niedergekommen.

«Es ist nicht von mir, Meier, ihr Liebhaber, ist der Vater, aber mich will sie für Alimente einklagen. Nun muss ich die amtliche Feststellung der Vaterschaft verlangen.»

Ihrer Miene entnahm er, wie heftig der Schock war. Doch anerkannte sie rasch, dass er alles tat, um sich aus der schwierigen Lage zu befreien. Mit Beschämung und Freude zugleich las Fredi ihren nächsten Brief.

Zürich, 7. August 1945

Mein lieber Alfred

Ich muss Dir leider sagen, dass mich die finanzielle Sache aufgeregt hat, denn Du hättest mir das alles eigentlich schon früher sagen sollen, nicht erst als ich Dich ausfragte und wir die Ringe schon hatten. Denn das sind alles Sachen, die man wissen muss, ich habe Dich auch nicht im Unklaren gelassen.

Also, dann freue Dich auf den Sonntag, denn aufgeben könnte ich Dich doch nicht, lieber Fredi, trotz allen Schwierigkeiten, dafür habe ich Dich zu lieb.

Tschau lieber Fredi, sei herzlichst gegrüsst und geküsst von Deinem Angi

Ich bin noch einmal davongekommen, dachte Fredi. Er würde noch intensiver nach Aufträgen suchen, und er glaubte, die Schulden eher als gedacht tilgen zu können, hoffte, das Haus würde sich bald verkaufen lassen. Sie sollte sich in ihm nicht täuschen. Zerknirscht holte er Papier und Füller, um ihren Brief zu beantworten.

Dürstelen, 9. August 1945
Mein geliebtes Angi!

Du hast mir mit Deinem Brief grosse Freude gemacht. Dass ich Dir etwas bedeute, dass Du Deine Zukunft nicht ohne mich ausdenken magst, das beglückt mich. Ich habe Fehler gemacht, in zu grossem Optimismus gedacht und gesprochen. Darum die grosse Enttäuschung für dich. Ich selbst habe das Fiasko wahrscheinlich leichter überstanden als Du. Nicht dass ich ein Fatalist wäre, der alles mit stoischer Ruhe hinnimmt. Aber ich glaube an eine Fügung alles dessen, was mit und für uns geschieht. Das ist nun allerdings billiger Trost für Dich. Ich bitte Dich um Entschuldigung. Mein liebes Angi, diese Enttäuschung soll für Dich eine Prüfung Deiner Gefühle und Empfindungen für mich sein.

Er kannte sich. Er war ein Stürmi, dachte rasch, was er glaubte oder machte, entspräche auch ihr, und was er wagte, könnte auch sie getrost versuchen. Und er wusste, dass zuweilen die Begeisterung mit ihm durchging, ohne dass er es merkte. Er hatte sich auf diese Weise schon Beulen eingehandelt. Doch war er überzeugt, ohne seinen Optimismus wäre er zu dem Krüppel geworden, den sie in ihm gesehen hatten, und in der Bürstenfabrik verkümmert. Er musste diese Dinge aus der Welt schaffen, darum setzte er den Füller wieder aufs Papier:

Nach ruhiger Überlegung komme ich zum Schluss, dass ich aus Angst, Dich zu verlieren, in Optimismus gemacht habe. Bewusst oder unbewusst, vielleicht beides. Auf jeden Fall empfinden wir beide dasselbe für einander, das heisst, wir lieben uns von ganzem Herzen.

Ja, Fredi war verliebt. Er verliebte sich rasch. In feurige Augen, in kokette Gesichter. Frauen versprachen Wärme, auch Anerkennung. Er wusste, wie schnell entflammbar er war, und er hatte mehr als einmal lose Worte mit Ernst verwechselt. Diesmal war es ganz anders. Ich finde Angeli schön, anständig ist sie und nicht dumm, dachte er. Ist mit ihren Erfahrungen eine tüchtige Hausfrau, hat Geschwister gehütet und die Kinder ihrer Dienstfamilien. Ich glaube, sie hat mich wirklich gern, das spüre ich, und sie stört sich nicht an meinem Bein. Etwas ängstlich ist sie, das spricht für sie, ich kann ihr Mut machen. Aber sie hat sich küssen lassen. Und ja, sie kann auch sarkastisch werden, scharfzüngig. Ob sie das von ihrer Mutter hat oder von Frau Rudin? Ich muss meinen Zorn hüten, aber wir können ja reden miteinander. Sozusagen berufen sind wir, dachte er, eine gute Familie zu gründen.

Wenn er ihr Briefe schrieb, versuchte er seine Begeisterung, seinen Wunsch nach einem soliden, warmen Heim und die Leidenschaft unter einen Hut zu bringen. Er hatte ein Buch gelesen über die Ehe, das ihn beeindruckte, und er konnte nicht widerstehen, den einen oder anderen Gedanken einfliessen zu lassen.

Dürstelen, 11. Oktober 1945

Mein liebes Angi!

Wir wollen zusammen in Wahrheit leben und arbeiten, denn dies ist das schönste Gebet, ja als liebe, gute Lebenspartner zusammenwirken und arbeiten, um zu leben, nicht umgekehrt. Also nicht, dass Mann und Frau gewohnheitsmässige Arbeitstiere werden oder im Leben in der ausgetrampten Bahn der Gewohnheiten stumpf ringsum trotten. Ich stelle mir vor, wir könnten unsere Aufgaben gemeinsam bewältigen, um dann auch gemeinsam freie Zeit zu finden für Literatur, Musik, Wandern und Politik. Warum soll eine Frau sich nicht für soziale Fragen interessieren? Also als Menschen leben, um sich an all dem Schönen unserer Erde zu jeder Jahreszeit zu erfreuen. Ein gutes Familienleben und Dienst am Nächsten, auch sozialpolitische Arbeit sind in erster Linie Gottesdienst. Ich weiss, dass wir nicht ein super Idealleben führen können, denn das wäre zu überspannt. Ich habe mich nun in höhere Sphären verstiegen, aber das schadet nichts. Ein solches Eheleben ist möglich, und man sollte nicht aus der sehr schönen Brautzeit in ein Gewohnheitsleben hinüberwechseln.

Ja, er war ein Träumer, gar ein Romantiker. Das hatte sie zwar nicht geschrieben, aber er las es zwischen den Zeilen. Sie dachte so praktisch, was ihm ja auch zugutekam. Es liess sich daran erkennen, wie ernst sie es meinte. Er las nochmals ihre Antwort.

Mein lieber Fredi!

Ich weiss ja aus Erfahrung, dass wir die Hilfe von oben brauchen. Aber wir müssen uns Mühe geben, Probleme zu lösen, die uns schwer scheinen.

Ich bin froh, dass Trudeli sich nun mit dem Gedanken vertraut macht, in mir sein neues Müeti zu sehen. Das hat mir doch Sorgen gemacht. Und wenn Du einmal mit Deinen Zahlungen fertig bist, können wir an unser Heim denken. Eine Wohnung wirst Du sicher finden auf den Frühling. Ich denke, wir müssen noch Tisch und Stühle haben und ein Buffet. Ich schaue ja schon, dass ich noch etwas Geld beiseitebringe, aber für alles langt es doch nicht, da sollte ich halt noch einen Tausender haben.

Sie sassen in der Dürsteler Stube, inzwischen regnete es in Strömen, der geplante Spaziergang zu den Kindern nach Adetswil fiel buchstäblich ins Wasser. Angeli und Max warteten auf Fredis Dessert und waren im Gespräch auf ein glitschiges Feld geraten, als Angeli gefragt hatte, ob er sich wirklich nicht vorstellen könne zu heiraten.

«Früher habe ich gesagt, ich werde eine Frau suchen, wenn ich mich selbst nicht mehr durchbringe», sagte Max.

«Im Ernst?»

«Witz und Ernst sind Geschwister.» Max grinste, es könne ja sein, dass plötzlich die Richtige komme, so wie sie für Fredi. Er möge ihnen ihr Glück gönnen. Aber sie müsse bedenken, seine Situation sei ganz anders. Fredi habe und sie wolle Kinder. Er liebe seine Freiheit. Fredi sei das Haus wichtig, und er müsse darum arbeiten. Er brauche weder Haus noch viel Geld, vor allem wolle er nicht ewig krampfen für wenig Geld.

«Eine Familie, wäre das nicht schön?»

Man habe doch gerade einen Krieg hinter sich. Hätte Hitler den gewonnen, wäre er jetzt bereits hier und die Fröntler wären die Herren im Land. Man hätte sie, die Brüder, schon längst an die Wand gestellt, Familien hin oder her. Für ihn auf jeden Fall sei es einfacher ohne.

Fredi servierte seine Spezialität, die Apfelwähe, und Mutter Hermine goss Kaffee ein. Es rieche fantastisch, sagten Angeli und Max.

Seine Familie, sagte Max, seien immer die Boxer gewesen, er müsse nur ein tüchtiger Trainer sein – mehr nicht. Manchmal sei ein guter Freund darunter, und gelegentlich sei er etwas einsam, das stimme, aber immer frei und selbstständig. «Ich, Familienvater? Mir hat keiner gezeigt, wie das geht.»

Mitte Nachmittag, die Wähe war vom Blech verschwunden und die Wolken vom Himmel, verabschiedete sich Max. Sie möge ihn, sagte Angeli danach zu Fredi, er tue ihr aber auch leid, und ein bisschen mache er ihr Angst, weil sie oft nicht wisse, wie er meine, was er sage, und sie ab und zu fürchte, hinter der Gemütlichkeit lauere der Zorn.

Sie entschieden, doch nach Adetswil zu tippeln, durch den Wald via Rosinli zum Kinderheim. Der Blick von der Höhe auf das frisch gewaschene Oberlandpanorama war wunderbar, die satten Farben machten fast trunken.

Das Jahr ging allmählich zu Ende, das Dürsteler Haus wartete noch immer auf einen Käufer, und Trudi hatte drei Anläufe genommen und dann gefragt, ob sie heimkommen dürften an Weihnachten. Fredi redete sich heraus. Er habe im Moment selbst kein richtiges Zuhause, aber er komme nach Adetswil und werde mit ihnen feiern. Tante Berti habe einen grossen Christbaum versprochen.

Weihnachten mit Gertrud in Dürstelen waren merkwürdig gewesen. Weder sie noch er hatten Atmosphäre schaffen können. Sie hatten über die Frömmelei gespottet. Die Erinnerung an Flaach war besser. Die Mutter hatte das von den Buben geschlagene Bäumchen mit einfachsten Mitteln geschmückt und bescheidene, vom Mund abgesparte Geschenke darunter gelegt. Allerdings hatte Vaters Jähzorn gerade an solchen Tagen wie der Blitz eingeschlagen. Beim Chüefer Jokeb wie beim Wilson hatte man Weihnachten nicht gefeiert, im besten Fall war etwas mehr Fleisch auf den Tisch gekommen, und es war noch mehr als üblich gesoffen worden. Nein, er hatte keine Erwartungen an Weihnachten, dieses Feld würde er Angeli überlassen.

Eine Woche vor Heiligabend wanderte Fredi zu den Kindern, um mit ihnen eine Stunde durch den Schnee zu stapfen. Er spürte die Ungeduld der Töchter. Sie wollten endlich heimkommen. Ihm ging es ebenso, er wollte so schnell wie möglich heiraten. Doch vor April würde er die Schulden nicht tilgen können.

Am zweiundzwanzigsten Dezember traf er sich mit Angeli am Bellevue, sie erledigten kleine Einkäufe und setzten sich in ein Café. Sie klagte, sie hätte den Heiligabend gern in Dürstelen mit Christbaum, Kindern und Liedern gefeiert, wie bei Rudins, aber sie würde bis um halb acht am Kapfsteig gebraucht. Doch Fredi war zufrieden damit, danach irgendwo in Zürich zu feiern. Richtige Weihnachten, wie Angeli das ausdrückte, würde es nächstes Jahr geben. Mutter Hermine würde die Weihnachtstage bei Hans verbringen.

Zwei Tage später, im «Odeon», im noblen Jugendstillokal, feierten sie erstmals zusammen den Heiligabend, ein mächtiger Weihnachtsbaum strahlte Wärme aus und Stimmung, ihr vertraut von den Rudins, ihm neu und seltsam. Sie fühlten sich aufgehoben unter bunt gemischten Gästen und freuten sich am Leuchten der Kerzen.

Unversehens gerieten sie in eine Rückschau auf das vergangene Jahr – viel Schönes, ohne Schwieriges auszublenden. Im August war der zwanzigjährige Bruder Gianni aus der Kriegsgefangenschaft nach Rossino heimgekehrt, schwer gezeichnet. Angeli hatte den Kommentaren ihrer Meisterin getrotzt, die Fredi, den geschiedenen Mann, ins Pfefferland wünschte, Fredi hatte hart gearbeitet und einen grossen Teil der Schulden getilgt.

Er beobachtete die anderen Gäste. Viele waren wohl da, um nicht allein zu sein. Es gab die gut wie die bescheiden Gekleideten, die einen nippten Wein, andere hockten vor Bier oder Kaffee. Es dünkte ihn, die Leute verhielten sich feierlich, viele seien in sich gekehrt. Sogar an einem Tisch mit sechs Eleganten, eben angekommen, die lautes Reden und Lachen aus der Kälte in die Wärme gerettet hatten, ging es gedämpft weiter. «Am Ende sind alles nur Menschen», sagte Fredi.

Im Kinderheim hatte Frau Egli einen so grossen Tannenbaum ausgewählt, dass er im niedrigen Speisesaal, ungekrönt, ohne Spitze, bleiben musste. Glaskugeln, Äpfel, Lametta und von den Kindern gebastelter Schmuck hingen an den Ästen. Die Augen der Kinder und der Erwachsenen spiegelten die Kerzen. Fredi sass am Weihnachtstag zwischen den

Töchtern, die sich eng an ihn drückten. Mutter Gertrud war auch dieses Jahr nicht gekommen, so wie sie auch sonst nie nach Adetswil fand.

«Du weinst ja!», sagte Erika.

«Es ist mir nur etwas ins Auge geraten.»

Fredi berichtete Angeli, es seien die schönsten Weihnachten seines Lebens gewesen, mit ihr an dem schönen Ort und dann in Adetswil. Die Freude der Kinder habe ihn gerührt.

Der Schmetterling, in der Budik dem staubigen Seegras entstiegen, wäre als voreiliger Frühlingsbote willkommen gewesen, hätten weder Vaterschaftsklage noch andere Sorgen auf Fredi gelastet. Das Gerichtsmedizinische Institut schrieb nach der Untersuchung der Blutproben von Gertrud, dem Kind und Fredi:

Alfred Gisler kann somit auf Grund der Erbgesetze der Faktoren M und N als Vater des Kindes Katharina Gisler n i c h t ausgeschlossen werden, seine Vaterschaft ist auf Grund dieser Erbgesetze möglich.

Die nächste schwarze Nachricht folgte gleich. Erika hatte sich beim Schlitteln ein Bein gebrochen, es musste geschient und über Wochen ruhiggestellt werden. Angeli rügte das Fehlen einer Krankenversicherung. Fredi dagegen war verstimmt, weil ihm seine Mutter, die noch immer bei ihm in Dürstelen wohnte, die Bitte um ein Darlehen abgeschlagen hatte. Angeli ermahnte ihn in einem Brief:

Ich verstehe, dass Deine Mutter kein Geld geben will, denn sie ist doch darauf angewiesen, und ob sie es wiederbekommt, weiss sie ja nicht. Du musst jetzt sehen, dass Du allein zurechtkommst. Sie hat ja schon Max gegeben und weiss nicht, ob er es zurückzahlen kann. Schliesslich, wenn sie nichts mehr hat, müsst ihr sie erhalten.

Er kannte mittlerweile ihre Gabe scharfer Analyse, ihre Art zu argumentieren und die zuweilen spitzen Kommentare. Er wusste, dass sie oft recht hatte. Und er kannte sich selbst und gestand sich ein, dass er ratlos, sprachlos und dann wütend werden konnte, wenn mehrere Probleme gleichzeitig über ihn herfielen. Er hatte beobachtet, dass er sich in solchen Momenten bereits fragte, was Angeli dazu sagen würde.

Um sich zu ärgern, blieb keine Zeit, denn er hatte sich praktischen Dingen zu widmen. Er handelte mit einem Schreinermeister die Lieferung von Schlafzimmermöbeln aus, die Rechnung würde an Angeli gehen. Sie nähte Bettbezüge, und er hatte sich an den Aufbau seiner besten je gefertigten Matratzen gemacht.

Mit Erfolg forderte Fredi das Gericht auf, den Liebhaber Gertruds ebenfalls zum Bluttest zu schicken, worauf auch dieser zum möglichen Vater erklärt wurde. Er doppelte nach und verlangte eine anthropologische Untersuchung der Beteiligten. Das Gericht trat auf die Forderung ein, setzte den Termin aber in den Sommer des Folgejahres, da das Kind zweijährig zu sein hatte. Für Angeli eine schwer zu schluckende Kröte. Sie versicherte ihm trotzdem uneingeschränkt die Treue.

So wie die Zeichen standen, würden sie im Mai oder Juni auf dem Hügel ob Hittnau Familienpremiere feiern. Auf dem Hügel, weil ein Käufer für das Haus noch immer nicht in Sicht war. Also begann Fredi, neben der Fabrikarbeit eine Waschküche zu bauen und bisher vermisste Annehmlichkeiten in Küche und Wohnbereich einzurichten. Das würde Angeli besänftigen, und es würde helfen, das Haus für einen guten Preis zu verkaufen. Die Erfüllung ihres Traums, eine grosse Familie mit Trudi, Erika und neuem Nachwuchs, war nah. Trudi fragte immer wieder, wann es so weit sei, ob ihre Mutter auch komme. Nein, nein, musste Fredi ihr sagen, Tante Angeli werde nun die Mutter sein. Die vierjährige Erika hatte keine Fragen, sie war sich sicher, sie sei Papas Schatz und gehe bald nach Hause. Das reichte ihr.

Zehn Jahre waren vergangen seit dem letzten Besuch in Rossino. Seit Wochen plante Angeli das Wiedersehen mit Mutter und Geschwistern, und sie kämpfte mit vielen Unwägbarkeiten, weil Italien noch sehr an den Kriegsfolgen litt. Schliesslich reiste sie ab Richtung Gotthard. Mit Unterstützung ihrer Mutter Lina führte sie den Papierkrieg für die Heirat. Nun stand dem Fest nichts mehr im Wege. Sie hatten Max und Emmi, Angelis Freundin, als Trauzeugen gewonnen. Emmi hatte bereits 1939 geheiratet.

Einen ehemaligen Fremdenlegionär, der mit kleinem Glück Bücher über grosse Themen geschrieben hatte, aber kurz vor Kriegsende überraschend gestorben war.

Angelis drei Koffer und ihre Mitgift – Bettwäsche, Toilettentücher und andere Textilien – wurden nach Dürstelen gebracht. In der Woche vor dem Akt lud der Pfarrer zur Einstimmung. Eindringlich sprach er zu Angelina, die mit der Trauung zum protestantischen Glauben konvertierte. Für sie aber war bedeutender, durch die Ehe das Schweizer Bürgerrecht zurückzuerlangen, das die Mutter 1914 verloren hatte, um ihre, Angelina Santinas Geburt, als ehelich zu legitimieren.

Am Samstag, dem ersten Juni 1946, um halb zehn begann in der Zürcher Kreuzkirche der Trauungsgottesdienst. Von der Kirche wechselte die kleine Gesellschaft an den Kapfsteig, wo die Rudins zum Apéro geladen hatten.

«Sie bekommen eine tüchtige Frau, ich hoffe, Sie sind sich dessen bewusst!», sagte Frau Rudin, und ihr Mann, der Direktor, ergänzte: «Lieber Gisler, Sie sind mit Angeli immer herzlich willkommen!»

Eine richtige Familie?

So landeten sie also doch in Dürstelen. Angeli war freundlich zu den Nachbarn, Fredi musste nicht mehr Ordnung ins Chaos bringen. Sie hatte im Handumdrehen und mit Freude die Regie über Flarz, Haushalt und Familie übernommen, hatte sich auch mit der Anwesenheit von Hermine abgefunden. Fredi konnte sich ganz auf die Arbeit in der Budik, der Huebi und im Garten konzentrieren. Auf den Blätz Land, umgeben von Wald und Wiesen mit Obstbäumen, war er stolz. Eben steckte er schlanke Lauchsetzlinge in den Boden, gezogen in der Rabatte vor dem Haus, da wo Angeli gerne Blumen pflanzen würde.

Trudi zottelte Tag für Tag mit den Dürsteler Kindern zum kleinen Dorfschulhaus. Erika hielt Angeli auf Trab, auch die Nachbarn, deren Hunde und Katzen. Sie war ein Wildfang mit einem starken Willen, im Gegensatz zur verträumten Schwester. Angeli schaffte mit Elan, das Aufgetischte schmeckte, Wäsche und Böden blinkten, aber bald wurden die Komplimente rar. Es war nicht so, dass Fredi das Gewonnene missachtete, an dessen Fehlen er eben noch gelitten hatte. Aber er gewöhnte sich rasch daran. Trotzdem äusserte Angeli Zufriedenheit. In regelmässigen Abständen machte sie mit den Kindern Ausflüge in die Stadt an den Kapfsteig zu Rudins – nun als Gast. Gegen Ende Jahr, nach verschiedenen Anfällen von Übelkeit und dem Ausbleiben der monatlichen Tage, bestätigte der Doktor, dass die Gislers im nächsten Sommer zahlreicher würden.

«Jetzt werden wir eine richtige Familie», freute sich Angeli.

Das sind wir doch schon, dachte Fredi.

«Ein eigenes Kind, ich kann es noch gar nicht fassen.»

Er mochte ihr die Gefühle gönnen, war ja auch zufrieden.

Angeli empfing den heimkehrenden Fredi mit einem Kuvert in der Hand. Eine Versicherung – was die wohl von ihm wolle. Er fischte aus seinem Rucksack eine halbzerknüllte Zeitungsseite mit einem Stelleninserat.

«Ich habe die Nase voll, krampfe in der Huebi und verdiene doch nie mehr.» Er habe die Gesellschaft angerufen und von attraktiven Verdienstmöglichkeiten erfahren. Sie wisse, er schätze den Kontakt zu Leuten. Das

Für und Wider wogen sie ab, dann stellte Angeli fest, er sei ja schon entschieden. Bald pedalte Fredi bei jedem Wetter hügelauf, hügelab durchs Oberland und versuchte Lebensversicherungen zu verkaufen.

Erika und Trudi hatten auf Papa gewartet, die Kleine hielt ihm ein Kuvert, vollgeklebt mit mehrfach überstempelten Briefmarken, unter die Nase: «Post!», sagte Trudi. Aus Wien, von Edi Ritter, eben zurück aus der Kriegsgefangenschaft beim Engländer, Karl Heider sei noch beim Russen. Sie hatten den Krieg überlebt. Edi wollte die Korrespondenz aufleben lassen und schlug einen Handel vor: österreichische Briefmarken gegen Lebensmittel.

Der Handel klappte nicht, kein Mensch wollte die Marken kaufen. Fredi bunkerte sie für bessere Zeiten und schickte diverse Pakete mit Kondensmilch, Honig, Haferflocken, eigenen Dörrbirnen, Kakao und sozialistischen Schweizer Zeitungen nach Wien. Der Mangel und die Zerstörungen schienen gross zu sein und die Ungerechtigkeiten zugunsten der Altnazis, die früh in leere Wohnungen, in wichtige Stellungen drängten, ebenfalls. Derweil hätten sie, die Arbeiter, schrieb Edi, die den Kopf an der Front hingehalten hätten, in Gefangenschaft gesessen und seien spät zurückgekehrt. Nun fänden sie die warmen Nester und die Pöstchen bereits verteilt.

Fredi gab den Versuch, Edi schriftlich zu trösten, nach einer halben Seite auf, weil Angeli sagte, dass sie beide sich ja die Lebenssituation in Wien gar nicht vorstellen könnten. Es gab auch sonst genug zu berichten, von Angeli, Dürstelen und der neuen Arbeit.

Oft neckte Erika die grosse Schwester, spielte ihr harmlose Streiche und wurde mutiger und frecher, weil Trudi sich nicht wehrte. Sie war auf andere Art beharrlich.

«Wieso kommt Mama nie», fragte sie wieder einmal beim Nachtessen.

«Gopfridstutz! Das habe ich doch schon mehrmals gesagt, Angeli ist jetzt eure Mama.»

Warum hängt sie nur so an der Mutter, die sie so oft vernachlässigt und geschlagen hat, dachte Fredi, erinnerte sich aber auch an zärtliche Momente, wenn Gertrud das Mädchen umarmt und gedrückt, ja einmal gesagt hatte, sie sei ihr kleiner Engel. Trudi hatte gestrahlt. Der junge Lehrer berichtete, Trudi träume vor sich hin und scheine nichts aufzunehmen. Sie war bald zehn und auf Grund der Wirbel der letzten Jahre erst in der zweiten Klasse.

«Wo bist du mit deinen Gedanken», fragte der Lehrer hilflos und immer wieder. Trudi sei etwas beschränkt, sie verstehe die einfachsten Dinge nicht. Die anderen lachten sie aus. Sie wäre besser aufgehoben unter ihresgleichen, zum Beispiel im Pestalozziheim. Beschränkt heisst wohl, sie ist geistig zurückgeblieben und hat das von ihrer Mutter, dachte der Vater. Er suchte mit Trudi den Leiter des Pestalozziheims in Pfäffikon auf. Das Mädchen sei zwei, drei Jahre in der Entwicklung zurück, die Aufnahmefähigkeit scheine reduziert, in der Volksschule sei es überfordert, schilderte der Pädagoge seine Eindrücke. Er empfehle ihnen, es bei ihm im Heim wohnen zu lassen, so könne es sich einleben und in einer ihm angemessenen Umgebung nachholen, was ihm fehle. Im Frühling 1947, auf den Beginn des neuen Schuljahres, zog Trudi um ins Heim. Es werde das Beste sein für sie, sagte Angeli. Weil sie so beschränkt sei, brauche sie mehr Zeit, um zu begreifen, dass sie jetzt ihre Mutter sei. Sie habe schon befürchtet, sie hätten etwas falsch gemacht.

«Dieser Studierte wird schon recht haben», sagte Fredi, «aber Trudi wollte doch bereits im Kinderheim nichts anderes als nach Hause kommen.»

Fredi sass weiterhin vor Matratzen und nähte, aber meist, oft auch abends, radelte er als Versicherungsagent durch die Dörfer. Endlich zu Hause, war er einsilbig, zu müde, um zu erzählen. Bis Angeli in ihn drang, erfahren wollte, wie ihm die neue Arbeit gefalle. Alles in Ordnung, wollte er abwiegeln, dann aber brach es aus ihm heraus: Er sei kein Vertreter, könne den Leuten nichts andrehen. Zwar gelängen ihm ab und zu kleine Abschlüsse, doch die reichten nicht, das habe auch der Chef gesagt. Die Leute seien freundlich, sie stellten Kaffee und Guezli auf, aber sie unterschrieben nicht. Fredi hängte den neuen Beruf bald an den Nagel und setzte in einem Zürcher Reifenhaus, grosszügig entschädigt, wieder auf seine erprobten Fähigkeiten.

Im Juli erlitt Angeli einen Blasensprung. Die Hebamme riet zum Kaiserschnitt, der Doktor dagegen wollte die Natur walten lassen. Die Natur strangulierte das kleine Wesen, das zu früh und verkehrt herum ans Licht drängte, mit der eigenen Nabelschnur. Es hätte ein flaachisch-italienischer Stammhalter werden sollen. Der kleine Peter wurde in ein Kindergrab auf dem Hittnauer Kirchhof gelegt, das bald mit Immergrün und Begonien bedeckt war. Angeli rettete sich mit ihrem Schmerz in die Alltagsarbeit, und Fredi, früh erprobt im stillen Schlucken von Trauer, tat es ihr gleich. In einem Brief an Emmely Rudin, drei Wochen später, schrieb sie über Bügeln, Sockenstopfen, Hemdennähen und berichtete von der frisch geweisselten Küche. Sie schloss, ihr gehe es sonst gut, nur habe sie diese Woche ihre Sache und sei nun wieder geplagt damit. Fredi schlief meist tief, dafür umso geräuschvoller. Dass Angeli oft wachlag und weinte, merkte er darum erst nach mehreren Nächten und eher zufällig. Er versuchte, sie tröstend zu streicheln, aber sie wandte sich wortlos und brüsk ab.

Im November zogen sie nach Pfäffikon in ein Huebi-Kosthaus nahe beim Bahnhof. Sie sei glücklich, sagte Angeli, einfach und rasch alles, was man brauche, einkaufen zu können und unter die Leute zu kommen. Für Hermine hatten sie ein Zimmer in Hittnau gemietet.

«Es war einmal ein Fischer und seine Frau, die wohnten zusammen in einer kleinen Fischerhütte, dicht an der See, und der Fischer ging alle Tage hin und angelte und angelte und angelte.» Angeli las Erikas Lieblingsmärchen vor, die Kleine konnte nicht genug bekommen davon, vor allem wegen des wiederkehrenden Rufs nach dem Butt.

Manntje, Manntje, Timpe Te,
Buttje, Buttje inne See,
myne Fru de Ilsebill
will nicht so, as ik wohl will.

Als die Ilsebill zum Schluss wieder in ihrem schäbigen Pott sass, lachte Erika: «Selber schuld, selber schuld!»

Sie sassen auf der Bank vor dem kleinen Holzhaus, das zur Villa im Basler Vorort Reinach gehörte. Angeli war zusammen mit Erika zum ersten

Mal an den neuen Wohnort der Rudins gereist, an den sie nach der Berufung Hans Rudins zum Direktor der Schweizerischen Konsumgenossenschaften gezogen waren. Sie war tief beeindruckt vom Chalet, dem weitläufigen Garten- und Rasenland, den Obstbäumen, dem Bienenhaus am Waldrand, am meisten aber vom stattlichen Haus. An Fredi schrieb sie:

Ich habe nicht einmal die Zimmer gezählt. Ich fühle mich richtig verwöhnt. Wenn ich an die Heimkehr denke in das Kosthaus, ertappe ich mich dabei, alles wüst und alt zu finden.

Trotzdem bescherte ihr die Heimkehr nach Pfäffikon etwas Gutes, denn die anthropologische Untersuchung war abgeschlossen:

Wenn wir die Gesamtheit unserer Untersuchungen überblicken, so können wir die Ergebnisse folgendermassen zusammenfassen: Es kann keiner der beiden Männer von der Vaterschaft mit völliger Sicherheit ausgeschlossen werden, doch besteht grössere Wahrscheinlichkeit, dass Arthur Meier der Vater des Kindes ist.

Angeli und Fredi fühlten sich leicht und frei – zum ersten Mal konnten sie völlig ungetrübt und mutig in die Zukunft blicken. Das Mädchen wurde behördlich zur unehelichen Tochter der Gertrud Hess erklärt, und Meier musste die finanziellen Folgen tragen.

Erneute Versuche, das Dürstelerhaus zu verkaufen, waren erfolglos geblieben, nun hatten sie ein älteres Ehepaar gefunden, das im April 1948 zur Miete einziehen wollte. Der monatliche Zustupf zum Haushaltsbudget komme ihnen sehr zustatten, berichtete Angeli nach Reinach, denn sie erwarte per Ende September wieder Nachwuchs. Den Kindern hatten sie und Fredi noch nichts erzählt, die Angst vor erneutem Scheitern sass ihnen im Nacken.

Anfang Sommer, mitten in Angelis Schwangerschaft, geriet Fredis Arbeitgeber in finanzielle Turbulenzen. Erst kurze Zeit im Betrieb, gehörte er zu den Entlassenen. Die Zürcher Kündigung führte zu ihrem ersten Streit.

Angeli warf ihm vor, die Huebi damals leichtfertig verlassen zu haben. Nun bekämen sie ein Kind, was werde sein, wenn er arbeitslos bleibe?

«Gopfridstutz, sei nicht so negativ. Ich habe noch immer Arbeit gefunden, das solltest du wissen. Oder bist du unzufrieden, weil ich dir nicht mehr bieten kann als eine Wohnung im Kosthaus und keine Villa am Waldrand?»

«Du bist ungerecht, Fredi. Du weisst doch, dass ich mit dir alles teilen will. Villa und Kosthaus sind eben wirklich verschieden, aber das hat nichts mit uns zu tun!»

Fredi fand nahtlos in die Pfäffiker Huebi zurück, lebte sich schnell wieder ein und kam mit den Mitarbeitern gut zurecht. In der freien Zeit werkte er in der Budik. Er würde so lange in der Fabrik bleiben, bis die Auftragslage ausreiche, um sich ganz selbstständig zu machen.

Mit allmählich steigender Vorfreude näherten sie sich dem Oktober. Diesmal war die Natur gnädig.

«Wie soll der Sonntagsknabe heissen?», fragte der Arzt.

«Hans Peter, in zwei Worten», wiederholte die assistierende Hebamme und notierte es sorgfältig, «reformiert, sechsundfünfzig, drei Komma acht.»

Der Vater wurde hereingeholt, er brachte unter dem strafenden Blick des Doktors eine kräftige Tabakaura mit und war in seiner Erleichterung so gezeichnet wie Angeli. Fredi küsste sie, besah sich den Stammhalter und dachte im Stillen, sie sehen alle gleich aus, aber wenn er dann grösser wird, ein rechter Bub ist, kann auch ich etwas anfangen mit ihm. Stolz war er doch. Für die Patenschaft konnte Fredi den Bruder Hans gewinnen und Angeli ihre Freundin Emmi.

Zwei Wochen später schrieb Angeli nach Reinach:

Wir sind glücklich und froh, dass wir unser Büebli haben, es hätte anders ausgehen können, auch es kam mit den Füssen voran, in die Nabelschnur verstrickt. Der Arzt musste es holen, ich bekam Äther und hatte Angst. Sie mussten es ins kalte Wasser legen, bis es Leben von sich gab.

Wie der Süchtige am Morgen den Rauch der ersten Zigarette sog Fredi den Duft der warmen Magerwiese am Fuss des Bachtels tief in seine Brust. Im Blick Linthebene, Seen und Berge, vom Föhn zum Greifen nah herangeholt. Der Pfiff einer Lokomotive aus dem Tal, das Gekläff eines Hofhundes, sie vermochten gegen das Summen um ihn herum, das Zirpen und Wispern nicht anzukommen. Er hatte sich daheim für eine Vormittagstour abgemeldet – übermorgen wurde er vierzig, und Angeli wollte ihm einen Gugelhopf backen. War er tatsächlich sentimental, wie ihm früher einer vorgeworfen hatte? War er ein Träumer? Es konnte nichts Schlechtes dabei sein, solche Augenblicke zu geniessen. Sie halfen ihm, den alten, bösen Geistern zu widerstehen, die noch immer flüsterten: Du bist nur ein Krüppel, bist das Fressen nicht wert. In seinen Jugendjahren war er sich oft wie ein Gefangener vorgekommen, auch während der ersten Ehe – die Zeit als lediger Boxer und Weltenbummler aber war pure Freiheit gewesen.

Nun war er voller Pläne, wünschte sich eigenen Wohn- und Arbeitsraum unter einem Dach und einen grossen Garten. Er fühlte sich gesund und stark, träumte von Selbstversorgung, wollte den Schritt zur endgültigen Selbstständigkeit als Sattler-Tapezierer tun und so gut verdienen, dass sich ihr Alter sichern liess. Er war bereit, hart zu arbeiten für Angeli und die Kinder. Das alles wollen zu können, war heute seine Freiheit. Paradox, dachte er, da bleibt keine Zeit mehr für lange Touren und stundenlanges Fischen. Dann lachte er plötzlich und sprach laut ins Panorama: «Ich hätte geradeso gut ein chronischer Tippelbruder, ein Philosoph der Landstrasse, werden können.»

Den Vierzigsten hatte Fredi bereits ein paar Wochen hinter sich, als er an einem Samstag zu Hause um zwölf in den zweiten Stock stieg. Es roch wie üblich im Treppenhaus, abgestanden nach Kohl und Bohnerwachs.

«Der typische Kosthausgeruch», begrüsste er Angeli.

«Nein, nach Armut riecht es!»

Er hatte den ganzen Vormittag in seiner Budik gearbeitet, am Nachmittag, sagte er, werde er Max helfen, der dringend zwei Matratzen zu liefern habe.

In Oberhittnau erwartete ihn der Bruder, er hatte Material und Werkzeuge bereitgelegt.

«Zuerst gibt es aber Kaffee.» Fredi erzählte, dass der Hittnauer Gemeindeschreiber für ihre Mutter einen Altersheimplatz gefunden habe, in der «Blumenau» im Tösstal. Dank der neu eingeführten AHV und Hermines Ersparnissen würden die Kosten gedeckt sein.

Danach setzte sich jeder hinter einen der bauchigen Säcke, und sie begannen schweigend die Bourrelets zu nähen. Die Stille wurde um vier von Fredi unterbrochen. Angeli habe ihm einen Zvieri mitgegeben. Er packte eine fettige Tüte mit zwei Berlinern aus.

Max füllte die Kaffeetassen von neuem, und Fredi wollte wissen, was es mit seiner Schlägerei von jüngst auf sich habe, man könne ja nicht alles glauben, was erzählt werde. Das habe sich also herumgesprochen. Er wisse ja, s Zenzi im «Frohsinn», die neue Serviertochter, das sei jetzt einmal eine Frau, die ihm gefalle. Und er habe Chancen bei ihr. Doch habe ihn eines Abends so ein grosser Turnerlümmel provoziert. Er habe ältere Rechte, Max solle verschwinden. Er habe ihn tatsächlich hinauswerfen wollen. So schnell habe der gar nicht zupacken können, da habe er ihm bereits ein paar reingehauen auf Kinn und Solarplexus. Danach habe man ihn auszählen und heimschicken können. Er werde wohl so bald nicht wieder auftauchen.

Ab Herbst 1949 bereiteten sich die Gislers auf weiteren Nachwuchs vor. Im April traf Nonna Lina aus Rossino ein, um der Schwangeren beizustehen. Mitte Mai, sie hatten sich auf die Namen Hans oder Heidi geeinigt, wiederholte sich der Ausgang der ersten Schwangerschaft. Verkehrt herum, verwickelt, die Natur gnadenlos. Die gelegentlichen Spaziergänge zum Hittnauer Grab wurden ergänzt durch die neuen regelmässigen Besuche beim kleinen Hans unter den Trauerweiden des Pfäffiker Friedhofs.

Fredi spürte die Pein seiner Frau, unterdrückt in der Hausarbeit. Beide sehnten sich nach einer tröstenden Umarmung, ihm mangelte die Behutsamkeit, und sie misstraute der Berührung. Sie hatten gelernt, mit dem eigenen Schmerz allein zu sein, ihn zu begraben wie eine Leiche im Keller. So kamen sie beide gut durch die Tage, nur nachts gab es kein Entrinnen.

Vor elf Jahren, auf dem Hügel in Dürstelen, war er auf den Geschmack gekommen. Planen, abbrechen, graben, Pflaster mischen, Steine setzen. Nun sollte die Leidenschaft neue Nahrung bekommen. Er hatte überall herumerzählt, er suche ein grosses, altes Haus mit Garten. Im Sommer 1950 sprach ihn der Meister der Nebenabteilung in der Huebi an und erzählte, seine Schwägerin habe just so ein Haus zu verkaufen. Am selben Abend noch liess sich Fredi den breiten Flarzteil – Wohnhaus, Scheune und Stall – sowie das Garten- und Wiesland an der Dorfstrasse mitten in Irgenhausen zeigen, elfhundert Quadratmeter. Zwanzigtausend Franken verlangte die Frau, fünftausend als Anzahlung, den Rest in Raten.

«Ich bin einverstanden», ohne Zögern streckte ihr Fredi die Hand hin.

An jenem Abend sassen er und Angeli bis spät in der Kosthausstube. Sie war aufgewühlt. Sie hatten ein Haus gekauft – Fredi hatte ein Haus gekauft.

«Du hast ohne mich entschieden, obwohl ich auch darin wohnen soll.»
«Es musste schnell gehen. Du hast recht, wir gehen morgen vorbei und schauen es an.»

Je länger andertags der Rundgang dauerte, desto beklommener schien sich Angeli zu fühlen. Alles war alt, nieder und düster. Die Scheune mit dem Plumpsklo, der Stall und die Winde waren mit Spinnweben verhangen, und überall hatten sich die Jahre in grauen Schichten abgelagert. Die Küche war ein fensterloser Raum mit eiserner Chouscht neben einer geschmiedeten Tür für den mächtigen Kachelofen aus dem vorletzten Jahrhundert. Es sei nicht der erste Ofen, sagte die Besitzerin. Im ersten Stock und in der Winde waren Ständer, Balken und Bretterwände dick verrusst. In Zeiten vor dem aktuellen Kamin hatte der Rauch auf seinem freien Weg durchs Haus und aus dem Dach die aufgehängten Speckseiten und Würste zu räuchern, die gelegentlich an den Haken der Kleinbauern gehangen hatten.

Während der Exkursion begann Fredi laut Pläne zu entwerfen und die dunkle Kulisse in helle Töne zu tünchen. Es brauche eine neue Küche, am besten da, wo jetzt der Stall sei, das Plumpsklo werde durch ein modernes WC ersetzt, eine Waschküche werde es geben, und die Scheune baue er zur Werkstatt und zum Lager um. Fredi geriet in Begeisterung, Angeli rauchte der Kopf, und die alte Besitzerin schmunzelte. Auch ihr Mann selig habe damals beim Kauf prächtige Luftschlösser gebaut.

Nach dem Umzug an die Dorfstrasse hatte Erika in die benachbarte Quartierschule einzutreten, in der es nur ein einziges Klassenzimmer gab. Dort fand sie sich auf einer der Holzbänke an einem Pult voller Tintenkleckse neben einem blond bezopften Mädchen. Angeli hatte sie dem Lehrer vorgestellt, der die erste bis dritte Klasse zu bändigen hatte. Hinterher berichtete sie Fredi, der Lehrer sei freundlich gewesen, aber ernst. Als Erika später erzählte, er habe sie mit dem Lineal auf die offene Hand geschlagen, weil sie zum Fenster hinausgeschaut habe, fand sie kein Mitgefühl. Das habe auch ihnen nicht geschadet, war Fredis Kommentar. Sie habe es sicher verdient, assistierte Angeli.

Mitten im Dorf an der Hauptstrasse lag das Pestalozziheim, wo Trudi wohnte und die Schule besuchte. Es gefiel ihr gut, sie durfte für die Kaninchen sorgen, erfuhr Zuwendung, wusste, was galt, und wurde nicht geschlagen. Sie erlebte zum ersten Mal Beständigkeit. Trotzdem vermisste sie die Familie, die Schwester, vermisste die richtige, abwesende Mutter, die eigentlich nur noch eine unbestimmte Idee war, etwas, das man ihr weggenommen hatte. Kam Trudi in den Ferien an die Dorfstrasse, erzählte sie vor allem von den pelzigen Nagern. Erika aber schien ihre seltene Gegenwart als Störung zu empfinden. Als Fredi Zeuge wurde, wie Angeli beide ohrfeigte, schimpfte er laut und solidarisch mit, Gopfridstutz, sie hätten zu parieren. Der kleine Hans Peter erschrak und begann zu weinen. Sie wisse nicht, was tun, klagte Angeli, wenn Trudi da sei, werde Erika unausstehlich.

Bauen wurde an der Dorfstrasse 14 zum Alltag. Fredi tobte sich aus. Er schaffte es, seine Kräfte zu ermüden, bevor sie andrentags wieder erblühten, um so dem alten Flarz Jahr für Jahr die Annehmlichkeiten abzuringen, von denen er und Angeli träumten. Weil für einen Bauarbeiter Staub, Sand, Mörtelreste und deren Verschleppung nichts Widernatürliches waren, litt Fredi nie unter den Nebenfolgen der Dauerrenovation. Ganz anders erging es Angeli. Sie klagte aber nicht nur über den ewigen Dreck:

«Für das Bauen hast du immer Zeit, wenn ich von dir etwas wünsche, bist du gerade beschäftigt.» So verteufelte sie erst jedes neue Vorhaben, welches so sicher kam wie der Frühling nach dem Winter. War das Ergebnis aber sichtbar, der Dreck weggeräumt, berichtete sie davon mit Stolz in einem Brief an Emmely Rudin.

Fredi plante, organisierte, stellte Arbeiter ein und machte sich die Hände selbst schmutzig. Später würde er damit kokettieren, dass er vielen Fachleuten «ins Handwerk gepfuscht» habe. Gelernt habe er das bei den Flaachemer Kleinbauern, die kein Geld hatten und keinem Fachmann über den Weg trauten.

Das Haus warf die wurmstichige Bretterhülle von Stall und Scheune ab, wuchs Backstein um Backstein auf dem neuen Betonfundament wieder in die Höhe. Jedes Wochenende werkte er auf der Baustelle mit einem Arbeitskollegen und, einem Tipp der Nonna folgend, mit zwei Valsecchi-Cousins von Angeli. Sie gehörten zum Heer der italienischen Gastarbeiter, die ungeliebt, aber tüchtig grosse Teile der Schweiz neu bauten – Wohnungen, Spitäler, Schulen, Nationalstrassen. Die beiden lehrten Fredi das fachgerechte Mauern mit Backsteinen.

Einer der Cousins spasste regelmässig mit dem neugierigen Hans Peter, warf ihn in die Höhe und fing ihn wieder auf, sodass der Kleine vor Vergnügen quietschte. Als er ihn aber einmal wie ein Flugzeug über dem Bauabgrund schweben liess, begann der Bub zu schreien, woraufhin sofort wie ein Racheengel Mutter Angeli auftauchte und dem lustigen Valsecchi die Leviten las.

«Vergiss es», tröstete Fredi den Abgekanzelten, «sie behütet ihren Kleinen wie eine Glucke das Ei.»

Ein anderer Lehrmeister, ein Baupolier mit einem umfassenden Repertoire an Baustellenflüchen in zwei Sprachen, zeigte ihm, wie er mit ungelöschtem Kalk einen Kamin in die Höhe zu ziehen hatte.

Die Bauarbeiten machten rasch Fortschritte, und der Flarz, dessen Baujahr von der Bauernhausforschung auf 1650 geschätzt wurde, schien aus einem Dornröschenschlaf zu erwachen. Was für Menschen mochten hier gelebt haben, spukten sie noch um die alten Balken, und würde er sie beim Bauen vertreiben? Es täte ihm leid.

Im Lenz 1951 konnte Fredi endlich das Dürstelerhaus verkaufen und die nächste Rate für das Haus überweisen.

Kurz vor Frühlingsbeginn, an einem Sonntagmittag, man war daran, die leer geputzten Teller abzuräumen, klopfte Max an die Tür.

Er wolle einfach schnell vorbeischauen, fragen, wie es ihnen gehe. Ob sie Zeit hätten.

Angeli tischte Kaffee auf, und es reichte auch für den Gast zu einer Meringue mit Schlagrahm.

«Und was führt dich wirklich zu uns?», wollte Fredi wissen.

«Ich werde heiraten.» Max grinste.

«Heiraten – wann kommt das Kind?»

«Kein Kind, aber Negel mit Chöpf! Dann wissen auch die letzten Turnerlümmel, dass Zenzi zu mir gehört.»

Im Mai 1951 segnete der Hittnauer Pfarrer ihren Bund und hoffte, wie so oft, auf neue Schäfchen.

Angeli hatte den Vorrang der Werkstatt vor einer neuen Küche schweren Herzens akzeptiert. Im späten Herbst sägte und hämmerte Fredi den Riemenboden in die neue Budik, der Elektriker montierte Neonröhren und der Schreiner die Zugangstür. Die Wände strich Fredi eigenhändig, auch die Tür lackierte er. Dann begann er mit Velo und Anhänger Werkstatteinrichtung, Material und eine angefangene Matratze an die Dorfstrasse zu transportieren. Ein Katzensprung, ein Dutzend Mal wiederholt. Alles, was sein Handwerkerherz begehrte, brachte Fredi in einem mächtigen Bauernschrank unter – Werkzeuge, Gurte, Nägel, Leim, das ganze Kleinmaterial. Dazu kamen ein Arbeitstisch, die Zupfschaukel und im nebenan gelegenen Abstellraum die Regale mit Rosshaar- und Seegraszöpfen, Stoffrollen und Bettfedern. Im Budget stand überdies für kommendes Jahr eine Nähmaschine. Bald würde er im eigenen Haus, in der eigenen Budik, seine erste Matratze nähen, das erste Möbel polstern.

Die dringendsten Wünsche Angelis aber waren ein zivilisiertes WC, ein Bad und die neue Küche. Vielleicht sei die alte vor hundertfünfzig Jahren ein Hausfrauentraum gewesen, sagte sie, aber heute sei sie ein Albtraum.

Ofentür, Chouscht, steinerne Spüle und ein uralter Elektroherd füllten den dämmrigen Raum mehr als zur Hälfte. Hielt Angeli den Waschtag meist im Brunnen vor dem Haus, verlegte sie ihn bei schlechtem Wetter und im Winter in die Küche. Es wurde dann noch feuchter und muffiger als sonst. Ein Teil des Problems löste sich dauerhaft, als die Sennereigenossenschaft im Quartier ein öffentliches Tiefgefrier- und Waschhaus einrichtete, in dem die schmutzige Wäsche für wenig Geld in lochkartengesteuerten Automaten sauber wurde – eine technische Revolution.

Sie hatten ihre Versuche wieder aufgenommen, die Angeli nach den traurigen Erfahrungen nicht unbeschwerlich fand. Sie, angetrieben vom immer noch grossen Wunsch nach dem zweiten eigenen Kind, und Fredi, der den Wunsch willig teilte, vor allem von seiner nie erlahmenden Libido. Im frühen Sommer 1952 begann eine vierte Frucht zu wachsen. Bereits im September aber verlor Angeli Blut, sie war rasch erschöpft, hatte viel zu liegen, und der Arzt verabreichte Spritzen. Die Nonna war erneut ohne Verzug aus dem Süden angereist. Im frühen November wurde Angeli ins Spital gebracht, der Arzt befürchtete, zu Recht, wie sich erwies, die Ablösung der Nachgeburt und verordnete strikte Bettruhe. Fredi war dankbar über die Hilfe der Schwiegermutter aus Rossino. Sie übernahm zu Hause resolut das Regime, und er liess sie gewähren. Erika klagte, dass plötzlich vieles verboten sei, was Mama erlaubt habe, dass die Nonna sie schlage wegen nichts. Hans Peter stimmte ihr zu. Sonst war Erika oft wütend auf den verwöhnten Bruder, aber nun waren die zwei ein Herz und eine Seele. Fredi arbeitete den ganzen Tag in der Gummifabrik und am Abend in der Budik. Er brauchte die Nonna. Gegen Ende Monat durfte Angeli ungebrochener Hoffnung heimkehren. Eine Woche später lag sie schon wieder im Krankenhaus. Aber dann kam sie endgültig zurück – ohne Kind.
«Ist es tot?», fragte Erika.
«Was ist das, tot?», echote Hans Peter.
«Päuli ist im Himmel», sagte die Mutter, sie wandte sich brüsk ab.
Die Kinder wussten mittlerweile, dass der Himmel unter alten Bäumen mit traurigen Ästen lag. Aber beim nächsten Friedhofbesuch in Pfäffikon fand sich kein Päuli, denn er war zu klein gewesen für ein eigenes Grab.

Man warnte vor einer weiteren Schwangerschaft und riet zur Entfernung der Gebärmutter, Angeli liess es über sich ergehen. Sie schien stumpf geworden zu sein vor Schmerz und begrub ihre Gefühle. Fredi, hilflos, wusste ihr nicht beizustehen. Wenigstens körperlich überwand Angeli allmählich die Strapazen.

Lange später, nachts nach angeregtem Abendpalaver, schob Fredi sich über den Spalt zwischen den Matratzen auf Angelis Seite, küsste sie auf die Wange und versuchte sie zu umarmen. Sie zuckte zusammen und wich zurück.

«Es geht nicht mehr.»

«Aber wir ...»

«Ich mag das nicht mehr.»

Irgendwann gab er die immer zaghafteren Annäherungsversuche auf und erinnerte sich an die Behauptung eines Arbeitskollegen, mit einer Italienerin sei es aus, wenn sie ihre Bambini habe. Er wusste, es war ein dummer Spruch, trotzdem nistete er sich in seinem Kopf ein.

In Angelis Kopf dagegen erwachte der böse Satz der Mutter zu neuem Leben. Sie schrieb Emmely Rudin:

Manchmal glaube ich auch, dass die Männer immer nur das Eine wollen. Ich brauche jetzt meine ganze Kraft für Hans Peter und die Mädchen, den Haushalt und die anderen Pflichten.

Angeli hatte nach der Operation Emmely in Reinach besucht. Auch sie hatte drei Kinder verloren. Anstelle der letzten Reste alten Grolls wuchs gegenseitiges Mitfühlen.

«Ich kann sie heute viel besser verstehen», sagte sie zu Fredi nach ihrer Rückkehr, «so etwas zu erleben, ist schrecklich. Ich habe ihr auch erzählt, dass es nun fertig ist mit dem Schwangerwerden.»

«Das ist sicher gut so.»

«Und dass die monatliche Sache jetzt vorbei ist, macht mich froh», sagte sie.

Er aber dachte, und weil für sie damit auch das Schmusen vorbei ist, bin ich der Lackierte.

Im Matratzenstich nähte sich Fredi rund um einen rosshaargefüllten Sack und formte ihn allmählich zur Matratze. Stich für Stich und so routiniert, dass seine Gedanken sich mäandernd verloren. Doch, ich habe Angeli gern, aber die Romantik hat sich in Luft aufgelöst. Meine Leidenschaft fliesst in die Arbeit und ins Bauen. Aber es ist gut, dass sie sich um die Kinder kümmert, um die Erziehung. Er war zufrieden – zufrieden, zufrieden, wie ein Mantra drehten die Worte im Kopf –, es war mehr als erwartet. Das Bauen ging gut voran: letztes Jahr das neue WC und jetzt gar ein zweites oben bei den Schlafzimmern. Das neue Dach. Ja, das Bauen machte Freude. Fredi trieb die Nadel in die Matratze, zog das Garn fest, stach erneut zu, während die Gedanken vom Dach in den Garten sprangen. Es schien, als würden er und Angeli die Anbauschlacht aus dem Krieg wiederholen. Mit Ausnahme einiger schmaler Rabatten hatten sie gemeinsam das Land hinter dem Haus in Gemüsebeete verwandelt, hatten Spaliere für die Beeren aufgestellt. Sie hielten sich an seine bewährte Gemüsepalette und an Angelis Blumenträume. Schnell entwickelten sie eine leidenschaftliche Feindschaft gegen Steine, Schnecken und Unkraut. Auf die Nacktschnecken machte er mit einer alten Schere Jagd, Weinberg- und andere Häuschenschnecken dagegen sammelte er und setzte sie weit vom Haus am Waldrand aus. Ein Lächeln schlich sich in Fredis Gesicht, als er an Angelis Bemühungen dachte, den Garten so sauber und ordentlich zu halten wie die Stube. Ihm lag mehr am Experimentieren und vor allem an der Ernte.

Sorgen machte ihm, dass sich Angeli immer mehr durch schmerzende Gelenke behindert fühlte. Arthritis, habe der Arzt gesagt und zu einer Badekur geraten. Fredi aber legte ihr die Coué-Methode ans Herz. «Es geht mir mit jedem Tag in jeder Hinsicht immer besser und besser.» Sie hielt sich aber lieber an den Doktor.

Angelis eigenes Fleisch und Blut, der einzige Überlebende. Erst hatte er nachts dauernd geschrien, später stets an Mamas Schürzenzipfel gehangen. Angeli hatte ihn verwöhnt, aber sie hatte von Fredi mehr Beschäftigung mit Hans Peter erwartet. Immerhin hatte er nun das Kriechen und den wackeligen Gang hinter sich, rannte herum und war neugierig. Wenn er grösser wird, dachte Fredi, kann ich mit ihm Pilze suchen, fischen und velofahren – so wird er ein richtiger Bub.

Sie waren Fremde in Irgenhausen – es würde dauern, bis sie dazugehörten. Ein, zwei Generationen hatte einer geunkt. Fredi kümmerte das wenig, solange sie respektiert wurden. Für den Besuch der Rudins kaufte Angeli im Molkereiladen für einmal etwas Besonderes. Die Ladenbesitzerin nannte den Preis, und gut hörbar für alle fragte sie, ob Frau Gisler sich das überhaupt leisten könne. Wieder zu Hause, schluchzte Angeli, sie habe sich so geschämt.

Fredi versuchte sie zu trösten. «Sie ist missgünstig, weil wir ein eigenes Haus haben.» In seinem Innern aber brachen alte Wut, Trauer und Scham auf.

Fredi vergass die Geschichte rasch, mehr Kummer bereitete ihm die Zukunft Trudis. Sie wurde sechzehn. Die Schulzeit im Pestalozziheim ging zu Ende. Die letzten Jahre hatten an Fredis Überzeugung, sie sei geistig vom selbstständigen Leben überfordert, nichts geändert. Zu Hause redete sie wenig, sie schien schwer von Begriff und oft teilnahmslos zu sein. Weil Trudi während der ganzen Schulzeit mit Geschick und Liebe Heimtiere betreut hatte, sollte sie daher ein Jahr bei einem Bauern arbeiten.

Im Sommer besuchten Angeli und Fredi die Tochter im Thurgau. Der Lochmühlehof lag an einem Bach, der früher ein grosses Schaufelrad angetrieben hatte. Sie trafen auf eine Familie mit zwei Kindern und viel Lob für Trudi: Sie habe alles gelernt, das Mähen, Grasen, Melken, Füttern. Sie möge die Tiere, sei gut zu allen, berichtete die Bäuerin. Um fünf Uhr dreissig stehe man auf, um sechs gehe die Arbeit los, um acht gebe es Rösti und Kaffee, am Sonntag ein Café complet. Wenn Trudi im Stall fertig gemistet und frisches Stroh gelegt habe, hole sie mit Pferd und Wagen das geschnittene Gras. Auch im Garten helfe sie, mache alles wie ein Knecht. Es sei harte Arbeit, aber es mache ihr Freude, und sie mache es gut. Man könne ihr vertrauen, und man habe sie gern.

Angeli war verblüfft. Sie hatte gedacht, man würde über Trudis schwieriges Wesen klagen. Wenn sie immer draussen sei, lerne sie doch nichts für den Haushalt, wandte sie ein. Auf einem Hof wie diesem, sagte die Bäuerin, müssten alle überall anpacken. Manchmal sei Trudi auch in der Küche. Sie seien eine Arbeitsfamilie, und sie gehöre ganz dazu, sei kein Dienstmädchen.

Wieder heimgekehrt, beschlossen sie auf Angelis Drängen, dass Trudi nach diesem Jahr auch noch ein Haushaltslehrjahr machen sollte. Weil ihr das Leben auf dem Bauernhof offenbar gefiel, suchte Fredi eine entsprechende Stelle und wurde in Dürstelen auf einem kleinen Hof fündig. Trudi kam widerstrebend zurück, sie weinte, wäre gern bei der Thurgauer Familie geblieben.

«Jetzt ist es so und damit basta», sagte Fredi. Widerspruch, vor allem, wenn er nicht zu widerlegen war, machte ihn unsicher und wütend. Ich bin ja verantwortlich für sie, dachte er.

Fredi eröffnete Angeli, er werde in der Gummifabrik kündigen, um im März oder April den endgültigen Schritt in die Selbstständigkeit zu tun.

«Bist du sicher, ohne die Huebi genug zu verdienen? Ich habe doch das Auf und Ab der letzten Jahre beobachtet.»

«Ich werde Werbung machen, und ich habe einen Plan. Ich werde dir davon erzählen, wenn alles klar ist.»

Ihn trieben noch ganz andere Sorgen um. Für Juni 1954 war eine Abstimmung angesetzt. Bundesrat und Parlament hatten beschlossen, nur wer einen Fähigkeitsausweis besitze, dürfe sich als Sattler, Schuhmacher, Wagner oder Coiffeur selbstständig machen. Fredi und Max fanden das einen skandalösen Eingriff in die Gewerbefreiheit, sie beide waren davon betroffen. Duttweilers Landesring hatte das Referendum ergriffen. Fredi hatte gehört, wenn einer bereits ein Geschäft betreibe, werde ihn das neue Gesetz nicht betreffen, aber Sicheres wusste er nicht. Jedenfalls wollte er sich deshalb noch im Frühling selbstständig machen.

Diese politische Sauerei, wie er es für sich nannte, hatte den alten Groll gegen «die da oben» wieder geweckt, ungute Gefühle nagten an ihm. Aber damit wollte er Angeli nicht verängstigen.

Einige Wochen später legte Fredi drei Blätter auf den Stubentisch, gefüllt mit Zeilen und Zahlen. «Es geht vielen Leuten heute gut und immer besser, sie kaufen neue Möbel, und die alten wollen sie loswerden», erklärte er ihr. «Diese kaufe ich billig auf, richte sie wieder schön her und nähe zu alten Bettgestellen neue Matratzen.»

«Wer soll das kaufen, wenn doch alle Leute neue Möbel wollen, wie du sagst?»

«Das ist der Punkt! Es kommen immer mehr Italiener als Fremdarbeiter in die Schweiz, und die haben kein Geld für Neues, aber für schöne Occasionen. Und auch die Schweizer sind nicht alle reich. Ich werde im «Gelben Heft» und im «Tages-Anzeiger» inserieren. Jetzt muss ich öffentlich zeigen, dass ich eine Firma habe, für den Fall, dass dieses neue Gesetz angenommen wird.»

Etappe eins aus Fredis Plan war ein Erfolg. Bald lagerten Wagenladungen gebrauchter Möbel im ausgedienten Geissenstall eines alten Bauern im Quartier.

Mit Elan laugte er die Stücke ab, schreinerte, hämmerte, malte, lackierte, nähte Matratzen und schrieb mit grossen Erwartungen Inserate für Etappe zwei. Eine steile Klippe für den Geschäftserfolg waren die PTT, die Post-, Telefon- und Telegrafenbetriebe, gewesen. Man hatte ihm zuerst einen eigenen Telefonanschluss verweigert, er könne an jenem des Nachbarn teilhaben. Gemeinsam, Nachbar und Fredi, setzten sie separate Anschlüsse durch. Darauf schraubte ein Elektriker an zentraler Stelle im Korridor einen schwarzen Kasten mit Wählscheibe, Gabel und Hörer an die Wand. Kaum waren die Inserate erschienen, klingelte es im Korridor mit jener Regelmässigkeit, mit der die Amsel im Garten ihre Lieder anstimmte. Fredis Strategie war erfolgreich. Die aufgefrischten Möbel und Matratzen reisten per Spedition in die halbe Schweiz. Mit geringen Margen zwar, aber in grosser Zahl.

Am zwanzigsten Juni 1954, exakt am fünfundvierzigsten Geburtstag Fredis, hatten die Schweizer über die gefürchtete Vorlage zu entscheiden. Angeli buk einen grossen Gugelhopf und krönte ihn mit vier roten und fünf weissen Kerzen. Auf die Resultate mussten sie bis zu den Abendnachrichten warten. Eine erstaunlich grosse Anzahl Stimmbürger befürwortete die Einschränkung der Freiheit. Aber doppelt so viele waren dagegen. Fredi rief Max an, sie gratulierten sich. Der Gugelhopf schmeckte wie nie ein anderer zuvor.

Tags darauf assen sie nach dem Mittagessen als Dessert die Reste des Kuchens. «Es gibt noch mehr zu feiern», platzte Angeli heraus, sie schwenkte die «Zürcher Oberländer Zeitung» und las Fredi, den Kindern und Hermine einen Bericht vor:

SCHACH – Sensation im Bachtelcup 1954
Der Final des diesjährigen Turniers um die Zürcher Oberländer Cupmeisterschaft endete in der Meisterklasse nach einem beinahe gigantischen Ringen von 8½ Stunden Spieldauer mit einer riesigen Sensation. Der Wetziker Klubmeister Hans Gisler besiegte den fünfmaligen Zürcher Oberländer Meister Jakob Trachsler jun. aus Pfäffikon.

«Ich staune, Hans ist wirklich ein kluger Kopf.» Fredi war beeindruckt.
Das Grosi, wie Mutter Hermine von den Kindern genannt wurde, machte für eine Woche Ferien an der Dorfstrasse – Erholung vom Altersheim. Sie klagte über das Essen in der «Blumenau», über die anderen Alten und über die Pflegerinnen. Ob er mit dem Leiter reden solle, fragte Fredi. Nein, nein, auf keinen Fall, sie müsse es sonst ausfressen. Er war ratlos. Nach den Besuchen im Heim hatte sich Angeli jeweils über die dürftige Sauberkeit und den Geruch geärgert – nach Kohl, Schimmel und Pisse roch es und nach alten Leuten, hatte Hans gesagt. Trotzdem waren sie froh, dass die Mutter einen Ort hatte.

Nur Tage danach stürmte Angeli in die Werkstatt: ob er die Inspektion vergessen habe. Alle zwei Jahre hatte er seine militärische Ausrüstung an einem eigens dafür veranstalteten Dienstanlass überprüfen zu lassen. Angeli erzählte, dass Nachbarn in Uniform, mit Gewehr und Tornister Richtung Schulhaus marschiert seien. Fredi rief den Kreiskommandanten an, der die Vermutung bestätigte, ihm aber die Möglichkeit bot, das Versäumte anderntags mit der nächsten Welle nachzuholen. Man hatte ihn immer als untauglich eingestuft wegen des Handicaps und während des Kriegs in eine Werkkompanie eingeteilt, ohne Waffe.
«Du hast zwar einmal erzählt, dass du dich mehrmals stellen musstest, aber nie, warum sie dich selbst im Krieg nicht aufgeboten haben», stellte Angeli fest.

«Sie haben es versucht. Das letzte Mal waren es zwei Offiziere, ein Infanterist und ein Arzt. Der eine hat mich gefragt, ob ich mich nachts auf dem Feld bewegen könne. Im ebenen Gelände, mit einer guten Taschenlampe sei das kein Problem, habe ich gesagt. Die beiden haben einen kurzen Blick getauscht. ‹Das hat keinen Sinn, Gisler›, hat der Infanterist gesagt, und der Doktor hat dazu genickt. Damit war ich zufrieden.»

«Du hast dich also naiv gestellt und dein Ziel erreicht, du, der nächtliche Wilderer.» Angelis Gesicht drückte die seltsame Mischung von Bewunderung und Missfallen aus.

Es sei doch heute auch in ihrem Interesse. Militär wäre eine teure Sache, er würde als Selbstständiger im Dienst fast nichts verdienen.

Aber es sei doch Dienst am Vaterland.

Welches Vaterland sie meine, das seines Vaters Emil, das seine Halbwaisen bei Alkoholikern und Chnoorzis versorgt, oder jenes, das ihren Vater ausgeschafft habe. Sie solle ihm Gopfridstutz nicht mit dem Vaterland kommen.

«Aber wenn wir richtig in einen Krieg verwickelt würden.»

«Dann liesse ich mich aufbieten, aber nicht fürs Vaterland, sondern für dich und die Kinder.»

«Du musst nicht gleich wütend werden.»

«Bei diesem Thema werde ich verdammt noch mal wütend, du weisst doch, wer vor ein paar Jahren an der Grenze stand und wer, als es brenzlig wurde im Mai 1940, mit Sack und Pack im vornehmen Auto in die Berge flüchtete, ins Reduit. Fürs Vaterland! Dass ich nicht lache.»

Angeli schnitt das Thema nie wieder an. Fredi hätte ihr erzählen können, dass er fürs Vaterland sportlichen Militärdienst geleistet hatte. Zu Beginn des Krieges lief in der Huebi die Produktion von Velopneus für die Armee an. Er wurde im Juni 1940 als Testfahrer eingesetzt und spulte Tagestouren über hundertachtzig Kilometer ab.

Nach dreiviertel Jahren lief Trudi dem Dürsteler Bauern davon. Sie wurde von der Polizei auf dem Weg in den Thurgau abgefangen und zurückgebracht. Sie klagte, der Bauer schlage die Tiere und auch sie. Später musste Lohn nachgefordert werden, vor dessen Bezahlung der Mann sich drücken wollte. Danach besorgte Fredi der bald achtzehnjährigen Tochter eine Stelle in einer Schuhfabrik, wiederum ohne sie um ihre Meinung zu fragen. Nach über einem Jahr in der Produktion holte der Betriebsinhaber die junge Frau in seine Familie als Haushaltshilfe. Wochen später hinterbrachte ein Nachbar Fredi, Trudi lungere am Abend mit einem Jüngling herum. Fredi reklamierte beim Arbeitgeber, der einwandte, man müsse dem Mädchen Freizeit gestatten. Fredi sprach mit Trudi und verbot ihr den Kontakt mit Burschen, er wolle sie nur schützen, wolle nicht, dass sie mit einem Kind nach Hause komme.

Trudi versuchte sich zu wehren, man habe nie über das Kinderkriegen geredet, weder zu Hause noch im Heim, und an Angeli habe sie auch kein Vorbild gehabt. Da sah Fredi rot, dachte, sie wolle ihn und Angeli entzweien – jäh explodierte er und ohrfeigte sie heftig. In seiner Hilflosigkeit suchte er den Amtmann auf, der ihn seinerzeit im Scheidungsprozess beraten hatte, schilderte Trudis Beschränktheit, von der er nach wie vor ausging, seine Ängste und ihre Gefährdung als Mädchen. Am besten schicke man sie in ein Heim, da habe man ein Auge auf ihren Lebenswandel, und sie könne sich finden und erwachsen werden, riet ihm der Beamte. So wurde Trudi wieder versorgt, diesmal in Walzenhausen, im Appenzellischen, in einem Heim der Heilsarmee, von wo aus sie in einer nahen Stickerei zu arbeiten hatte. An ihrem zwanzigsten Geburtstag verschwand sie. Das Rätsel löste sich bald. Fredis ehemalige Frau Gertrud verlangte via Anwalt die Herausgabe von Trudis Sparheft. Trudi lebe nun bei ihr. Fredis Wut war gross und hilflos. Angeli hörte ihn in der Werkstatt fluchen. Aber er wusste, es war nichts auszurichten. Trudi war volljährig, es lag nichts gegen sie vor, und sie war freiwillig mitgegangen. Es gehe dieser Frau nur um Trudis Geld. Angeli ärgerte sich vor allem darüber. Sie hatten doch für ihre Zukunft gespart. Wieso war Trudi nur so undankbar? Nach dem Abflauen der ersten Erregung begann Fredi darüber zu grübeln, ob sie nicht doch etwas falsch gemacht hätten. Sie hat nie ein Zuhause gehabt, dachte er.

«Übermorgen kommt Besuch», erinnerte Angeli ihren Mann, «kannst du einen Chüngel metzgen?» Mit dem Bolzenschussgerät beförderte er die Kaninchen jeweils ins Jenseits und zog ihnen routiniert das Fell vom Leib. Angeli hatte sich das nie ansehen wollen. Sie liess sich das geschlachtete

Tier ohne Kopf und ohne Pfoten bringen und zerlegte es in tellergerechte Stücke.

Es war ein Flaachemer Bubentraum gewesen, aber dann war der Vater gestorben und der Traum geplatzt. Der kleine Fridli hatte zur Selbstversorgung beitragen wollen. Nun hatte Fredi einen Stall gebaut mit einem Dutzend Abteilen und zwei junge Pärchen angesiedelt. Zur Freude der ganzen Familie vermehrten sie sich rasch. So kam zuweilen an Sonn- und Festtagen Fleisch auf den Tisch. Leben und Tod werden so für die Kinder anschaulich, dachte Fredi. Erika und Hanspi, wie der Bub im Quartier und in der Schule genannt wurde, durften je einem der Tiere einen Namen geben und es so vor dem Messer bewahren. Fredi verpflichtete Hanspi, er war nun zehn, einen Anteil am regelmässigen Misten des Stalls zu leisten. Er zeigte ihm, wie er vorzugehen hatte, indem er einen der Chüngel am Balg aus dem Abteil hob und ihn in ein freies nebenan setzte. Vom Rost kippte er die Grasreste in die bereitgestellte Schubkarre und fegte ihn sauber. Dann zog er sorgfältig das Blech mit Kot und Urin aus dem Abteil, entleerte auch dieses, säuberte es mit Wasser aus der Giesskanne, um wieder alles hineinzuschieben. Zum Schluss legte er einen Armvoll Gras oder Heu auf den Rost und hievte das Kaninchen zurück in seine Wohnung. Der Junior übernahm periodisch die Stallpflicht, erstaunlicherweise ohne zu murren und über Jahre.

Zur Familie gesellten sich früh eine vierfarbige Katze und aus deren Würfen ein mächtiger roter Kater – Fredis Liebling. Sie lebten von Milch und Essensresten vom Familientisch und über den Sommer von Mäusen.

In der Wildnissaison des Roten, der nur im Winter zu Hause wohnte, spielte sich ein tägliches Ritual ab. Fredi fütterte frühmorgens die Kaninchen. Während dieser Arbeit näherte sich der Kater in freudigen Sätzen, sonst eine gesetzte Persönlichkeit und ein Eigenbrötler wie der Brotherr, und holte im steten Hin und Her, sich schnurrend an Papa Gislers Beine schmiegend, seine tägliche Ration Streicheleinheiten ab. Dieser morgendliche Freudensprint führte über eine wenig befahrene Strasse, die zwischen dem Geissenstall, wo der Kater zu übernachten pflegte, und dem Garten der Gislers lag. Eines Morgens ging das Katerleben abrupt zu Ende. Fredi hörte das Aufheulen eines Motors, und als der rote Kater nicht auftauchte, schwante ihm Übles, er hielt Nachschau und fand den schlaffen Katzenkörper am Strassenrand. Als er es beim Frühstück erzählte, wurden seine Augen feucht.

Die Mutter sorgte sich um ihren Buben, weil er nun oft mit den Nachbarskindern herumtollte. Es seien Lausbuben und Strolche.
«Ach lass ihn, er muss lernen, sich zu behaupten, das mussten wir auch.» Es würde ihm nicht schaden, etwas robuster zu werden, dachte Fredi.
Die Mutter dagegen befürchtete schlechte Einflüsse, und sie schien recht zu bekommen, denn in Sprache und Gebaren des Buben schlichen sich Schimpfworte und Prahlereien. Als die Verkäuferin des nahen Konsumladens sich erkundigte, ob er Schleckereien holen und anschreiben lassen dürfe, war Mama Angeli schockiert, und der Papa strafte solidarisch. Als der Bub in seinem Zimmer eine Art Bücher-, Büro- und Fantasiewelt schuf, dachte Fredi, er werde zum Stubenhocker, was ihm gar nicht passte. Hanspi spielte das Quartierleben im Miniaturformat nach eigenen Regeln. Zudem las er die greifbaren Bände der Büchergilde, die einen tagsüber, die verbotenen nachts unter der Bettdecke.
Fredi und Angeli spannten die Kinder in die vielen kleinen Haus- und Gartenarbeiten ein. Sie fanden, es bleibe genügend Freizeit. Hanspi reklamierte und schmollte, erledigte seine Aufgaben dann aber so schnell wie möglich, verdrückte sich und war nicht mehr auffindbar. Was Hanspi aber in den Garten zu locken vermochte, waren reife Erdbeeren und die unvergleichlich knackigen Karotten. Fredi hatte bereits dem kleinen Buben erlaubt, ab und zu ein Exemplar aus dem Boden zu ziehen und zu knabbern wie ein Chüngel.
Dass der Bub begann, sich an Streichen zu beteiligen, störte nur Angeli, es sei denn, es kostete. Ein zufälliger Steinwurf zerbrach einen Biberschwanzziegel auf dem weit hinunterreichenden Dach der nahegelegenen Schmiede. Angestachelt vom unerwarteten Erfolg, veranstalteten Hanspi und ein Nachbarsbub einen Wettbewerb und begannen systematisch zu werfen. Es klappte über Erwarten gut, fast jeder zweite Stein, er musste nur gross genug sein, schlug einen Ziegel in Stücke. Das sportliche Vergnügen dauerte, bis zwei Pranken die kleinen Lümmel von hinten am Kragen pack-

ten. Der Schmiedegeselle hatte die Zwischentöne vom Dach in seiner gehämmerten Musik erkannt und sich wie ein Indianer angeschlichen. Vor den alten Schmied gezerrt, kassierten sie Ohrfeigen. Danach erhielten Fredi und der Nachbarspapa den Besuch des Meisters, der eine Rechnung brachte und heftig schimpfte. Das reichte bei Gislers für eine weitere Ohrfeige und die Erleichterung des Sparschweins um einen Beitrag an die Ziegel. Spät am Abend, in der Stube bei einem Glas Wein, bemerkte Fredi zu Angeli, ein Bub müsse halt Erfahrungen machen. Ob das für das Mädchen von Max auch gelte. Am frühen Abend hatte nämlich Max angerufen und sie gebeten, Paten zu werden für Beatrix, am Nachmittag zur Welt gekommen.

«Er war ganz aufgeregt vor Freude, so habe ich deinen Bruder noch gar nie gehört», sagte Angeli.

«Ich mag es ihm gönnen, auch Zenzi, sie haben sich so lange ein Kind gewünscht.» Nun müsse er sich anstrengen, ein guter Götti zu werden, als Brieffreund habe er versagt, habe das Antworten vergessen, zehn Jahre – er wolle heute Abend Edi schreiben.

Edi hätte es ja auch noch einmal versuchen können, sagte Angeli.

Fredi las die alten Briefe, die voll waren von Klagen über Hunger, Preise, Wohnungsnot und davon, wie viel besser es doch Fredi in der Schweiz getroffen habe. War er, der verschonte Eidgenosse, der Wiederholungen müde geworden? Hatte er genug gehabt vom Elend des anderen? Noch am selben Abend schrieb er drei Seiten voll und schickte sie am nächsten Tag nach Wien.

Seit er vor bald sechs Jahren offiziell seine Firma gegründet hatte, führte Fredi ein dickes Geschäftsbuch, fast so gross wie eine Zeitungsseite, in dem er die Buchhaltung jeweils mit einem Prosabericht abschloss. Dort verzeichnete er Ungewöhnliches wie die Suezkrise 1956, während der die Aufträge eingebrochen waren und er zur Not einige Monate in einer Fabrik gearbeitet hatte, ebenso eine pessimistische ärztliche Diagnose von 1957 und die Empfehlung, den Beruf aufzugeben, die er zugunsten von Yogaübungen in den Wind geschlagen hatte, aber auch das fragile Befinden der Mutter in der «Blumenau». Nun setzte er einen neuen Titel: «Das Sterben der Mutter war eine brutale Sache.»

Im November 1959 schlief Hermine Gull im Spital Pfäffikon für immer ein. Sie hatte im Frühjahr einige leichte Schlaganfälle erlitten, sich aber wieder erholt. Im Oktober war sie nach einem Schwindelanfall gestürzt, wobei sie eine Schädelbasisfraktur erlitten hatte, was erst Wochen später im Krankenhaus festgestellt wurde. Der Heimarzt nämlich hatte entschieden, es sei nicht nötig, Hermine zu hospitalisieren. Anfang November stürzte sie erneut und brach sich einen Oberschenkel, was nun auch der Doktor erkannte. Sie verlor das Bewusstsein und wurde nach Pfäffikon gebracht, wo man zudem eine Lungenentzündung feststellte. Achtzigeinhalb Jahre hatte das wechselvolle Leben gedauert.

Fredi begrüsste zwei Dutzend Verwandte und Bekannte vor der Hittnauer Kirche, hinter der die Toten ruhten – auch ein kleiner Gisler, der nun zwölf Jahre später die Gesellschaft seiner Grossmutter erhielt. Der Sigrist unterbrach die gedämpft Redenden und bat sie in die Kirche, wo sie in den polierten, harten Holzbänken verstummten. Die Orgel löste die Glocken ab und leitete über zu den Ritualen. Fredi hatte für den Pfarrer einen Lebenslauf aufgesetzt, und dieser trug nun die Stationen eines aufopferungs- und arbeitsreichen Lebens vor.

Fredi aber hing eigenen Gedanken nach: Gegen ihre Männer war seine Mutter weich und nachgiebig gewesen, hatte sich selten durchgesetzt. Wichtig war ihr Sicherheit gewesen, so hatte sie sich von Gull heiraten lassen. Die letzten Jahre im Heim waren jammervoll und die Pflege mangelhaft gewesen. Er spürte Mitleid mit ihr, aber auch seine alte Wut. Mit der Heirat von Gull hatte sie die Buben endgültig aufgegeben. Wieso hatte sie nicht gekämpft?

«Wir stehen auf zum Gebet.» Fredi schrak auf und erhob sich.

Später standen sie um das Grab, und der Pfarrer sprach besinnliche Worte. Dann warfen die Trauergäste dem Sarg Blumen hinterher und blieben eine schickliche Weile gesenkten Hauptes im frischen Novemberwind stehen, der bunte Blätter über die Blüten streute.

Die Schar der Verwandten setzte sich bald zum Zmittag an Angelis Tisch. Die Sprache wurde freier, nach Suppe, Kartoffelstock, Kaninchenragout und Kalterer auch lauter, nach den obligaten Meringues mit Nidel gar ausgelassen und bisweilen obszön. Es wurde wild durcheinandergeredet und gelacht. Wenn am Vormittag das eine oder andere Auge feucht geworden war, so blieb nun keines trocken. Als die fröhlichen Trauergäste abgereist waren, machte man sich ans Aufräumen, und sogar Fredi half beim Abtrocknen des Geschirrs.

«Es ist doch eine Schande», meinte Angeli, «am Morgen wird Trauer geheuchelt, und am Nachmittag werden schlüpfrige Witze erzählt.»

«Ich weiss, einige haben dumme Sprüche gemacht, aber das Leben geht halt weiter.»

«Es ist schon gut, wenn es weitergeht, aber ein bisschen Respekt und Anstand würde dazugehören.»

Sie hat ja recht, dachte er.

Er setzte sich in die kühle Nachtluft auf die Bank vor dem Haus. Ob er nicht vergeben könne, sie sei doch nun tot, hatte ihn Angeli gefragt. Allein im Dunkeln, liess er die Tränen fliessen.

Gelegentlich stapfte Fredi in Begleitung des Sohns mit Korb, Sackmesser und Pilzbuch durch den Wald. Oder sie pedalten durchs Oberland wie an jenem Sonntag via Wetzikon, Uster an den Greifensee und an die Bluetmatt in Nänikon. Neben einem riesigen Baum stand ein Mahnmal in Form einer Pyramide mit aufgesetztem Hut und einer Gedenktafel. Ein Schlachtdenkmal für die unterlegenen Verteidiger der Festung Greifensee, denen die Eidgenossen im alten Zürichkrieg anno 1444 die Köpfe abgehauen hatten – Bauernsöhne und Familienväter, die für die Herren zu kämpfen hatten.

«Schon damals haben ‹die da oben› Kriege geführt, und die Kleinen mussten es ausfressen», sagte Papa Gisler, und er entnahm seinem Rucksack zwei Skizzenblöcke. Er werde eine Zeichnung machen von Baum und Denkmal, und wenn Hanspi mithalten wolle, solle er einmal zeigen, was er könne. Der Knabe liess sich animieren, und bald wurde verglichen, gelobt und korrigiert. Beschwingt vom gemeinsamen Tun, schlug er auf der Rückfahrt ein forsches Tempo an, das der Vater locker und still lächelnd mithielt. Er spottete nicht, als der Junior deutlich vor dem Ziel in Atemnot geriet, kämpfte, aber nicht klagte. Fredi war zufrieden.

1959 war ein wirtschaftlich gutes Jahr gewesen: schöne Aufträge, schwarze Zahlen. 1960 dagegen wurde ein Jahr der Prüfung. Fredi hatte beschlossen, im Garten, als Ersatz für das gemietete Möbel- und Heudepot, ein Werkstatt- und Lagerhaus zu bauen. Darin wollte er eine rationale Herstellung von Federkernmatratzen aufziehen, um der Möbelhauskonkurrenz, die Matratzen ab der Stange verschleuderte, die Stirn zu bieten. Wie Max fühlte er sich dem Vermächtnis ihres Vaters verpflichtet, Qualität zu liefern, ganz im Gegensatz zu dem Ramsch, den die schreienden Prospekte der Billiganbieter erwarten liessen. Dem mutigen Plan vorausgegangen war ein Besuch bei Max in der Ostschweiz, welcher ihm nicht nur mit Stolz den kleinen Marcel präsentiert, eben im März geboren, sondern auch den Arbeitsplatz und seinen Chef vorgestellt hatte. Mit einem Floh im Ohr war er heimgekehrt, mit der Idee der Federkernmatratze. Er hatte Aufzeichnungen erstellt, gerechnet, gestrichen, geändert, wieder gerechnet, und als er sich der Sache sicher war, erklärte er Angeli seinen Plan. Sie war so perplex, dass sie diesmal vergass, Risiken und Gefahren an die Wand zu malen. In zehn Jahren Planungs- und Bauzeit war alles stets nach seinem Kopf gelaufen, etwas anderes konnte sich Fredi auch jetzt nicht vorstellen. Als im Regionalblatt eine frei stehende Scheune zum Abriss und Wiederaufbau ausgeschrieben war, setzte er sich aufs Velo und pedalte eine Dreiviertelstunde ins Herz des Oberlands. Acht mal zehn Meter Grundfläche, acht Meter Giebelhöhe, solide Holzkonstruktion mit vertrauenerweckenden Toren und Schlössern, Falzziegeln in gutem Zustand. Fünfhundert Franken auf die Hand. Zwei Wochen später lag das Material in Irgenhausen, in eine sinnvolle Ordnung für den Zugriff beim Wiederaufbau geschichtet und mit den Toren wettersicher zugedeckt. Fredi zeichnete Pläne, füllte Formulare aus und reichte ein Baugesuch ein. Erstaunlich rasch traf die Bewilligung ein.

Alfred Gisler wird unter den nachfolgenden Auflagen die baupolizeiliche Bewilligung zur Erstellung eines Lagerschuppens mit Autogaragen erteilt.

Die Auflagen hingegen beanspruchten ausgiebig Raum. Fredi, der sie zweimal, dreimal las, wurde es heiss und kalt, dann brach sich der Gisler'sche Jähzorn, der lange keinen Auslauf hatte, Bahn, sprang aus seiner Brust. In abgeschwächter Form lautete des Fluchens Kern: «Ich werfe den Bettel hin und ziehe weg aus diesem Kaff!»

Unter mildem, doch beharrlichem Zureden Angelis sah Fredi ein, dass er sich alles selbst eingebrockt hatte. In einem Anflug wiedererwachten Humors sagte er: «Der Eidgenoss hält Rat nach der Tat.» Dann ging er zur Tagesordnung über, verzichtete auf den Bau und begann die Einzelteile der Scheune zu verkaufen. Zurück blieb ein Stapel Brennholz und ein Reingewinn von vierhundertfünfzig Franken.

An Edi Ritter berichtete er, er habe gemerkt, dass eine serienmässige Produktion von Billigmatratzen ihn gelangweilt hätte. Noch immer fänden sich Kunden, die eine währschafte Rosshaarmatratze zu schätzen wüssten.

Vierzehn Jahre nach Kriegsende, nach viel Fleiss und Sparen, hatte Ritter geschrieben, sei es nun möglich, Fahrstunden zu nehmen und bald ein Auto zu kaufen. Er hat es verdient, dachte Fredi, hat schwere Jahre durchgestanden, ich kann mir das nicht vorstellen. So wie sich das, was ich erlebt habe, auch keiner vorstellen kann. Aber tauschen würde ich mit niemandem. Jeder leidet seine eigene Pein.

Aus der Schule erzählte Hanspi nichts. Auf die Fragen der Mutter sagte er bloss, «wir haben keine Hausaufgaben» oder «ich habe sie bereits gemacht».

Als im Frühling 1961 ein Spielkamerad aus der sechsten Klasse ans Gymnasium wechselte, erzählte Hanspi vom Spruch des Lehrers, wenn er mehr gearbeitet hätte, wäre ihm das auch möglich gewesen. Bub und Eltern wussten nicht, für was das Gymnasium gut war, und Fredi fand, die Sekundarschule, wo der Sohn landete, sei etwas Solides.

In der neuen Klasse unterschieden sich die Schüler bald stärker voneinander. Es gab Kinder, und es gab Pubertierende. Hanspi wollte zu den Vorauseilenden gehören, doch die Natur liess sich ihr Tempo nicht diktieren. Er fühlte sich von der Abenteuerwelt der Pfadfinder angezogen, wollte auch mitgestalten und wurde bald einmal Gruppenführer. Fredi wusste nicht, was er davon halten sollte, er fand die Uniformierung merkwürdig, aber immerhin lernte der Bub den Umgang mit der Natur und anderen Jungen. Den Pubertierenden dagegen zog es bald zu den Unangepassten, den Halbstarken. Beide hatten ihre Uniformen, die einen in Khaki, die anderen in Blau. Blue Jeans waren die skandalöse Neuheit auf dem Land, sowohl zu Hause wie auch in der Schule verboten. Hanspi erbte von einem Schulfreund, der mehrere besass, ein Paar hautenge Jeans und hängte die Khakiuniform an den Nagel. Bei diesem Freund, frisch zugezogen mit urbanen Sitten im Gepäck, waren sie in der Garage deponiert, dort zogen sie sich um für ihre Streifzüge. Kind und Pubertierender bekämpften sich eine Weile, und es war nicht immer klar, wer für was verantwortlich zeichnete. Als der Vierzehnjährige zu Hause mit ein paar prächtigen Forellen anrückte, von Hand verbotenerweise im Ausfluss des Tobelweihers, eines Privatgewässers, gefangen, fühlte sich Papa Fredi in einem pädagogischen Dilemma. Halbherzig schimpfend, konnte er den Stolz nicht verbergen. Dagegen spielten sich für die Mutter vermehrt Dramen ab. Gislers hatten eines der vielen Zimmer im Haus an einen jungen Mann vermietet, bei dem Hanspi gelegentlich Rock'n'Roll- und Twist-Schallplatten hören durfte. Noch mehr aber lockten ihn die Pin-up-Girls an den Wänden des Zimmerherrn. Beeindruckt davon schnitt der Junge aus einer Illustrierten Unterwäsche präsentierende Modelle und befestigte sie an der eigenen Zimmerwand. Die Damen wurden bald von der Mutter entdeckt, rabiat entfernt, zerknüllt und verbrannt. Fredi lächelte über Hanspi wie über Angeli und dachte, er entwickelt sich.

Die Ritters hatten sich kurzfristig angemeldet und trafen an einem Abend zu dritt mit der Tochter in ihrem Wirtschaftswunderauto in Irgenhausen ein. Fredi war überrascht von dem elastisch und jung wirkenden Mann. Vierundzwanzig Jahre hatten sie sich nicht mehr gesehen, aber trotzdem wussten beide vom anderen fast alles, was es zu wissen gab.

Sie hatten sich viel zu zeigen und zu erzählen. Fredi hatte begonnen, nach alten Zeichnungen und einem Bildband in Plastilin und Ton zu modellieren, gegenwärtig einen griechischen Diskuswerfer. Später wolle er sie in Holz schnitzen. Edi dagegen klagte über die Arbeitsbedingungen und mangelnde Rechte als Arbeiter, berichtete von drei Autounfällen und eingeschlagenen Scheiben, als sie Ferien in Italien gemacht hatten. Angeli erklärte ihre Arbeit im Frauenverein, und Frau Ritter wunderte sich, dass die Schweizer Frauen kein Stimmrecht hatten.

Hinterher sagte Fredi zu Angeli, er sei auch lange Büetzer gewesen. Und jetzt habe er eine Firma und habe viel darüber gelernt, was es heisse, selbstständiger Handwerker zu sein und zu überleben. Er sei in seinem Herzen beides, Büetzer und Gwerbler und vielleicht sogar Bauer.

Fredi hatte das Scheitern seines Lagerhausprojekts verdaut und war wieder zufrieden mit sich und der Welt. Bis zum nächsten grossen Plan dauerte es trotzdem geraume Zeit. Diesmal erstellte er das Baugesuch vor der Tat und erhielt positiven Bescheid mit harmlosen Auflagen. Also kaufte er die vier Schaufenster einer Garage, die abgebrochen werden sollte, und dazu die Ladentür aus Metall und Glas. Drei der Fenster verkaufte er weiter, das vierte und die Tür wurden in Irgenhausen in die strassenseitige Fassade eingebaut. So entstand 1964 ein Verkaufsraum für Betten, Nachttische, Matratzen, Polstermöbel und Bettzeug. Weil es leicht kombinierbar war, liess er gleichzeitig eine Zentralheizung für das ganze Haus installieren. Der gefürchtete Baudreck breitete sich darum flächendeckend aus. Angeli schimpfte sehr, war dann aber am meisten froh über die Heizung. Fredi selbst war stolz auf die vollbrachten Werke. Das frühmorgendliche Kohleschippen bewältigte er wie eine sportliche Übung.

Angeli hatte für Erika eine Karte geschrieben, erhoffte für sie alles Gute. Zwanzig Jahre, jetzt war sie mündig. Fredi fügte an, er wünsche ihr Glück und sie möge ihren Weg finden, er schloss mit «Dein Papa».

«Dass du den Geburtstag vergessen hast, ist irgendwie typisch. Manchmal habe ich mir gedacht, du hättest vergessen, dass du Kinder hast.»

«Ich war immer am Arbeiten.»

«Und am Velofahren, Yogaüben, Pilzesuchen und vor allem am Bauen.» Sie erinnere sich, als sei es gestern gewesen, wie sie zum ersten Mal mitgekommen sei ins Kinderheim, an das Plätschern des Brunnens vor dem Haus, an das Birnenspalier. Trudi, wie sie sich an Fredi geklammert und sie aus den Augenwinkeln angeschaut habe. Ganz anders die kleine Erika, die zwischen ihnen beiden hin- und hergeflitzt sei und gesprudelt habe wie der Brunnen.

«Ich war gespannt, wie sie dich aufnehmen würden», sagte Fredi.

Berti Egli habe ihr damals erzählt, dass nicht nur Trudi an Heimweh litt. Erika sei einmal mit dem Spielzeugkoffer weggelaufen, sie habe nach Hause gehen wollen.

Angeli erhob sich, um in der Küche Kaffee zu kochen.

Im letzten Herbst war Fredi einmal mit Erika ins Gespräch gekommen. Sie habe sich immer als ein Niemand gefühlt, keine Freundinnen gehabt, keine eigene Mutter, hatte sie erzählt. Es hatte ihm einen Stich versetzt. Sie hatten ihr nicht gesagt, dass Angeli die Stiefmutter war, hatten gedacht, es sei besser so. Als Erika dann eines Tages heulend aus der Schule gekommen war, endlich erzählt hatte, man habe ihr nachgerufen, sie habe nicht mal eine richtige Mutter, hatten sie es bestritten. Erika gestand dem Vater, sie habe, von Trudi ins Bild gesetzt, danach über Jahre Hass empfunden für ihn und Angeli.

«Wenn Erika auf dem Bau mithelfen sollte beim Steinewaschen oder beim Seegraszupfen, bei der Haus- und Gartenarbeit», sagte Angeli, «dann gab es immer Proteste. Wir mussten doch beide auch früh arbeiten, und es hat uns nicht geschadet. Und geschlagen worden sind wir auch.»

Einmal hatte Erika Trudi höhnisch gehänselt, als diese am Ende der Ferien ins Pestalozziheim zurückkehren musste. Fredi hatte es mit eigenen Ohren gehört und ihr im aufwallenden Zorn den Hintern versohlt. Der Hohn hatte ihn selbst getroffen, so wie einst jener der Bauernkinder, der ihm, dem Hülpi, gegolten hatte.

«Du hörst mir ja gar nicht zu!»

«Ich war in Gedanken, was hast du gesagt?»

«Dass wir uns doch einig gewesen sind, dass Trudi und Erika sich oft gestritten haben und dass wir beide strafen mussten. Meist war es zwar die Kleine, die provoziert hat.»

Eifersucht sei es gewesen, hatte Erika dem Vater erzählt. Sie habe immer weniger Zuwendung bekommen als der kleine Bruder. Sie habe befürchtet, in Trudis Anwesenheit werde es noch weniger. Aber Trudi hatte nie den Zugang zur neuen Mama gesucht, sie wusste immer, dass es eine richtige gab. Trudi hatte einmal aufbegehrt: Angeli habe ihr nichts zu sagen, sie sei nicht ihre Mutter. Angeli war tief gekränkt gewesen, hatte geweint. Er war in Zorn geraten und hatte die Tochter geohrfeigt. Es habe sich immer alles nur um Hans Peter gedreht, sie hätten nicht gezählt, Hans Peter da und Hans Peter dort.

Angeli schenkte Kaffee nach.

«Du bist oft im Spital gewesen, dann hat die Nonna zum Rechten geschaut», sagte Fredi, «sie ist hart gewesen zu den Kindern, so wie einst zu dir. Aber wir brauchten sie doch.» Sie habe erst nicht gewusst, dass Mama wegen der Kinder im Spital war, hatte ihm Erika vorgehalten, später habe man es erzählt, aber über die toten Kinder habe man nicht geredet. Auch über die Liebe und das Kindermachen nicht. Angeli war zu gehemmt gewesen, und er hatte gedacht, es sei nicht seine Sache. Erika hatte beklagt, dass er sie lediglich aufgefordert habe, kein Kind heimzubringen. Er hatte die Liebe als Gefahr gesehen für die Mädchen. Seine Töchter sollten keine unehelichen Kinder haben.

«Es war uns doch wichtig, dass Erika einen Beruf erlernen sollte», sagte Angeli. Sie habe Coiffeuse oder Krankenschwester werden wollen. Ihm sei es egal gewesen, sie hätten dann besprochen, dass die Pflege sinnvoller sei. Es habe sich in Basel eine Anlehre als Schwesternhilfe gefunden, im Bürgerspital – für eine Lehre als Krankenschwester habe die Schule nicht gereicht. Angeli schaute bekümmert aus. Immerhin habe Erika etwas lernen können, sie selbst habe damals sofort Geld verdienen müssen.

«Du musst dir keine Vorwürfe machen.»

Einmal habe sie geschrieben, sie bekomme vermutlich ein Kind. Sie sei sofort nach Basel gefahren. Erika habe geglaubt, vom Küssen werde man schwanger. Seither habe es wohl mehr als einen Mann gegeben. Sie könne seine Töchter nicht verstehen, und auch Hans Peter beginne zu machen, was er wolle. Sie wisse nicht, wie damit umgehen. Von ihr habe man als Mädchen nur eines erwartet: arbeiten, schön still, zufrieden und dankbar sein.

«Es waren schwierige Jahre für dich.»

«Und deine Beiträge waren Blitz, Donner und Sonnenschein.»

Oft war er die verschärft strafende Instanz gewesen, wenn er Angeli schimpfen oder eines der Kinder maulen gehört hatte. Dann wieder war er mit Erika per Velo durch den Sonntag gerollt oder mit Hans Peter Pilze suchend durch den Wald gestapft. Er hatte gearbeitet, oft fast rund um die Uhr – war es nicht die Aufgabe der Mutter, zu den Kindern zu schauen?

Erika hatte dem Vater erklärt, sie sei froh, bei ihm und Mama aufgewachsen zu sein, und dankbar, alles gehabt zu haben, was es brauchte, Essen, Kleider. Aber es schmerze sie noch immer, dass die Liebe und das Verständnis gefehlt hätten. Es sei ihr von damals das Gefühl geblieben, niemand zu sein und niemanden zu haben.

Fredi war sprachlos gewesen, hatte zwischen Zerknirschung und Abwehr geschwankt. Sie hatte Gleiches empfunden wie er als Jüngling? Was hätte er anders tun sollen? Angeli erzählte er nichts davon. Liebe hatte Erika vermisst und Trudi sowieso. Die Geschichte mit dem Gutenachtkuss tauchte plötzlich aus der Versenkung auf: Erika hatte geweint, kein Wort herausgebracht, und Angeli hatte berichtet, es sei jetzt fertig mit der Gutenachtküsserei, Erika sei nun zwölf und ein grosses Mädchen. Sie sei manchmal so frech, nicht zum Aushalten, und dann ein Gutenachtkuss, das passe doch nicht. Sie seien ja auch keine Engel gewesen, aber sie sei manchmal so streng, hatte Fredi gesagt. *Er* sei kein Engel gewesen, und er wisse ja gar nicht, wie das manchmal töne, wenn sie maule, vor ihm habe Erika eben Angst.

Was war für ihn Liebe gewesen? Der Trost der Mutter vielleicht oder der Ritt auf Vaters Schultern? Vielleicht war die Freundschaft mit Beni eine Art von Liebe gewesen. Später war Liebe immer Leidenschaft. Für die Kinder hatte er sich verantwortlich gefühlt, sie sollten es besser haben. War das Liebe? Liebte er Angeli? Verliebt war er gewesen, leidenschaftlich, jetzt fühlte er Respekt und vor allem Sorge.

«Hörst du mir eigentlich zu?»

Angeli konnte zwar verstehen, dass es auch für Fredi schwierig gewesen war, aber sie hatte sich zu oft alleingelassen gefühlt. Als sie die fünfzehnjährige Erika für ihr Maulen mit der Spülbürste über den Handrücken geschlagen, die Bestrafte ihr das Instrument entrissen und zurückgeschlagen hatte, waren beide erschrocken. Nach dem Essen hatte Fredi die Tochter zu sich in die Werkstatt gerufen und ihr geraten, wenn sie wieder einmal überschüssige Kraft habe, solle sie gefälligst zu ihm kommen.

Bereits mit zehn hatte ihm der Sohn bedeutet, er würde weder polstern noch Matratzen nähen – zu viel Staub. Fredi hätte es gefreut, den Beruf seines eigenen Vaters weiterzugeben und eines Tages auch die Firma. Als die Berufswahl ins Haus stand, wiegelte Hanspi Fragen ab, sagte, er habe das im Griff, und liess die Eltern im Herbst 1963 wissen, er werde im Frühjahr eine Lehre als Maschinenzeichner beginnen. Fredi hatte lediglich eine Unterschrift auf den Vertrag zu setzen. Hanspi war schulmüde und zudem im dritten Oberstufenjahr wegen einiger Streiche, angestellt mit seinen halbstarken Kollegen, beinahe von der Schule geflogen. Fredi hatte einen Brief des Lehrers erhalten, den er weder beantwortet noch Angeli gezeigt hatte. Er fand das alles nicht schlimm und wollte sie nicht ängstigen.

Mit Beginn der Berufsausbildung koppelte sich der Jüngling immer mehr von der Familie ab. Bereits der Knabe hatte begonnen, die Bemutterung zurückzuweisen. Der Pubertierende nun entzog sich mitleidlos, zuweilen rüde und versuchte, als Halbstarker in Gesellschaft ebenfalls Grenzen auslotender Kollegen ein Mann zu werden. Angeli erzählte Fredi, es habe einer angerufen und nach Johnny gefragt. Es habe sich dann herausgestellt, dass er Hans Peter meinte. Johnnys Kumpane waren durchwegs älter, einige bereits erwachsen. Zigaretten, Bier, schüchterne Annäherung ans andere Geschlecht – mal sehen, dachte Fredi, nur das Boxen verfolgte er mit uneingeschränktem Wohlgefallen. Seit dem fünfzehnten Lebensjahr trainierte er, zuerst zu Hause mit dem Vater, dann im Box-Club Uster, kämpfte mit wechselndem Erfolg im Ring.

Das schrieb Fredi auch an Freund Edi Ritter. Hans Peter sei jetzt achtzehn, entwickle sich langsam zu einem Mann, lese Literatur und habe ein Mädchen. Edi habe die Arbeit verloren, berichtete Fredi Angeli, aber sie hätten einen Fernsehapparat gekauft. Er merke, dass es ein Glück sei, selbstständig zu sein, niemand könne ihn entlassen, und er sei zufrieden auch ohne Auto, Fernseher und Reisen ans Meer, ihm reiche der Garten, das Velo und das Modellieren.

«Du denkest nur an dich», sagte Angeli, «ab und zu eine Reise würde mir gefallen und am Abend fernzusehen auch, wenn du bis spät in der Budik sitzt.»

Angeli litt an der wachsenden Distanz zu ihrem Buben, verstand nicht, was vorging, und sah sich in ihren Erwartungen enttäuscht. Sie sagte Fredi, sie wäre gern stolz auf den Einzigen, der ihr geblieben war. Doch Hanspi schien auf keinen Fall Vorzeigesohn spielen zu wollen. Den Johnny schüttelte er zwar bald ab, doch fortan liess er sich von seinen Freunden Peter nennen.

Papa Fredi hielt sich zurück. «Man muss ihn machen lassen», sagte er, «das gibt sich schon.»

Als Peter mit sechzehn beschlossen hatte, die fliegerische Vorschulung der Armee zu wagen, alle Tests bestand und mit achtzehn zum ersten Kurs aufgeboten wurde, fand Mama das zwar suspekt und gefährlich, aber es versprach etwas Geordnetes, Diszipliniertes, mit Ansehen Verknüpftes. Plötzlich schien Fredis Zuversicht Nahrung zu bekommen. Der Vater zollte dem Fliegertraum zwar Respekt, aber ohne beeindruckt zu sein. Ihm missfiel dafür die Abstufung des Boxens durch den Sohn. Als der Vater danach fragte, erzählte Peter, es sei ihm ein Gegner in eine Gerade gelaufen und umgefallen wie ein Stein. Der Mann habe ihm leidgetan.

«Du hast ihn k.o. geschlagen, das ist Boxen.»

«Ich wollte ihn nicht niederschlagen. Überhaupt bin ich nicht bereit, so fanatisch und hart zu trainieren wie du, ich habe noch andere Interessen.»

Peter flog aus dem Fliegerkurs, es fehlte der kompromisslose Einsatz. Er suchte im Fliegen wohl die Freiheit. Disziplin, bedingungslose Einordnung in einer militärischen Ausbildung, dachte Fredi, hätten dem Jungen kaum behagt.

Türkishochzeit nenne man den achtzehnten Hochzeitstag, hatte Angeli gelesen. Die Farbe, wenn sie eher dunkel sei, gefalle ihr gut, sie finde sie ruhig und lebendig zugleich. Und so möchte sie es auch im Leben haben, sagte sie zu Fredi.

Im September 1964 traf die Nachricht von Nonnas Tod ein. Mit Macht brachen Erinnerungen aus Angelis Kindertagen auf: Hunger, Gekeife der erschöpften Mutter, empfundenes Glück im Spiel mit den Geschwistern, der kranke Vater, Arbeit.

Der nebelreiche Spätherbst brachte neues Ungemach: Erika teilte mit, sie sei schwanger und werde heiraten. Da war sie wieder, dachte Angeli, Nonnas Warnung vor den Männern. Und Peter hatte beim Autoklauen mitgemacht. Nächtliche Spritzfahrten hatten sie gemacht, er und zwei Kumpane mit dem Wagen eines der Väter. Fredi hatte dem Autobesitzer vorgeschlagen, die Burschen sollten je hundert Franken an eine soziale Institution überweisen, fast so viel wie der Monatslohn eines Lehrlings.

Im Februar 1965 wurde Weiss getragen. Erika, nicht praktizierende Reformierte, heiratete den stockkatholischen Bündner Oberländer Oscar. Sie hätte vorgängig in einigen Unterrichtsstunden beim katholischen Pfäffiker Pfarrer auf den Übertritt vorbereitet werden sollen. Bereits in der ersten Stunde verstand sie eine Bibelstelle nicht und fragte den Priester nach der Bedeutung. Der wies sie zurecht, sie müsse nicht verstehen, sondern glauben. Mit dieser Belehrung war er an die Falsche geraten, wütend warf sie dem Gottesmann an den Kopf, wenn dem so sei, werde sie nicht katholisch.

Im Juni gebar Erika den blond gelockten Markus, einen Tag nach dem sechsundfünfzigsten Geburtstag Fredis. Er und Angeli freuten sich wie Kinder – Grosselternschaft versprach Freude ohne Last. Während sich der Grossvater ans Warten aufs Grösserwerden machte, sah man die Grossmutter bald beim Hüten, Wickeln und Schöppeln, denn Tochter und Familie wohnten nur zwei Häuser entfernt. Zwei Jahre später, im gleichen Monat, folgte ein zweiter Enkel – Christof. Angeli ging in der neuen Rolle auf, konnte die Erinnerungen an schwierige Jahre mit den Töchtern und dem Sohn zwar nicht vergessen, aber durch die Erlebnisse mit den Kleinen freudvoll ergänzen. Sie sorgte für Familientreffen, engagierte sich im Frauenverein, setzte sich ein für Gleichberechtigung und das Frauenstimmrecht und nähte Kleider für Enkel, Nichten und Neffen.

Fredi sorgte sich um Angelis Gesundheit, denn die Arthritis war unverschämter und hartnäckiger geworden denn je. Das galt auch für ihre Kopfschmerzen, bekämpft mit Pülverchen aus kleinen Blechschachteln, die sie nach der Entleerung wie Bauklötze in einem Schrank stapelte und die so unfreiwillig den Umfang ihres Giftkonsums sichtbar machten, wie Fredi es ausdrückte. Er hatte es aufgegeben, ihr die Coué-Methode ans Herz zu legen. Er solle Angeli doch in Ruhe lassen damit, hatte Erika ihm eines Tages gesagt, was für ihn gut sei, müsse ja nicht für alle anderen das Richtige sein. Es hatte geschmerzt, wollte er doch nichts anderes als helfen. Seine Erfahrungen waren immer ermutigend gewesen.

Einmal fuhr Fredi mit dem Velo für zehn Tage ins Bleniotal nach Acquarossa, wo Angeli eine dreiwöchige Badekur angetreten hatte. Sie wohnten in einem kleinen Haus unweit der Thermen. Eines Morgens animierten sie ein heller Himmel und eine freundliche Brise zu einer Wanderung, in wortloser Freude stiegen sie bergan. Ein Tag, wie gemacht für eine Velotour, dachte Fredi insgeheim. Nach einer Stunde setzten sie sich auf eine Bank, schöpften neuen Atem und wurden gesprächig: Angelis Gesundheit, Erika und ihr Mann, die Hypothek auf dem Haus, der unberechenbare Sohn.

«Alles in allem bin ich zufrieden, wüsste nicht, was ich anders machen könnte, habe weder Gelenk- noch Kopfschmerzen», meinte Fredi.

«Ich bin auch nicht unzufrieden. Das Präsidium des Frauenvereins ist eine Ehre. Meine grösste Sorge aber ist Hans Peter. Er ist so undankbar, so unseriös – das hat er nicht von uns.»

«Es ist normal, dass junge Burschen Grenzen suchen. Das muss so sein. Ich war auch nicht brav. Du musst Geduld haben, es kommt schon recht.»

«Ich hoffe es. Vor Weihnachten, ich habe es nie erzählt, gab es einen Zusammenstoss.»

Peter hatte ihr eine Tasche voller Lebensmittel geschenkt, teilweise exotische Sachen. Sie war enttäuscht. Es schien ihr, er drücke damit aus, so gäbe es auch einmal etwas Rechtes bei ihnen. Sie hatte etwas Schönes erwartet, es hätte nicht teuer sein müssen. Sie habe ihm gesagt, das sei kein richtiges Geschenk. Da sei er jähzornig geworden, so wie er, Fredi, manchmal. Richtig, richtig, habe er geschrien. Sie führten auch keine richtige Ehe, immer schimpften sie miteinander. Angeli begann zu weinen, und Fredi grabschte nach seinem Taschentuch.

«Das hat er gesagt? Findest du, es ist so?»

«Doch, wir führen eine Ehe», schluchzte sie, «und wir haben zusammen viel erreicht. Aber wir reden wirklich selten und streiten oft. Manchmal wirst du so wütend, dass du nicht mehr weisst, was du sagst. Einmal, als ich dich zum Essen gerufen habe, zwei-, dreimal, hast du geflucht: ‹Geh zum Teufel!›»

«Ich – ich kann mich nicht erinnern.»

«Ich will gar nicht streiten, es ist vorbei, aber es hat geschmerzt. Wir könnten versuchen, mehr miteinander zu reden. Erinnerst du dich, wir haben so schöne Träume gehabt. Ich war viel allein in den letzten fünfzehn Jahren. Mich dünkt, du seist zufrieden mit der Arbeit, dem Bauen, dem Sport und dem Garten. Manchmal denke ich, du brauchst mich gar nicht. Die Töchter sind fort, Peter macht, was er will.»

«Doch, doch, ich brauche dich. Ich war aber mit meinem Verlangen auch stets allein, habe mich gequält. Aber du hast recht, wir sollten mehr reden. Und ich bin dir dankbar, dass du meinen Töchtern die Mutter ersetzt hast, auch wenn das für alle nicht einfach war.» Fredi schlug vor, die Wanderung im nächsten Dorf in einem Restaurant zu unterbrechen, etwas zu essen und weiterzureden. Nach Merlot, Kaninchenbraten mit Polenta und Kaffee machten sie sich beschwingt, doch etwas wacklig auf den Rückweg.

Tage später küsste Fredi Angeli auf die Wange, bestieg das Velo und trat mit Elan in die Pedale Richtung Norden. Er war froh und ratlos zugleich. Was bloss könnte ich anders machen, dachte er.

«Nun brauche ich doch ein Auto», liess Fredi seinen Freund Ritter wissen, als er wieder zu Hause war, «es ist schwierig, ein grosses Sofa mit dem Veloanhänger zu liefern, und dann kann ich endlich mit meiner Frau auf Reisen gehen – zum Beispiel nach Wien.» Der Sohn sei ohne Begeisterung in der Rekrutenschule, und Angeli leide nach wie vor an Arthritis.

Fassungslos las Fredi die Antwort Edis, der seine Freude über einen baldigen Besuch ausdrückte. Er werde nie mehr auf Reisen gehen können, schrieb er, eine Erkrankung der Nervenbahnen habe seine Beine lahmgelegt. Jahre später sollte sich herausstellen, dass er an Multipler Sklerose litt.

Im dritten Anlauf bestand Fredi in einem Auto mit automatischem Getriebe die Fahrprüfung. Bei ersten Versuchen mit Gangschaltung hatte sein linkes Bein gelegentlich das Kuppeln verweigert. Er hatte eben einen Kombi gekauft für den Transport von Matratzen und Möbeln, als Peter sich das Fahrzeug auslieh und zerknautscht zurückbrachte. Fredi schluckte mehr als einmal leer, blieb aber erstaunlich gelassen. Er erzählte Angeli von der Karambolage und dass es teuer werde für den Sohn.

«Du erzählst das ruhiger, als wenn er aus Zufall einen frisch gezweiten Ast abgebrochen hätte. Bist du denn gar nicht wütend geworden?»

«Das hätte ja nichts geändert, es wird ein Lehrstück für ihn sein.»

«Seit Peter ein grosser Knabe wurde und immer wieder Dummheiten anstellte, auch als Halbstarker und jetzt als junger Mann, bist du nie wütend darüber geworden. Er konnte machen, was er wollte. ‹Ich war auch einmal jung, das gehört nun mal dazu, er muss sich halt die Hörner abstossen.› Solche Sachen hast du immer gesagt. Bei den Mädchen warst du nicht so tolerant. Und bei mir auch nicht.»

«Aber er ist doch ein Bursche.»

«Und Burschen haben mehr Rechte als Mädchen?»

«So darfst du das nicht sehen. Er musste lernen, ein Mann zu werden und sich durchzusetzen, um im Leben zu bestehen.»

«Muss das ein Mädchen nicht?»

«Doch, aber die meisten heiraten ja.»

«Ich dachte, du denkst moderner und bist für Gleichberechtigung.»

«Bin ich auch.» In solchen Diskussionen fühlte er sich überrumpelt, sie machten ihn rat- und hilflos, manchmal auch wütend.

Peter ging unbeirrt seiner Wege, brachte auch die Rekrutenschule hinter sich und begann in einer Oberländer Lastwagenfabrik zu arbeiten. Er meldete sich zur Aufnahmeprüfung für die Ingenieurschule an und besuchte lustlos einen Vorbereitungskurs. Das mache er aus purer Verlegenheit, erzählte er Fredi, er habe schon während seiner Lehre daran gezweifelt, ein guter Techniker zu sein. Dass er die Prüfung nicht bestand, wunderte weder Sohn noch Vater. Ein paar Wochen später kam Peter ausnahmsweise zum Abendessen nach Hause.

«Danke, das war wirklich schmackhaft, immer noch eines meiner Lieblingsessen.» Angeli hatte Härdöpfelchüechli gebraten. «Sie sind unnachahmlich. Übrigens, ich werde kündigen. Ich mache mich selbstständig, eröffne ein Zeichnungs- und Konstruktionsbüro.»

Der Hochkonjunktur war es gedankt, dass Monate später, im Mai 1970, ein erfahrener Konstrukteur als Partner die Arbeit aufnehmen konnte. Der Auftragseingang war so überwältigend, dass sie im Sommer begannen, Mitarbeiter auf Zeit einzustellen, welche die Aufträge direkt in den Büros der Kunden erledigten.

Für Angeli war es eine neue Angst. «Das kannst du doch nicht», beschied sie Peter. «Er ist viel zu jung dafür», sagte sie Fredi, «und wird in Konkurs gehen, was für eine Schande.» Sie konnte nicht vergessen, dass sich der unbotmässige Sohn erst noch mit seinen Kumpanen in Beizen herumgetrieben, ihr vor allen Leuten nur Verdruss bereitet und ein Studium am Technikum leichtfertig verscherzt hatte. Sie klagte, es sei ihm gar nichts ernst und heilig.

Fredi versuchte sie zu beruhigen. «Ich war bis 1937 ein Velovagabund und habe fast von einer Woche auf die andere angefangen zu krampfen und, wie du beklagst, bis heute nicht damit aufgehört. Lass ihn machen, es wird schon gut.»

«Ich möchte nur einmal ein Jahr lang mein eigener Chef sein», erzählte Peter dem Vater. Es sollten mehr als vier Jahrzehnte werden. Die Firma war erfolgreich, während sich erste Risse in der Zusammenarbeit der beiden Jungunternehmer abzeichneten. Im Verlauf des zweiten Jahres trennten sie sich.

«Wieso geht er? Du hast ihn doch wegen seiner Erfahrung geholt.» Fredi war irritiert.

«Das stimmt, aber wir sind in wichtigen Dingen nicht gleicher Meinung und finden keine Lösung, es ist besser, wenn er geht.» Mehr wollte der Sohn nicht verraten.

«Heisst das, du wirfst ihn hinaus?»

«Ich bin in Zorn geraten und habe es beendet. Das Muster kennst du ja.»

Peter holte im Herbst als Ersatz einen Jugendfreund an Bord. Angeli zweifelte weiter. War dieser Freund nicht auch ein Kumpan jener Halbstarkenjahre gewesen?

Im Herbst 1971 gab Fredi endlich dem Drängen von Edi und Angeli nach, er unterbrach das Nähen und Polstern, verzichtete für eine Weile auf Pilzen, Fischen, Velofahren, Modellieren und den Garten. Er chauffierte den langen und breiten Amerikanerwagen nach Wien. Sie hatten es gut mit den Ritters. Edi versuchte seine Mutlosigkeit, Frau Ritter ihre Erschöpfung zu überspielen. Sie hoben Erinnerungen aus besseren Zeiten ans Licht, und sie schafften es für Momente, etwas Leichtigkeit in den Tag zu bringen.

Vor der Abreise sinnierten die beiden Männer über grosse Fragen. Er habe, wie Fredi auch, nicht viele Freunde im Leben gehabt. Der wichtigste sei Karl Heider gewesen, der 1950, nicht lange nach der Heimkehr aus der Kriegsgefangenschaft, an einer Gehirnblutung gestorben sei. Und er habe sich Gedanken gemacht über den Sinn des Lebens und für was die ganze Plackerei gewesen sei, und er habe noch immer keine Antwort gefunden. Was für Fredi der Sinn des Lebens darstelle.

«Ich glaube», sagte Fredi nach langem Nachdenken, «für mich gab es immer nur einen Sinn: Unabhängigkeit in Normalität. Kein Krüppel zu sein und das Leben bestimmen zu können. Das ist mir gelungen.

«Es war schön», sagte Angeli auf der Heimfahrt, «und ich wünsche mir öfter ein Reisli.»

«Wir werden sehen. Ich habe vor allem Lust auf eine Velotour bekommen.»

«Ja, du. Mir geht es nicht nur ums Reisen. Wir können unterwegs fast wieder reden wie früher. Ist dir das nicht aufgefallen?»

Später schrieb Fredi nach Wien: «Ich habe lange über die Sinnfrage nachgedacht und bin zum Schluss gekommen, dass es den einen Sinn nicht gibt. Jeder muss sein Leben selbst so füllen, dass es ihm sinnvoll erscheint. Ich glaube fast, mein Leben hat Sinn bekommen, als ich es schon früh selbst in die Hände genommen habe.»

Die Grosseltern genossen die häufigen Besuche der Enkel. Fredi konnte dem älteren bereits den Garten näherbringen. Wie früher schon der eigene Sohn liebte der die frisch aus dem Boden gezogenen Karotten.

«Schau, Markus, wenn ein Rüebli am oberen Ende, das aus dem Boden guckt», er scharrte etwas Erde weg, «so dick ist wie mein Daumen, nicht wie deiner», er lachte, «dann kann man es herausziehen.» Er scharrte weiter und zeigte mit dem Finger auf eine der Karotten, «da, diese kannst du haben, am Kraut halten und schön gerade nach oben ziehen.»

Begeistert wusch Markus die Ernte im Brunnen vor dem Haus und begann zu knabbern wie ein Kaninchen. Er war schon ordentlich in die Höhe geschossen und führte ständig ein freundlich-lustiges Lächeln mit sich. Ein braver Junge, hilfsbereit und arglos.

Der kleine Bruder Christof, an Gestalt kräftiger, schien nicht so in die Höhe zu schiessen, war schlau und charmant, wusste bald alle um den Finger zu wickeln, ausser Grossmutter Angeli.

Der Garten wurde zunehmend das Zentrum von Fredis Leben, er begann sich dem biologischen Gärtnern zuzuwenden, und in alter Frische experimentierte er mit Sämereien, zog Setzlinge, zweite die Obstbäume, streute Steinmehl. Auch Angeli traf man oft im Garten, die frische Luft, die Sonne und die Bewegung taten ihr gut.

«Grüezi, Erika», Angeli richtete sich auf und steckte die Stechgabel in den Boden. Ob sie Kaffee und Zvieri möge, der Garten könne warten. Eine Viertelstunde später sassen sie in der Rebenlaube, Fredi hatten sie aus der Budik geholt, und die Buben freuten sich auf ein Stück Apfelkuchen.

Nach den Sommerferien dürfe er in die Schule, freute sich Markus. Und er in den Kindergarten, doppelte Christof nach. Ihr bleibe dann mehr Zeit für den Haushalt, sagte Erika. Und wenn es der Mutter zu viel werde im Garten, könne sie ihr helfen. Das würde sie gern annehmen, sie sei manchmal so unglaublich müde. Jetzt mache sie aber zuerst Badeferien.

Als Erika den Vater nach Angelis Müdigkeit fragte, nickte er bekümmert. Es gehe ihr nicht gut, er zuckte hilflos mit den Schultern, sie gehe dauernd zum Doktor.

Während Angeli im warmen Wasser Linderung suchte, nutzte Fredi die stille Zeit, um ein altes Steckenpferd zu beleben. Gerade hatte er frühe Zeichnungen auf dem Werktisch ausgelegt, eines der gelungenen Bilder ausgewählt und begonnen, es in einer leicht veränderten Perspektive neu zu skizzieren, als ein Klopfen ihn aufschreckte.

«Du bist es! Ich habe vergessen, dass du kommst.»

Peters Blick fiel auf die Zeichnung. «Du kannst es noch.» Er zog eine Flasche Wein aus der Mappe, zwei Gläser und den Korkenzieher. Peter war im Frühjahr ausgezogen und bewohnte eine Kleinwohnung am anderen Ende des Dorfs. Angeli hatte sich bei Fredi bitter beklagt: Er habe doch alles zu Hause, wieso er ausgezogen sei, wenn er doch im gleichen Dorf wohne. «Was denken sich bloss die Leute?»

Sie prosteten sich zu, und der Vater erzählte, dass 1972 wohl ein gutes Werkstattjahr werde, dass er sich Sorgen mache um Angeli, sie habe stark abgenommen, sie fühle sich oft schwach und habe ständig Schmerzen. Er selbst habe viel Energie zum Arbeiten und für den Garten. Es dünke ihn, er werde gar nicht älter.

Wie seine Geschäfte liefen, fragte er Peter. Er sei positiv überrascht, die Umsätze seien höher als erwartet. Das Einkommen des Sohnes, bald drei Jahre nach dem Start, war höher als das des Vaters nach zwanzig Jahren Selbstständigkeit. Beide erschraken darüber und blieben eine Weile stumm. Zu seiner Zeit, 1933, als er in diesem Alter gewesen sei, wäre das nicht möglich gewesen. Er verstehe es nicht, auch nicht so recht, was er eigentlich mache.

In sein Geschäftsbuch schrieb Fredi Ende 1972 über arbeitsreiche Monate, unreife Trauben und den Kauf eines Fernsehapparates, um Angeli die Abende zu verkürzen, wenn er in der Budik sass. Im Herbst lernte Peter Ursi kennen. Sogar Angeli freundete sich mit ihr an und lud sie an den Familientisch ein. Angelis Arthritis verstärkte sich laufend, und sie erlitt eine schwere Gelbsucht.

Kurz darauf, Anfang 1973, lag sie mehrere Wochen im Spital Pfäffikon. Es wurden zahlreiche Untersuchungen vorgenommen, es wurde geröntgt, gemessen, gespritzt und gerätselt. Man fand Indizien, die auf einen Stein im Gallengang hinwiesen, eine eindeutige Diagnose war nicht möglich, man wollte abwarten und beobachten.

Dann operierte man doch. Aber die Ärzte waren machtlos. Ein Tumor in einem Gallengang, Metastasen.

Lange war es her seit Fredis Vierzigstem, als er nochmals seine Welt entworfen hatte. Eigentlich hatte er sich alle seine Träume erfüllt – ein unabhängiges Leben, eigenständiges Arbeiten, eine eigene Familie. Nur seine Ideale von Liebe und Freundschaft waren schon lange verblasst. Fredi streckte Angeli die Hand hin zur Begrüssung, konnte sie nicht in den Arm nehmen, wie andere Besucher es mit ihren Angehörigen taten, nicht einmal da, in diesem Moment, im Spital. Die Zärtlichkeit war ihnen abhandengekommen.

Angeli war wieder zu Hause. Den ganzen Tag lag sie im Bett, das Kopfteil halbhochgestellt. Jede Anstrengung erschöpfte sie, sodass sie danach regelmässig wegdämmerte.

Angeli habe geträumt, erzählte Erika dem Vater. Er war gekommen, um sie abzulösen. Stets sass nun jemand bei ihr im Zimmer, bewachte ihren Schlaf, kühlte ihre Stirn. Sie habe unruhig geschlafen und manchmal einzelne Worte gesprochen. Plötzlich habe sie laut und deutlich gesagt, sie sei gleich fertig.

Mutter Lina habe im Traum geschimpft, wie lange sie noch auf die Suppe warten müssten, erklärte sie Erika. Dann sei sie erwacht, durstig, mit trockenem Mund, es sei so heiss.

Erika, die Stieftochter, eben noch das Mädchen mit den dicken Zöpfen, flösste ihr Schluck für Schluck ein, befeuchtete die trockenen Lippen und erneuerte den kühlenden Lappen auf der Stirn. Ob sie den ganzen Traum erzählen könne. Die Wolken gaben plötzlich den Himmel frei, und helles Licht fiel aufs Bett.

«Zieh den Vorhang», bat Angeli.

Langsam, von Standbild zu Standbild, fügte sich der Traumfilm aus Angelis Kindheit zusammen: Die Nachmittagssonne stand über der Reuss, schien an den steilen Berg, den Bälmeten. Sie spielten Sonntagsspaziergang. Angelina als Mutter, Luisa als Vater. Die Kleinen, Bertha und Pina im Kinderwagen, als ihre Kinder. Am Ende des Ächerliwegs hatten sie wilde Erdbeeren gesucht. Erstfelder Spiel- und Alltag glichen sich: Schon früh hatte Angelina die Mutter zu vertreten, die arbeitete. Es gab neben der Schule viele Hausarbeiten zu machen, Luisa sollte helfen, Angelina machte aber meist alles allein. Holz suchen, Gärtlein jäten, Hühner füttern, Wohnung putzen, Gemüse rüsten, den Kleinen schauen, Pina die Windeln wechseln. Im Traum war es Zeit zurückzukehren. Die Kinder stiegen ins Dachgeschoss, das fünfte im hohen Haus an der Schmiedgasse. Angelina begann aus den Resten des Mittagessens eine Suppe zu kochen. Sie war geschickt und flink. Ein Lob von Mama gab es nie. Es war so heiss da oben unter dem Dach, und sie hatte Durst. Mama rief ungeduldig nach der Suppe.

Angeli wirkte müde. Fredi erzählte sie später, immer häufiger habe sie in ihren Träumen Besuche von Geschwistern, seltener von Mutter oder Vater. Es scheine ganz wirklich, aber dann erwache sie aus dem Fiebertraum, sehe die alte Holztäfelung über ihrem Kopf, und immer sitze jemand neben ihr. Sie schilderte Fredi ihre quälenden Gedanken. Das Leben habe ihre Hoffnungen stets nur zum Schein erfüllt. Dann sei er, Fredi, gekommen und mit ihm der Traum einer glücklichen Familie mit seinen Töchtern, mit eigenen Kindern. Alles habe sich anders entwickelt. Tote Kinder, Risse in der Romantik, schwierige Jahre mit Trudi und Erika, auch mit Peter. Und immer die Bauerei, immer der Dreck. Die vielen Abende allein in der Stube. Sie verstummte, schlummerte weg. Täglich kam der Arzt und spritzte Schmerzmittel, darum wohl schlief und träumte sie so viel.

«Bin ich ungerecht? Wir haben ein eigenes Haus, du warst immer solid. Immer habe ich mich nach dem Sinn gefragt, lag er in der Familie, dem Einsatz für die Frauen? Ich habe auf längere Ferien gehofft, auf mehr Zeit mir dir, auf ein bisschen Ruhe. Und nun geht es zu Ende, ich spüre es.» Langsam, im Flüsterton, fand Angeli die Worte. «Das Schlimmste aber ist, dass Hans Peter alle Hoffnungen kaputt gemacht hat, auf ihn stolz sein zu können, auf das einzige eigene Kind.»

«Deinetwegen bin ich krank geworden», sagte sie dem Sohn kurz vor ihrem Tod.

Ende Mai 1973 starb Angeli. Der Arzt stellte den Totenschein aus, Fredi machte Meldung auf dem Zivilstandsamt, man kondolierte, erklärte ihm, was alles zu tun sei, und drückte ihm ein Merkblatt in die Hände. Er ging ins «Schlössli», vis-à-vis des Gemeindehauses, bestellte einen Kaffee, trank ein paar Schlucke, liess die Hälfte stehen und fuhr nach Hause. Anderntags wurde Angeli mit dem Leichenwagen abgeholt. Fredi blieb erstarrt zurück.

Er stand vor dem geöffneten Sarg im Aufbahrungsraum, konnte noch immer nicht glauben, was er sah. Streng wirkte sie, unnahbar und schon weit weg. Ein Schluchzen übermannte ihn. Nach der ersten Verliebtheit, einigen guten Jahren, hatten sie eine Zweckgemeinschaft und je ein eigenes Leben geführt. Sie hatte sich oft allein gefühlt. Ihm war nie so zumute gewesen. Beim Arbeiten war er nie allein. Arbeiten hatte ihm immer das Gefühl gegeben, jemand zu sein. In den letzten Jahren hatten sie nicht mehr viel geredet, sie hatten am Küchentisch gesessen während der drei Mahlzeiten, manchmal hatte sie ihn gebeten, seine Schreibarbeiten abends am Stubentisch zu machen statt in der Budik. Dann hatten sie einen Kaffee getrunken, ein Glas Wein. Es waren behagliche Momente gewesen. War das eine Form von Liebe gewesen, stumm zusammenzusitzen, weil man sich kannte, alles wusste voneinander? Die Tränen liefen ihm über die Wangen. Ich hätte mich mehr interessieren sollen für sie. Wie nur hätten wir die Zärtlichkeit wiederfinden können? Er wurde vierundsechzig, besass Haus und Garten und hatte zu arbeiten, was ihn nicht verdross.

Angelina Santina Gisler-Valsecchi wurde in Pfäffikon begraben. Der Pfarrer erwähnte in der Abdankungsrede, sie sei über Jahre das Mädchen bei Rudins gewesen. Emmely Rudin schrieb darauf Fredi einen Brief:

Ich hätte laut aufheulen können in der Kirche, als ich hören musste, Angeli sei all die Jahre als Dienstmädchen bei uns gewesen. Es tat weh. Es war unser gutes Angeli, geliebt, geschätzt von der ganzen Familie, von allen Verwandten, Freunden und Bekannten. Es gehörte zur Familie und hinterlässt auch bei uns eine grosse Lücke.

Einige Wochen nach der Abdankung, am Geburtstag Fredis, brachte Erika einen Gugelhopf und Kerzen an die Dorfstrasse. Sie traf den Vater in der Küche, am Tisch sitzend, schluchzend. War er nach Angelis Tod einfach fassungslos gewesen, so wirkte er nun alt und eingefallen.

«Wieso hat sie mich verlassen?»

Erika wusste keine Antwort.

Angeli hatte in den gemeinsamen siebenundzwanzig Jahren mehr bestimmt, als er sich im Alltag gewahr geworden war. Alles war gelaufen wie geschmiert, so hatte er schaffen können, bauen, umgraben, Bäume veredeln, Sport treiben. Er hatte sich dank ihr viele Lebensträume erfüllt. Die plötzliche Erkenntnis erstaunte und beschämte ihn. Er hatte sie oft nur als Mäkelnde und als Leidende gesehen, die drei Kinder verloren hatte und ihm die Erotik verweigerte.

Es ist noch immer irgendwie weitergegangen

Am Sonntag war das Alleinsein am schlimmsten. Fredi schien, alle anderen sässen am Familientisch, auf einer Kirchenbank oder gemeinsam im Gasthaus, nur er verlassen am Küchentisch. Früher, an regenfreien Sonntagen, hatte es Angeli zuweilen in die Kirche gezogen, ihn eher in den Wald zu den Pilzen, auch bei Regen, oder in die Werkstatt. Gartenarbeit hatte Angeli verhindert, das gehöre sich nicht am Sonntag. Doch nie hatte er sich allein gefühlt. Aber jetzt quälte ihn Einsamkeit.

Der Blick aus dem Fenster versprach einen angenehmen Spätsommertag. Eine Velotour würde ihm gut tun. Fredi richtete Proviant, goss, in Erinnerung an seine Europatouren, Wein und Wasser in die Feldflasche, stieg in die abgewetzten Knickerbocker, streifte ein farbiges Hemd und die leichte Windjacke über. Ein beschwingtes Gefühl machte sich breit.

Er hatte den Weg bergwärts eingeschlagen. Bereits lag die Kirche von Oberhittnau im Rücken, als er umkehrte. Nahe beim Eingang des Friedhofs befand sich das Grab seiner Mutter. Begonien, Fuchsien, ein verkümmerter Rosenstock und viel Immergrün deckten das Rechteck. Der Stein hatte Flechten angesetzt. Ihr Sturz und der gleichgültige Doktor hatten sie vor weiteren kümmerlichen Jahren in der «Blumenau» bewahrt. Fredi wandte sich ab und dem Platz ihres ersten toten Kindes zu. Er fand nur eine Wiese, die Kindergräber am Zaun waren aufgehoben worden. Wie lange war das her? Sechsundzwanzig Jahre. Der Bub wäre längst ein Mann, würde er diese Velotour mit ihm machen? Kaum, auch er hätte sein eigenes Leben.

Es zog ihn weiter. Gegen Dürstelen stieg er aus dem Sattel, trat mit dem ganzen Gewicht in die Pedale und wiegte sich die steile Strasse hinauf bis fast nach oben, wo er klein beigab und das Absteigen mit dem schönen Blick ins Tal rechtfertigte. Man war nicht mehr zwanzig. Die trübe Stimmung hatte er im Aufstieg am Wegrand abgelegt. Er verschlang das satte, dunkle Grün von Wiesen und Wald unter den fernen, leichten Wolken. Eine Weile schob er das Velo, schwang sich dann wieder in den Sattel, fuhr gemächlich an den ersten Häusern vorbei und schwenkte in die schmale Gasse, in der sein ehemaliger Hausteil lag. Zwischen Geranien in der Stubenfront aalte sich eine Katze. Kein Mensch war zu sehen, es waren wohl alle unten in der Kirche, am Grasmähen oder in der Dorfkneipe. Ein gottverlassener Weiler. Doch damals hatte er Gertrud nicht verstanden, Angeli schon eher, weil sie sich nicht traute velozufahren. Dürstelen war Vergangenheit, aber auf den Stoffel, den Hügel über dem Dorf, kam er immer wieder gern, von da stammte die Stechpalme im Garten, und er wusste, wann und wo die Speisepilze aus dem Boden schossen.

Froh, mit niemandem reden zu müssen, pedalte er auf die Höhe, um mit leicht angezogenen Bremsen nach Bauma hinunter und Richtung Wald weiterzufahren. Eine Nostalgiefahrt, gestand er sich ein. Auf der Tösstalstrasse herrschte Betrieb, Autos, Motorräder, ab und zu ein Traktor und regelmässig Hobbysportler in grellen Rennfahrertrikots mit modernsten Rädern.

«Hopp, Vater», rief ihm einer beim Überholen zu, er grinste in einer Mischung aus Gönnerhaftigkeit und Anerkennung, «pass auf, du bist nicht mehr zwanzig.»

In Wald drehte er eine Runde und machte einen Abstecher nach Laupen. Ihre Boxerbeiz, das «Orsini», gab es nicht mehr. Max war inzwischen Rentner. Er kurbelte zurück nach Wald und über die Höhenstrasse Richtung Flugplatz Hasenstrick. Nach dem kleinen Flugfeld liess er sich am Waldrand nieder, um den Ausblick auf die Linthebene und die Zürcher Seen zu bestaunen. Ab und zu hörte er einen der kleinen Brummer landen oder starten. Freudlos nahm er ein paar Bissen seines Proviants und leerte die Feldflasche. Er spürte plötzlich das Bedürfnis nach Gesellschaft.

In Ringwil trat er in den «Anker», eine heimelige Beiz. Mittagszeit war vorbei, nur vereinzelte Gäste sassen gut verteilt in der Wirtsstube.

«Grüezi, ist es erlaubt?» Fredi setzte sich zu einem Mann in seinem Alter.

«Natürlich. Wanderung oder Velotour?»

«Velotour, durchs ganze Oberland, aber gemütlich.»

«Man ist ja nicht mehr zwanzig», sagte der Mann.

«Ihr seid von hier, Bauer, nehme ich an?»

«Ich habe einen kleinen Hof in Girenbad.» Dann schwieg er eine ganze Weile. «Vor einem Jahr habe ich die Frau verloren – Krebs –, die Kinder sind weg, niemand will mehr bauern. Drei Kühe, ein paar Geissen und

Hühner habe ich noch. Die Lust ist mir vergangen, so allein. Den grossen Teil des Landes habe ich verpachtet. Keine Ahnung, wie es weitergeht. Da schaffst du jahrelang rund um die Uhr, leistest dir nichts, schaust, dass aus den Kindern etwas Rechtes wird, dann kehren sie dir den Rücken, die Frau geht auch, für immer.»

«Ich bin der Fredi.»

«Und ich der Fritz.»

Fredi trank seinen Kaffee aus, und sie bestellten einen halben Liter roten Stäfner.

«Es ist mir gerade gleich ergangen. Jetzt sitze ich allein im grossen Haus und weiss nicht wie weiter, nur dass es noch immer irgendwie weitergegangen ist.»

«Ich habe ein schlechtes Gewissen meiner Frau gegenüber.» Fritz fuhr sich über seine Bartstoppeln. «Sie würde sagen, ich könnte mich wieder einmal rasieren. Man hat so wenig Zeit füreinander gehabt.»

Fredi nickte.

«Nimmst du eine Brissago?», fragte Fritz.

«Wieso nicht, gern.» Wortlos pafften sie eine Weile.

«Ich hätte nicht gewusst wie anders, Grossvater und Vater waren schon Bauern, bei denen habe ich nichts anderes gesehen. Romantisch war das nie.»

«Es geht mir ähnlich. Der Grossvater ein Vagant, der Vater ein redlicher Sattler, aber arm und mit Jähzorn geschlagen. Als er früh starb, kamen wir drei Buben zu fremden Bauern und mussten schaffen. Trotzdem wurde ich Polsterer, habe meine eigene Werkstatt.»

«Das ist nicht selbstverständlich, du hast etwas geleistet.»

«Mag sein, trotzdem fühle ich mich einsam.»

«Ich weiss, wie das ist.» Sie verstummten. Nach einer Weile sagte Fritz: «Nun muss ich nach den Tieren schauen, ich wünsche dir heile Heimfahrt. Ich bin der Meier Fritz, wenn du mal in der Nähe bist ...»

«Mach ich.» Für Fritz schrieb Fredi seinen Namen und die Adresse auf einen Bierdeckel.

Die Schwerkraft beschleunigte die Fahrt hinunter nach Kempten, und bald war er zu Hause, wieder allein, doch irgendwie getröstet. Dass die jungen Leute von Girenbad weggingen, konnte er verstehen. Aber Pfäffikon war ein grosses Dorf, und Erika wohnte nur hundert Meter entfernt. Könnten sie sich nicht zusammen das grosse Haus teilen?

Im März, am eigenen Geburtstag, hatte sie ihr drittes Kind geboren. Nadia, ein Mädchen diesmal, sechs Jahre nach dem zweitgeborenen. Fredi bot der gewachsenen Familie eine Wohngemeinschaft an. Im neuen Jahr wollten sie einziehen.

Am ersten November 1973 wäre Angeli neunundfünfzig geworden. Fredi hatte den Geburtstag mehr als einmal vergessen, vom Hochzeitstag ganz zu schweigen. Diesmal dachte er daran, schon Tage vorher, suchte das Grab früh am Morgen auf, denn an Allerheiligen war das halbe Dorf zwischen Efeu und Grabsteinen anzutreffen. Mit seinen Tränen wollte er allein sein.

Fast wie ein Volksfest wurde am fünfundzwanzigsten November der erste autofreie Sonntag gefeiert. Im Nachgang zum Jom-Kippur-Krieg hatten die Araber den Ölhahn zugedreht, für die Industriestaaten hiess das sparen. Am frühen Abend dieses fünfundzwanzigsten Novembers holte Erika in Fredis Garten Gemüse und wollte ihm im Gegenzug ein Stück Apfelkuchen bringen. Sie fand den Vater verwirrt und apathisch in der Küche sitzend und erschrak zutiefst über den blutig verkrusteten Kopf und die zerrissenen Kleider. Es sah aus, als ob die ganze rechte Seite über eine riesige Bircherraffel geschrammt wäre. Erika musste sich setzen, sie sagte, ihr werde flau.

Fredi versuchte ein schiefes Lächeln, dann erzählte er, was ihm bewusst war. Er war auf den autofreien Strassen zu einer kleinen Tour gestartet, wusste noch, dass er in Winterthur den Rückweg angepeilt hatte, dann fand er sich am Bahnhof Effretikon. Leute aus Pfäffikon hatten ihn erkannt und begleitet. In der Seitentasche der zerrissenen Windjacke steckte ein Billett und ein Transportschein für sein Fahrrad. Er würde es morgen abholen. So war er heimgekommen. An mehr konnte er sich nicht erinnern.

Erika brachte ihn als Notfall ins Spital. Der diensthabende Arzt behandelte die Wunden und diagnostizierte eine Gehirnerschütterung. Der harte Schädel hatte Fredi zum wiederholten Mal vor Schlimmerem bewahrt.

Als Wohngemeinschaft teilten Erikas Familie und Fredi sich Toiletten, Badezimmer und Küche. Den Ausstellungsraum mit dem Schaufenster und seine Werkstatt betrieb Fredi weiter. Er zog sich in die Zimmer oberhalb von Küche und Budik zurück, den Rest des grossen Gebäudes bewohnte die Familie. Die beiden Buben nahmen das verwinkelte Haus, den Dachboden und den grossen Garten als Abenteuerspielplätze in Beschlag. Zum Essen setzte Fredi sich mit der Familie in der Küche zu Tisch. Oben, auf dem kurzen Schenkel der Eckbank, war seit eh und je sein Platz. Man erzählte sich das Neueste während des Mittagessens. Am Wochenende, wenn auch Schwiegersohn Oscar um zwölf die Suppe löffelte, wurde politisiert. Während der Nachrichten aber, ab dem Zeitzeichen – piep, piep, piep, piep, pip –, Punkt zwölf Uhr dreissig, standen alle unter dem Schweigediktat Fredis, der Depeschenagentur und des meteorologischen Dienstes. Er, auf einem Ohr taub, verhinderte rigide, dass Kinderlärm ihn um die Neuigkeiten brachte.

Mit dem neuen Leben, mit den Enkeln im Haus hob sich Fredis Stimmung. Gleichzeitig wurde ihm sein Bedürfnis nach Nähe und Zärtlichkeit bewusst. Er fühlte sich noch immer einsam. Bald war in der Lokalzeitung zu lesen:

Sportlicher Witwer, 64-jährig, aus dem Zürcher Oberland,
wünscht sich junggebliebene Partnerin.
Zuschriften an ...

Zwei Dutzend Antworten – die Hälfte legte er für eine Absage beiseite. Für die anderen griff er zum Telefon. Er wollte die wichtigen Punkte klären: Autofahren werde er wohl nicht mehr lange, eine gemeinsame Wohnung könne er sich nicht vorstellen, und er wolle ein lebendiges Sexualleben führen. Da blieben nur noch zwei. Die eine beschied ihm nach einem Treffen, er sei nicht ihr Typ. Mit der anderen entstand eine lose Beziehung. Sie wohnte im Tösstal, im eigenen alten Haus mit Garten, Hund, Hühnern, Truthahnpaar und unzähligen Katzen. Sie trafen sich mal bei ihr, mal in Irgenhausen, machten Winter-, bald Frühlingsspaziergänge. Als die ersten Gartenarbeiten anfielen, forderte sie Fredi auf, bei ihr einzuziehen. Er reagierte verärgert, und bald lagen sie in einem heftigen Streit. Das war das Ende der jungen Liebe.

Einige Zeit später, Wiesen, Bäume und Gartenbeete präsentierten sich in sattem Grün, war von einer anderen Liebe die Rede. Sie stellten zwei Stühle in den Schatten unter dem Birnbaum, um Neuigkeiten auszutauschen. Peter erzählte dem Vater, dass er im Juni Ursi heiraten werde. Nein, keine Kirche und in ganz kleinem Rahmen, er sei natürlich eingeladen. Und Fredi berichtete, er habe das Modellieren wieder aufgenommen, nach seinen Zeichnungen und einem Bildband voller Skulpturen, in Plastilin und Ton.

Im November 1974 waren Wien und Edi das Ziel der letzten grossen Autoreise Fredis. Die beiden Freunde versuchten an schöne Erinnerungen anzuknüpfen und die Klagen weg von sich selbst auf das Weltgeschehen zu richten, auf die Erdölkrise, die sich häufenden Pleiten und die steigenden Arbeitslosenzahlen. Fredi kam sich hilflos vor, weil er wusste, dass er Edi auch mit der Coué-Methode nicht helfen konnte. Als er ihm erzählte, er werde das Autofahren aufgeben und sich wieder an sein Velo halten, sagte dieser, so gebe er doch seine Freiheit auf.

«Nein, das Velo ist auch Freiheit», widersprach Fredi, aber das Autofahren bei Regen, im Dunkeln, im Winter oder wenn mich einer blendet, ist gefährlich geworden. Stell dir vor, ich würde jemanden überfahren, das wäre eine Katastrophe!»

Es waren kleine Anlässe, die unmerklich die Tonlage an der Dorfstrasse veränderten. Fussspuren in einem frisch angesäten Beet, zu viele ausgerissene Möhren, ein verschmutztes Möbel im Ausstellungsraum, ein abgebrochener Ast am eben gezweiten Apfelbäumchen, Kindergeplapper während der Nachrichten. Grosspapa Gisler vergass ab und zu die Zeit, man wartete am Familientisch, Erika schickte einen der Buben zur Erinnerung. Ja, ja, er komme gleich, die Suppe wurde kalt. Beide Seiten wurden empfindlicher. Ein Weiteres trugen Schuldzuweisungen an die Kinder dazu bei, die von Erika unzimperlich verteidigt wurden, und Erziehungsversuche am Vater, dem zeitlebens nichts über seine Freiheit gegangen war.

Achtzehn Monate nach dem Einzug begannen Tochter und Familie ihre Habe wieder zu packen.

Bereits wieder mehr als ein Jahr allein im Haus, litt Fredi erneut und doppelt an seiner Einsamkeit. Er setzte sich öfter ins «Schlössli», eine Dorfbeiz, was er früher selten getan hatte. So sass er manchmal allein hinter einer Kaffeetasse und versuchte immer wieder von neuem, zu verstehen, wie die beiden vergangenen Jahre sein Leben so gründlich hatten verändern können. Noch immer polsterte er, pflanzte, fuhr Velo, aber die Lebensfreude war ausgewandert. Auch die Unterhaltung am Stammtisch mit notorischen Wirtshausgängern machte ihn nicht froher. Einmal, es wurde wild über die letzte Fussballrunde gestritten, fiel das Wort «Befreiungsschlag». Es verfolgte ihn bis nach Hause wie ein Ohrwurm. Das war es: Er brauchte einen Befreiungsschlag, dachte er. Im Gespräch mit seinem Sohn reifte ein Plan.

Es war ein spontaner Samstagabendgedanke. Der Wetterbericht versprach milde Trockenheit. Fredi kündigte sich telefonisch bei Max an, füllte eine Satteltasche mit Proviant, der treuen Feldflasche und Ersatzwäsche, um dann zeitig schlafen zu gehen. Früh um fünf stieg er aufs Velo mit Etappenziel Hulftegg als erster sportlicher Prüfung. Nach dem Pass lag bereits die Ostschweiz vor ihm, wo ihn die beiden Appenzeller Halbkantone ins Schwitzen brachten. Er fühlte sich aber fit, pedalte unbeschwert durch die Topografie, gelegentlich stieg er ab, um Proviant und Aussicht zu geniessen.

Als er gegen elf über dem Schild «Gisler-Holzknecht» auf den Klingelknopf drückte, streckte Max den Kopf aus der halbgeöffneten Tür und sagte, man kaufe nichts … Sie liessen sich hinter dem Haus von der Altweibersonne wärmen. Zenzi kam zur Begrüssung aus der Küche und brachte einen köstlichen Bratenduft mit sich. Das Asthma habe ihn fest im Griff, sagte Max, und mit seinen Knochen würde er nicht mehr in den Ring steigen. Zenzi arbeite an der Kasse in der Migros, Beatrix sei ausgezogen, neunzehn, eine junge Frau – Stolz klang mit – und Marcel in der Mittelschule, der erste von ihnen, nochmals Stolz. Fredi erzählte, dass er zuweilen noch mit dem Tod Angelis hadere und grüble, obwohl er sich damit abgefunden habe.

«Und eure Wohngemeinschaft?»
«Hat nicht geklappt. Erika und ich, wir beide sind halt Hitzköpfe.»
«Gislerköpfe, ich weiss.»
«Aber nun habe ich das Ei des Kolumbus gefunden!»
«Mach es nicht spannend!»
«Ich verkaufe Peter das Haus, er wird es renovieren und für mich ein Stöckli einbauen, ganz abgetrennt. Ursi, die Schwiegertochter, macht aus dem Laden ein Vorhanggeschäft. So bin ich alle Sorgen los und kann wieder an morgen denken.»

Die Umbaukosten in Irgenhausen liefen aus dem Ruder. Peter und Ursi ahnten weder, wie weit das Ende der Bauerei entfernt lag, noch, dass die Ehe das nicht erleben würde. Der Stöcklieinbau für Fredi kam dagegen zum guten Abschluss. Mitte 1976 zogen Sohn und Schwiegertochter in die Baustelle. Während eines guten Dutzends Jahren würde das Baufieber Hausteil für Hausteil, Raum für Raum befallen wie früher mit Fredi als Baumeister.

Die Umbauarbeiten fielen mit einer heftigen Rezession zusammen, die im Kielwasser der 73er-Erdölkrise die Wirtschaft beutelte. Peter und sein Partner hatten das Zeichnen und Konstruieren bereits 1972 aufgegeben und den Einsatz technischer Fachleute bei ihren Kunden zum Hauptangebot gemacht, aber auch begonnen, Mitarbeiter für unterschiedliche Branchen zu rekrutieren. Als Personaldienstleister wurden sie zuerst und heftig vom Abschwung erfasst. Der Umsatz fiel auf null und verharrte dort lange. Dank Reserven und Kreativität überlebten sie. Zudem hatte Peter plötzlich viel Zeit, um beim Umbau mitzuarbeiten.

Die Budikfenster waren um zehn Uhr noch matt erleuchtet. Hinter trüben Scheiben sass Fredi und nähte Bordüren an das frisch gepolsterte Sofa. Peter klopfte an und trat ein.

«Gut geht es mir, sehr gut sogar.» Fredi hatte ein Ruderboot gekauft und den Standplatz dazu geerbt. Ein Glückspilz, denn Bootsplätze am See waren Gold wert. Beim Kaffee im «Schlössli» hatte ihm einer erzählt, dass er sich eben entschieden habe, mit dem Fischen aufzuhören und sein Boot mitsamt dem Zubehör zu verkaufen. Wie ein hungriger Hecht hatte Fredi angebissen, und der Handel wurde besiegelt, ehe der Kaffeesatz sichtbar wurde.

Dann wurde er ernst, er habe sich überlegt, wie es weitergehe. «Neunundsechzig ist doch ein gutes Alter, um allmählich mit der Arbeit aufzuhören, was meinst du?»

«Du, aufhören? Das kann ich nicht glauben, die nächste schöne Polsterarbeit wird das gleiche Fieber auslösen wie der Gedanke an die Fische im See.» Nicht nur die Karriere als Polsterer, auch jene als Grossvater setzte sich fort, denn Ende 1978 gebar Ursi die Enkelin Andrea und zwei Jahre danach Miriam. Fredi freute sich und machte sich geduldig ans Warten, auf dass sie grösser würden.

Ende Mai 1979 rief Zenzi an, weinend, Max sei gestorben. Das Asthma und die damit verbundenen Leiden waren zunehmend stärker geworden, zum Schluss hatte man von Erlösung gesprochen. Zweiundsiebzig wurde er.

Fredi übernahm vom Bruder Werkzeuge, darunter jenen Halbmond, der vor über sechzig Jahren aus der Hand von Vater Emil an ihm vorbei in die Kammerwand gesaust war. Das Ledermesser lag auf dem Tisch und liess ihn in Gedanken versinken: Der Vater war ein glückloser Handwerker gewesen, der an Armut, an Hoffnungslosigkeit und Zorn zerbrochen war. Und Max? Ein gescheiter Bursche, wieso war es ihm oft so schlecht ergangen? War er mit Vaters Erfolglosigkeit und Tod nie fertiggeworden? Hatten ihm Vaters und seine eigene Wut über die Ungerechtigkeiten keine Ruhe gelassen? Das Asthma und das Rauchen waren Totengräber gewesen. Ich hatte ihn gern, dachte er, und habe mich geärgert, weil er unstet und ungesund gelebt hat. Etwas von mir stirbt mit Max. Wir waren beide Hitzköpfe. Mit ihm hatte ich die rebellische Seite gemeinsam, während ich mit Hans die arbeitsame teile.

Hans hatte an der Beerdigung festgestellt, das Erlebte wirke ein Leben lang nach. Ihre Eltern hätten nichts besessen, aber ihnen mitgegeben, nach einer sicheren Existenz zu streben. Und Interesse zu haben an der Welt, hatte Fredi ergänzt.

Fredi wurde drei Wochen nach Max' Tod siebzig. Von Alter kann eigentlich noch nicht die Rede sein, dachte er, auf jeden Fall habe ich noch einiges vor. Seit er eine Altersrente erhielt, war das Arbeitseinkommen eine Zugabe, er werkte weniger, aber mit purer Freude. Zeit habe er allerdings nicht mehr als vorher, denn die Interessen seien zahlreich, erklärte er einem Geburtstagsgast im nahen Restaurant Römerstube, wo Kugeln geschoben wurden. Zwischen geleerten Tellern, umgelegten Kegeln und gefüllten Gläsern schälte Fredi Geschenke aus buntem Papier. Mit dabei ein Flugticket und Reiseunterlagen. Zuerst verschlug es ihm die Sprache, dann brach es aus ihm heraus, die Mitternachtssonne zu sehen, das habe er sich schon immer gewünscht.

Dem Wiener Brieffreund Edi berichtete er von seiner Reise ans Nordkap, über Vögel, Schiffe, Wikinger und seltsam malerische Häuser. Er könnte noch drei, vier Seiten mehr schreiben, aber ihm fehlten die Worte für das viele, das er erlebt habe. In Wirklichkeit wagte er nicht, dem gelähmten Edi seine Freude zu schildern über die Freiheiten als älterer Mann. Nun sei er wieder zu Hause in der Budik, habe Schönes zu polstern und merke, dass er mit dem Arbeiten nicht zu Ende komme. Der Sohn sei mit der Firma in eine benachbarte Kleinstadt gezogen, sie sei gewachsen und, wenn er das richtig verstehe, suchten er und seine Leute für grosse Unternehmen Personal, damit schloss er den Brief.

«Im Coop!» Es war noch nicht der Wonnemonat, aber Fredi strahlte nach Ostern wie ein Maikäfer. Er war in seiner alten Leidenschaftlichkeit verliebt, hatte am Ostersamstag an der Kasse eine Entdeckung gemacht und die zahlentippende Dame, ungeachtet der Schlange hinter sich, zum Kaffee eingeladen. Er möge doch nach Ostern wiederkommen, am besten wenn keine Leute an der Kasse stünden, habe sie geflüstert. Am Dienstag stand Fredi wieder dort, um vierzehn Uhr, der Laden war fast leer, und am nächsten Tag, nach Feierabend, führte er die Kassenfrau ins «Schlössli», gleich neben dem Coop. Es wurden drei anregende Stunden, sie goutierte seine Komplimente, und es gab niemanden in ihrem Leben, den das gestört hätte. Dem Kaffee folgten zwei halbe Hähnchen vom Grill und Pommes frites, begossen mit rotem Wein aus dem Flaachtal. Schon am folgenden Wochenende wollten sie sich wiedersehen. Peter war neugierig auf das nächste Kapitel.

«Wir waren spazieren, haben unsere Geschichten erzählt», berichtete Fredi willig, «ich habe für Alice am Samstag gekocht, sie für mich am Sonntag. Am nächsten Wochenende fahren wir ins Tessin, wohnen können wir bei ihrer Schwester.»

«Alice heisst sie also. Ich gratuliere, Papa, du bist ja ein ganz Flinker.»

«Ich bin auch älter als du, viel Zeit bleibt mir nicht.»

Die Tessiner Reise verwandelte Fredi. Das Belastende der letzten Jahre fiel ab. Drei Monate nach Ostern überraschte er den Sohn mit der Neuigkeit, er werde ausziehen, tagsüber aber in der Werkstatt sein oder im Garten. Er habe mit Alice an der Bürglenstrasse, drei Fussminuten vom Stöckli, eine Dreizimmerwohnung gemietet. Alice arbeite Teilzeit und pflege regelmässig zu jassen. Er sei dann in der Budik oder im Garten. So habe er «de Föifer und s Weggli». Sie sei acht Jahre jünger als er, seit einigen Jahren verwitwet und habe drei Söhne und ein paar Enkelkinder.

Fredi pflegte seine Passionen ohne nennenswerte Abstriche weiter. Die gemeinsamen Abende füllten sich mit Fernsehen, Ausgang und den Versuchen, sich gegenseitig Neues beizubringen. Als Alice ihn zum Tanzen verführen wollte, entzog er sich mit dem stichhaltigen Hinweis auf sein Bein. Vor dem Jassen hingegen gab es keine Rettung. Er lernte die Regeln und setzte sich gelegentlich als Stellvertreter in eine ihrer drei Jassrunden. Den Zugang zu den Raffinessen des Spiels, das sie meisterhaft beherrschte, fand er nie. Irgendetwas machte er immer falsch.

«Du musst Farbe angeben. Wieso hast du geschoben? Das wäre ein guter Unenue gewesen. Da hättest du Trumpf spielen müssen.» Wenn er Alice Boxhandschuhe übergezogen und sie in den Ring gestellt hätte, wäre sie nicht unbeholfener gewesen als er beim Kartenspiel.

Die federleichte Alice litt zuweilen an Depressionen, meist morgens wurde sie von Ängsten und Lebensmüdigkeit heimgesucht. Ich werde ihr die Coué-Methode beibringen, dachte Fredi, so kann sie sich selbst helfen. Alice aber, wie Angeli selig, setzte auf die Schulmedizin und in Momenten des Zweifels auf einen Naturheiler. So gewitzt sie am Jasstisch war, so schusslig und ängstlich konnte sie den Aufgaben des Lebens gegenüberstehen. Aber es war offensichtlich, Fredi liebte sie, mit ihren silbernen Locken, den flinken, wachen Augen und den Bäcklein, die sich beim Lachen bildeten. Wenn sie Arm in Arm von der Dorf- an die Bürglenstrasse wechselten, glichen sie einem alten Ehepaar.

Mit Alice begann Fredi eine neu erwachte Reiselust zu stillen. Nach Italien, Österreich oder auch bloss an den Rhein fuhren sie, ins Berner Oberland und immer wieder ins Tessin. Für das zweite Jahr ihrer Liebe buchten sie eine Reise nach Kanada. Zurück aus dem fremden Kontinent, erzählte er mit leuchtenden Augen von endlosen Carfahrten durch ebenso endlose Weizenfelder, von urwüchsigen Wäldern, unzähligen Gewässern, speziell vom Sankt-Lorenz-Strom, den er zuerst für einen See gehalten hatte. Erzählte von wildlebenden Tieren, von Städten und himmelhohen Aussichtstürmen.

«Das war das Grösste meines Wanderlebens», schrieb er in einem Brief an Edi. «Schau, ich komme aus der kleinen Schweiz, wo man einander so leicht auf die Hühneraugen tritt. In Kanada ist alles gross und weit und nicht zu fassen.»

Das Geständnis Ende 1983 konnte Fredi kaum fassen. Es war ihm nie aufgefallen, dass Peters Ehe krankte. Im April würde Ursi mit den Kindern ausziehen. Wenn er in der Budik werkte oder im Garten, waren stets die Enkelinnen in der Nähe, oder Ursi lud ihn zum Kaffee ein. Andrea und Miriam sorgten für Leben im Haus, der Sohn dagegen war meist im Büro.

Fredi und Sohn gewöhnten sich an die Stille, die nun nur noch der Baulärm durchbrach. Die neue Ordnung bestimmte bereits seit mehr als einem Jahr den Alltag, als Alice Peter anrief, so aufgelöst, dass sie kaum zu erklären vermochte, dass Fredi in Wetzikon im Spital lag. Er hatte wieder einmal eine harte Landung überstanden ...

Am frühen Vorabend war Fredi auf dem Velo von hinten angefahren worden – der betrunkene Lenker hatte die Flucht ergriffen, war inzwischen aber gefasst worden. Fredi wurde durch den Aufprall aufs Trottoir geschleudert. Passanten riefen Polizei und Ambulanz. Man stellte eine schwere Gehirnerschütterung, Prellungen und eine Art Stauchung durch den harten Schlag auf die Wirbelsäule fest. Ein Arzt wies auf die ungewöhnlich robuste Konstitution hin und den eisernen Schädel.

Fredi glich mit seinem Turban einem Sikh. Hätte man die braune Desinfizierlösung am Kopf ganzflächig aufgetragen, die Verwandlung wäre vollkommen gewesen. Und wie ein Sikh ging er gelassen um mit dem neuen Schlag.

«Klar ist es schlimm, dass der besoffene Typ ausgerechnet mich erwischt hat. Aber nun ist es so. Ich werde es überstehen. Was wotsch!»

Wieder zu Hause, versuchte er, zusätzlich zu den Coué-Übungen, die Folgen, vor allem neue Rückenschmerzen, mit gymnastischen Übungen zu besänftigen. Und er nahm das Krafttraining in einem Fitnesscenter auf. Trotzdem benötigte er nun zur Sicherheit einen Stock beim Gehen.

Der Flarz trug ein sanft zum First strebendes Dach, ein sogenanntes Tätschdach. Darunter sassen sie im Sommer 1986. Begannen zu reden, Vater und Sohn, nach wenig überraschenden Konflikten. Fredi hatte nicht begriffen, wieso Peter bei einem Vorfall aus vergangener Woche wütend geworden war. Er war aus allen Wolken gefallen, als der Sohn ihn abgekanzelt hatte. Auch Peter war über sich erschrocken, erzählte, er habe in Papas Augen Unverständnis und Traurigkeit gelesen.

«Du hast ja nie für etwas Zeit, darum habe ich das Rebenlaub ausgedünnt, das war dringend nötig. Das hat dir nicht gepasst», sagte Fredi.

«Das wollte ich selbst tun. Es sind ja meine Reben, und es tut mir gut, mich im Freien zu bewegen. Hättest wenigstens fragen können.»

«Du bist ja nie da, hockst immer im Büro.»

«Geärgert habe ich mich vor allem, weil du das Laub einfach liegengelassen hast, das wegzuräumen, hast du mir zugetraut.»

«Das habe ich wohl vergessen.»

Peter machte sich Gedanken über das nahe Wohnen, den Altersunterschied, schleichende Entfremdung, seine rüden Worte und über die Gislerköpfe. Die Einsicht, der Vater werde alt, stellte sich ein, und dass er wenig von dessen Geschichte wisse. Er, in seiner Firma ständig in Interviews mit Stellenbewerbern über deren Biografien, wollte endlich den Vater kennenlernen. So redeten sie weiter, reihten Gespräch an Gespräch, zerrten Vergrabenes ans Licht.

Natürlich hatte Fredi vom Rhein und der Thur erzählt, von den Bubenabenteuern, vom Fischen und Wildern. Über seine Verdingung, die elenden Verhältnisse, Entwertungen und das Herumgeschobenwerden war aber in der Familie nie gesprochen worden. Auch nicht über den Jähzorn des Grossvaters, der sich wie ein roter Faden durch die Kindheitserinnerungen Fredis zog.

Die Beziehung von Vater und Sohn veränderte sich. Sie tauschten sich häufiger aus, der Vater wurde aufmerksamer, Peter nachsichtiger. Fredi begann Anteil zu nehmen am Ergehen der Menschen um ihn herum, was er früher kaum getan hatte, so sehr war er mit sich selbst beschäftigt gewesen. Er wurde weicher und warmherziger.

«Wie geht es dir?» Die einfache Frage, früher wusste er nicht, sie zu stellen – nicht als Floskel, geschweige denn ernst gemeint.

Während eines ihrer Gespräche erzählte Fredi von Erikas Bericht über Trudi. Sie habe sie kürzlich in Zürich besucht. Seit sie vor ein paar Jahren diesen Mann geheiratet habe, gehe es ihr zunehmend schlechter. Er mache Tanzmusik, trinke ständig über den Durst und sei viel unterwegs. Halbwegs nüchtern sei er lustig, betrunken werde er primitiv und rabiat. Sie mache sich Sorgen, aber man könne nichts ausrichten.

In dieser Zeit der Annäherung erhielt Fredi in seiner Budik einen Überraschungsbesuch, er sass mit den Schnitzmessern vor seinem ersten Holzklotz, in dem die Figur noch schlummerte. Das Modell stand in Ton geformt dahinter.

«Das ist Papa Gisler – alle nennen ihn Fredi. Und das ist Regula. Wie du und Mama haben wir uns ein Jahr lang Briefe geschrieben.»

«Das freut mich, Regula.» Fredi streckte ihr seine Pranke hin, in der ihre feine Hand verschwand. «Ziehst du hierher?»

«Nein, ich habe eine sehr schöne Wohnung in Eglisau und arbeite auch dort in der Nähe. Wir werden beide pendeln, vom Unter- ins Ober- und vom Ober- ins Unterland.»

«So, von Eglisau. Das war mein Nachbardorf, früher, ich kannte dort manche Leute.»

Fredi fand Gefallen an der Frau, man wechselte hinüber in Peters Stube, wo Brot, Salami und Wein auf den Tisch kamen. Der Senior bewies Sitzleder – Alice sei beim Jassen, sie kehre spät heim. An diesem Abend erzählte er Regula seine ganze Geschichte.

«Früher hast du kein Wort darüber verloren, nun bist du so offenherzig», sagte Peter, «das erstaunt mich.»

«Früher wollte ich gar nicht daran denken. Nun tut es gut, darüber zu reden.»

Im Januar 1987 traf die Nachricht vom Tod Edi Ritters ein. Fredi hatte schon lange damit gerechnet, und er war für den Freund froh um das Ende der langen Leidenszeit. Sie hatten beide denselben Jahrgang, nun fühlte er sich leer und traurig.

«Dass einer plötzlich nie mehr da sein wird, dünkt mich so schwierig zu verstehen wie der Gedanke an den eigenen Tod. Edi war neben Beni der einzige Freund in meinem Leben.» Fredi fühlte sich fast so verlassen wie nach Angelis Tod.

Hans liess sich Zeit mit der Antwort. Das werde nun immer häufiger vorkommen, sagte er, ihre Bekannten würden älter und stürben. Er habe selbst noch lange nicht im Sinn abzutreten. «Auch du machst auf mich einen gesunden Eindruck, bist immer am Arbeiten, Modellieren, neuerdings sogar am Schnitzen oder am Fischen. Machst du dir Sorgen?»

«Nein, aber manchmal, wenn ich eine Idee habe oder mit Alice eine Reise plane, frage ich mich, nur für einen Moment, ob ich das noch erlebe.»

Ihm habe kürzlich ein alter Schachkollege erzählt, deutlich jünger, er habe noch viel nachzuholen, wozu er neben der Arbeit nie Zeit gehabt habe. Da sei ihm aufgefallen, dass er nie das Gefühl habe, etwas verpasst zu haben. «Wie ist das bei dir?»

«Etwas verpasst? Ich wüsste nicht was!», antwortete Fredi. Als Jugendlicher habe er auswandern wollen – nach Patagonien. Es sei ein Traum gewesen, seine Jugendstimmung. Fort aus der Armut, einfach fort in eine bessere Zukunft. Dann sei er weggegangen von Flaach und habe Patagonien nicht mehr gebraucht, Wald habe gereicht. Mit Gertrud verheiratet, wäre er gern wieder ausgewandert, nach Spanien zum Beispiel, aber Franco hätte ihn eingesperrt, zudem hätten ihn die Töchter gebraucht. Auch später, wenn ihm etwas Wichtiges nicht habe gelingen wollen, jemand ihn geärgert habe, wäre er am liebsten abgehauen.

«Wie Max?»

«Vielleicht. Möglich, dass wir uns darin ähnlich waren.»

«Mir schien oft, dein linkes Bein habe dich angetrieben.»

Sie wollten mich als Krüppel sehen. Mit so einem konnte man machen, was man wollte, dachte Fredi. Er habe zeigen müssen, dass er auch alles schaffe, was andere konnten, erklärte er Hans. Daher sei das «Hopp, gib ihm!» gekommen. Er habe alles wie Arbeit behandelt und gleichzeitig alles wie Hobby empfunden. «Jede Arbeit, die mir gelang, war ein Zeichen meiner Unabhängigkeit und auch ein Beweis, es denen gezeigt zu haben. Du siehst, auch ich hatte keine Zeit, um etwas zu verpassen.»

Sie hatten alles im Boot verstaut, sich vom Steg abgestossen, und Fredi ruderte gemächlich über den leicht gekräuselten See. Der Himmel war mit einer lockeren Bewölkung gefüllt, die Sonne stand noch hinter den Hügeln.

Es sei ein guter Kauf und ein schönes Boot, lobte Peter den Vater, er sei aufs Alter ein richtiger Lebenskünstler geworden.

Dafür könne er nichts, dazu müsse man gesund sein. Zwar sei er immer solid gewesen, aber Edi habe auch seriös gelebt, trotzdem sei er jetzt tot.

«Lass uns vom Leben reden, ich mache ein grosses Fest im ganzen Haus und drum herum, du und Alice, ihr gehört natürlich dazu.»

Peter hatte hundert Gäste eingeladen – Verwandte, viele gute Freunde, Bekannte, auch aus der Welt, die er verlassen würde. Fredi nickte zustimmend, vierzigster Geburtstag, eine Frau gefunden, den zwölfjährigen Totalumbau vollendet – aber welche Welt gedenke er zu verlassen. Peter war im Begriff, aus seiner Firma auszusteigen. Achtzehn Jahre seien genug. Der Partner kaufe seine Anteile, und er werde ab nächstem Jahr frei sein wie ein Vogel.

Fredi stellte zwischen Auslikon und Seegräben das Rudern ein und warf mit zwei Ruten Zapfen und Angeln aus, mit Würmern dran. Jetzt brauche es nur noch Geduld.

«Frei wie ein Vogel!» Da könne er nur staunen, wovon er leben wolle. Durch den Verkauf habe er Reserven, und wie er wisse, stecke er mitten in der Ausbildung zum Berufsberater. Die Hälfte der vier Jahre habe er bald hinter sich, nach dem Ausstieg werde er sich auf das Lernen konzentrieren. Die Zukunft sei geduldig. Fast zwanzig Jahre sei er nun als Dienstleister in der Personalauswahl tätig und habe sich auf die Bestqualifizierten zu konzentrieren. Keine Zeit vorhanden für Leute, die einer Beratung wirklich bedürften. Als Laufbahnberater werde das künftig anders sein. Aber das Wichtigste, unterstrich Peter, sei wohl das Ziel, mehr Zeit zu haben, nicht zuletzt für die Kinder.

«Wie alt sind die beiden inzwischen?»

«Andrea wird Ende Jahr zehn und Miriam acht.»

«Von Ursi habe ich nie mehr etwas gehört, habt ihr Probleme miteinander?»

«Wie das halt so ist. Mit den Mädchen habe ich es gut, das ist auch Regula zu verdanken. Ich versuche ein verständnisvoller Vater zu sein, aber ich habe ja diese Erfahrung nicht, so wenig wie du gute Vorbilder gehabt hast.»

«Du kannst doch meine Geschichte nicht mit deiner vergleichen!»

«Doch, Papa, das mache ich, auch wenn ich die Unterschiede berücksichtige.»

Einer der Zapfen war kurz ab-, dann wieder aufgetaucht. Fredi nahm die Rute zur Hand. Das Spiel wiederholte sich einige Male, dann verschwand der Zapfen ganz. Fredi liess den Fisch ein paar Meter ziehen, riss dann an der straffen Leine und begann sie aufzurollen. Der Zapfen wurde unter der glatten Oberfläche sichtbar, dann sprang ein schön gezeichneter Egli aus dem Wasser.

«Nimm den Föimer!»

Aber nun tauchte der Zapfen auf, wippte ein paar Mal verlegen und schwamm wieder gerade und ruhig.

«Er hat sich losgerissen, jetzt ist er auch frei wie ein Vogel.» Peter grinste.

«Was wotsch», Fredi lachte, «aber gerade jetzt fällt mir ein, was ich dich schon lange fragen wollte, wieso hast du damals deinen Namen von Hans Peter auf Peter geändert?»

Der Sechzehnjährige war überzeugt gewesen, dass die Namensgebung zu Hans Peter durch Senior Hans Rudin und dessen Junior Peter inspiriert war oder, noch schlimmer, dass Hans für den Erstgeborenen, den ersten toten Bruder stand. Das hatte ihn verdrossen. Deshalb liess er sich nur noch Peter rufen.

«Das war ein Irrtum, der erste war der Peter.»

«Mittlerweile weiss ich das auch.»

«Eigentlich war das Hans meinem Bruder nachempfunden, deinem Götti.»

«Weisst du, Papa, mit sechzehn war gar nichts richtig. Auch Johnny nicht.»

An langen Tischen sassen Fredi und mit ihm vierzig Verwandte und Freunde in der «Römerstube», darunter die verlorene Tochter Trudi. Nun war er achtzig, und seine Wünsche waren klein. Seit Jahren hatte er davon gesprochen, nach dem Polstern von Regulas weinrotem Fauteuil hatte er ernst gemacht, hatte seine Werkzeuge an den Nagel gehängt. Da waren noch Alice, der Garten, das Reisen und die Holzklötze, in denen Figuren ihrer Befreiung harrten.

Peter erzählte Fredis Lebensgeschichte, in dieser Tiefe für die meisten neu, eine Art Coming-out des Verdingbuben, der angekommen war und Ruhe gefunden hatte. Fredi war nun für alle einer, der sich selbst an den Haaren aus dem Dreck gezogen hatte.

Eine besondere Herausforderung für alle Beteiligten, wie sich zeigen sollte, war die Heimkehr von Tochter Trudi an die Dorfstrasse. Zu Hause war sie allerdings in Irgenhausen nie wirklich gewesen, so wenig wie an ihrem letzten Wohnsitz in Zürich. Sie hatte dort an Polyarthritis und Einsamkeit gelitten. Ihr Ehemann hatte jeden Monat schnellstmöglich ihre Invalidenrente in Alkohol umgesetzt. Auch Erika hatte in den vergangenen Jahren nur sporadisch Kontakt zu Trudi gehabt, aber mit zunehmender Sorge ihre immer bedrückendere Lage beobachtet. Nach der Beratung mit Peter hatten sie Papa Gisler vorgeschlagen, Trudi und ihren zwei Katzen das leer stehende Stöckli anzubieten. Fredi, stets ein Mann rascher Entschlüsse, hatte spontan zugestimmt. Nur drei Tage später fuhr Erika mit der älteren

Schwester, den Katzenkäfigen und einigen Umzugsschachteln in Irgenhausen vor.

«Grüezi, Trudi.»

«Sali, Hans Peter.»

Es war noch keine Umarmung möglich, sie kannten sich kaum. Die Geschwister trugen Schachteln und Katzen über die enge Wendeltreppe in die möblierte Klause von Fredi, die, geräumt, geputzt und gelüftet, mit weit offen stehenden Fenstern nach Sommer duftete. Dann setzten sie sich bei Peter in die Stube, auch Regula war nach Irgenhausen gekommen, und versuchten bei leichtem Gespräch die Annäherung. Mit Fredi und Alice würde das Begrüssungsessen wiederholt, sie wollten das Fuder nicht überladen.

Trudi richtete sich in ihren Räumen ein wie in einer Burg, man konnte sie zuweilen am offenen Fenster sehen, meist mit einer Katze. Wurde jemand aufmerksam, zog sie sich anfänglich sofort zurück. Eines Tages erzählte sie Peter, es stiegen alle bitteren Erinnerungen an die Kindheit in ihr hoch. Es sei fast nicht auszuhalten. Sie habe den Vater und die Stiefmutter gehasst, und jetzt sei es leer in ihr, bis auf den Schmerz.

Die erneuerte Beziehung zu Trudi war auch für Fredi eine harte Prüfung. Peter vermittelte ihm bruchstückhaft, was in ihr, aber auch in Erika an Kindheits- und Jugenderinnerungen aufbrach. War es verwunderlich, dass die Erinnerungen von Papa Gisler und jene der Töchter voneinander abwichen? Fredi reagierte erst unwillig, dann rat- und hilflos zugleich.

Langsam lebte Trudi sich ein und nahm zurückhaltend neue Beziehungen auf. Am leichtesten zu den Töchtern von Erika und Peter wie auch zu einer chronisch kranken Nachbarin, der sie ab und zu die Zeit vertrieb. Zu Regula entwickelte sie ein inniges Verhältnis. Dem Bruder vertraute sie nach und nach Bruchstücke aus Kindheit und Jugend an. So stellte sich unversehens eine schüchterne Behaglichkeit ein. Sie blieb am Fenster, mit einer ihrer Katzen, selbst wenn der Bruder und Regula mit Gästen im Garten sassen. Die Zeit verstrich, nun kam es bei vertrauten Besuchern vor, dass sie still die Tischrunde ergänzte. Im kleinen Kreis nahm sie regen Anteil, sass in Peters Stube mit der Familie, mit Fredi und Alice.

Zwischen Vater und Tochter ergab sich in den folgenden Jahren ein unverfänglicher Austausch, zwar weit weg von einer Aussprache, aber von vorsichtig freundlicher Art und gegenseitiger Akzeptanz. Da sie kein anderes habe, sei nun wohl die Dorfstrasse ihr Zuhause, meinte Trudi einmal.

Mit beinahe fünfundachtzig schien Fredi geistig kaum gealtert zu sein. Die Zeit spürte er allerdings in den Beinen, das Gehen war beschwerlicher geworden, und er brauchte den Stock nun immer, oft auch einen zweiten. Langsam war er geworden. Seit ein paar Jahren fuhr er mit Alice nach Wetzikon zum Jassen zu Hans und Hedi, schaute aber meist nur zu. Nun bat er Alice, künftig allein zu reisen. Um vom Zug in den Bus umzusteigen, hätte er flinker sein müssen. Er konnte es nicht ertragen, wenn Alice nervös und ungeduldig wurde, weil er so bedächtig seine Schritte setzte.

Einige Tage vor dem Geburtstag machte Fredi als Passagier in Peters Auto eine Reise durch seine Geschichte mit einem ersten Halt an der Gablerstrasse 23 auf dem Rietberg, es folgten der Schollenberg und die Platte in Flaach, die Diakonieheime Nidelbad und Längimoos, um wieder nach Irgenhausen zurückzukehren. Fredi erzählte unterwegs mehrmals von seinem Vater Emil.

«Du hast einen Papa, der verständnis- und liebevoll zur Familie schaut, dein Leben lang vermisst. Ist es nicht so?»

«Er war nie da, und wenn, sass er in der Budik – wir waren noch Buben, als er starb.»

Wiederum sass in der «Römerstube» eine gemischte Gesellschaft zusammen. Fredi in stillem Glanz mitten unter seinen Leuten. Nun war er fünfundachtzig. Man ass, trank, unterhielt sich, es war wie an den anderen grossen Geburtstagen. Nochmals, mit anderen Facetten und Episoden, stand Fredis Geschichte im Mittelpunkt. Still, zwischen Erika und Regula, sass Trudi, gezeichnet von einem Schlaganfall, eine Woche zuvor erlitten.

Der Geburtstag war Vergangenheit, Fredi sass in seiner Budik. Neben ihm auf dem Tisch lag eine Auswahl an Holzschnittmessern, glänzende Klingen, gehalten von hellem Birnenholz. Mit einem schmalen Hohleisen schnitt er die Falten einer derben Pluderhose aus dem Nussbaum. Wäre die Klinge flach, ich könnte mich rasieren damit, so scharf ist sie, dachte er.

Er hatte es nie mit einem Rasiermesser versucht, obwohl er jenes von Vater Emil geerbt und aufgehoben hatte. «Gebr. Krumm, Stahlwarenfabrik, Solingen» stand auf dem abgeschabten bordeauxroten Etui. Es war ihm als Andenken an den Vater wichtig, doch war es ihm stets ein bisschen unheimlich vorgekommen. Er hatte gefürchtet, seine grosse, kräftige Hand sei nicht zum leichten, präzisen Schaben fähig – man könnte sich damit die Kehle durchschneiden. Stets hatte er sich mit den rechteckigen, gelochten Klingenblättern rasiert, die man auf den Klingenhobel spannte. Für ihn blieb das auch sein Rasierapparat, als die elektrischen aufkamen. Noch immer trug er Schaum auf, um den harten Bart aufzuweichen.

Fast hätte er sich mit dem Hohleisen geschnitten, er war unkonzentriert.

Vater Emil hatte ihm, dem kleinen Fridli, einmal gezeigt, wie er das Messer vor der Rasur mit Schleifstein und Streichriemen schärfte und wie er dann Schaum und Stoppeln sauber aus dem Gesicht schabte.

Nun betrat Peter die Budik und unterbrach die Gedankenreise des Vaters, er wolle ihn und Alice für nächsten Sonntag, das Besuchswochenende von Andrea und Miriam, zum Familienfrühstück einladen und ihn jetzt zu einem Kaffee verführen.

«Zum Zmorge kommen wir gern, muss noch Alice fragen, aber für Kaffee habe ich keine Zeit, will diese Hose fertig schneiden.» Er deutete auf die fast vollendete kleine Skulptur, vielleicht fünfundzwanzig Zentimeter hoch. Nussbaum, aus dem Garten. Es sei ein Viehhändler.

«Keine Zeit – die Not der Pensionierten.»

Ja, so sei das, aber er lerne dazu. Sitze manchmal beim Kaffee in der Beiz, verplaudere eine Stunde oder löse Kreuzworträtsel. Ob er schon Feierabend mache.

Nein, sagte Peter, der seit der Ausbildung zum Laufbahnberater eine Praxis im Haus betrieb, in einer halben Stunde habe er noch eine Sitzung.

Fredi konzentrierte sich wieder auf den Viehhändler: ein vierschrötiger Mann mit einem gutmütigen Gesichtsausdruck im kantigen Schädel, dicht mit Kopf- und Barthaaren ausgestattet. Die Jacke spannte über der Leibesfülle, sodass sich zwischen den Knöpfen elliptische Schlitze öffneten. Er wirkte lebendig und trotz dem gewaltigen Bauch kraftvoll. Die meisten der Holzfiguren hatte Fredi vor dem Schnitzen gezeichnet und in Ton modelliert. Aus den Fingern der grossen Arbeiterhände wollte aber das Ebenmass der Glieder nicht mehr so stimmig fliessen wie früher.

«Ich verrate dir ein Geheimnis. Weil mein Auge nicht mehr so gut ist, schnitze ich die Figuren als Karikaturen, so merkt man nicht, wenn die Proportionen nicht stimmen.»

Sie schwiegen, und Fredi legte mit Sorgfalt die Hosen des Händlers in Falten.

«Kommst du mit, Trudi?», fragte Regula, «ich will einer Freundin etwas bringen. Wir könnten nachher irgendwo einen Tee trinken und plaudern.»

«Schau das Pferd!», rief Trudi, und Regula parkierte den Wagen in der Zufahrt zu einem Bauernhof. Der Braune stand im Schatten, mit einer langen Leine an einen Baum gebunden, und beobachtete Trudi, die sich langsam näherte. Er warf den Kopf auf und schnaubte. Trudi sprach zu ihm und strich ihm nach einer Weile sanft über den Kopf. Vom Haus her kam der Bauer und hinter ihm ein Berner Sennenhund.

Bella scheine sie zu mögen. Ein altes Tier, bekomme hier das Gnadenbrot, habe manchmal ihre Macken, vielleicht sei sie ein bisschen dement, aber sie spüre, wer es gut meine. Auch der Hund schien Trudi wohlgesinnt, er beschnupperte sie und liess sich kraulen. Sie habe es mit den Tieren, das merke man, sie sollten sich ruhig umschauen, er müsse wieder an die Arbeit.

Als sie weiterfuhren, erzählte Trudi von der schönsten Zeit ihres Lebens, dem Jahr in der Thurgauer Bauernfamilie. Gelitten habe sie nur, wenn ein Tier gestorben oder vom Metzger geholt worden sei. Am Abend sei sie oft sehr müde gewesen. Als sie einmal im Konfirmandenunterricht eingeschlafen sei, habe sie der Pfarrer geohrfeigt. Der Bauer habe ihn danach ruppig abgekanzelt. Nach einem Jahr sei sie für eine Haushaltslehre in einer anderen Bauernfamilie versorgt worden. Sie habe den Vater und seine Frau verwünscht, so traurig und so wütend sei sie gewesen. Der Dürsteler Bauer habe die Tiere und auch sie geschlagen.

«Du hast viel Schweres erlebt.»

«Ich kann nicht vergessen. Es war schon mit der Mutter schwer. Sie hat uns geschlagen und in den Keller gesperrt. Hat mich auf die Strasse geschickt, damit sie Zeit für Männer hatte. Hausierer, Pöstler, den Krämer. Sie war immer untreu.»

«Hast du das als Kind mitbekommen?»

«Ich habe gesehen, was war, aber es erst später verstanden.»

Sie könne sich genau an den Keller erinnern, ein Verlies, dunkel, von Mäusen bewohnt, der Zugang in der Küche über eine Treppe, verschlossen mit einer Falltür. Auch die Mutter habe eine schlimme Kindheit gehabt – die Grossmutter sei bereits den Männern nachgelaufen, und der Grossvater habe gesoffen –, aber die Mutter habe nichts gelernt daraus. Und Papa habe immer geschafft, sei meistens fort gewesen. Wie man mit Kindern umgehe, habe auch er nicht gewusst.

«Hast du mit ihm darüber gesprochen?»

«Nein, das kann ich nicht. Habe überhaupt noch kaum davon gesprochen. Aber es ist gut, wenn ich dir alles erzählen kann, weiss nicht, wie lange ich noch da bin.»

«Du denkst an den Schlaganfall. Du wirst dich erholen, und wir werden gut zu dir schauen.» Regula strich ihr sanft über den Arm.

Dann sei die Mutter plötzlich nicht mehr da gewesen, Erika und sie seien in ein Heim gekommen, sie habe nicht verstanden wieso. Sie erinnere sich an das Kommen und Gehen fremder Leute, an seltene Besuche des Vaters und dass die Mutter sich nie habe blicken lassen. Stets sei sie am Warten gewesen, auf die Mutter, auf den Vater. Irgendwann habe Papa eine fremde Frau mitgebracht, sie als Tante Angeli vorgestellt und erzählt, sie werde ihre Mutter. Da habe sie die Welt nicht mehr verstanden. Immer wieder in ihrem Leben habe sie die Welt nicht verstanden. Auch in der Schule nicht, wo man sie immer ausgelacht habe. Man habe sie ins Pestalozziheim gebracht, da habe sie es gut gehabt, sich aber abgeschoben gefühlt. In den Ferien zu Hause habe es immer Streit und Schläge gegeben. Dann habe die neue Mutter ein Kind bekommen, den Hans Peter, der sei verwöhnt worden, sie und Erika hätten nichts mehr gezählt.

Wie sie es mit Erika gehabt habe.

Im Heim habe sie ihr gefehlt, und in den Ferien zu Hause hätten sie gestritten. Dann habe die neue Mutter sie geschlagen. Angeli habe alles beherrscht: kochen, backen, sticken, Kleider nähen, Strümpfe und Pullover stricken. Sie sei eine perfekte Hausfrau gewesen, habe alles sauber gehalten. Aber die Strümpfe hätten gekratzt, auch der Sonntagsrock.

Was sie nach dem Haushaltslehrjahr gemacht habe.

Der Vater habe sie in eine Schuhfabrik geschickt. Dann, weil sie einmal mit einem Burschen ins Kino gegangen sei, habe der Vater Angst gehabt, sie bringe ein Kind heim, habe sie geschlagen und in einem Heim versorgt. Das sei schlimm gewesen. Als sie zwanzig geworden sei, habe plötzlich eine fremde Frau dagestanden, gesagt, sie sei ihre Mutter, und sie mit nach Zürich genommen. «Ich war völlig perplex, habe sie nicht mehr gekannt, war aber von da an frei.»

Am Abend nach diesem Ausflug erzählte Regula Peter vom Gespräch mit Trudi. Was er eigentlich gewusst habe von ihrer Geschichte.

Fast nichts. Er habe die offizielle Version gekannt. Als Trudi in diesem Heim in Walzenhausen gelebt habe, sei er neun gewesen. Er habe eine Schwester gehabt, die Trudi hiess, aber es habe sie eigentlich gar nicht gegeben – keine Kindheitserinnerungen. Später habe er kaum an sie gedacht, sei mit ganz anderen Dingen beschäftigt gewesen.

«Wie hat die offizielle Version gelautet?»

«Die Mutter der Töchter war schlecht. Wollte von den Mädchen nichts wissen. Erst als Trudi volljährig war, über ihr Sparheft verfügen konnte, wurde sie interessant. Trudi hat sich einwickeln lassen, und sie war undankbar. Man hatte keinen Kontakt mehr zu ihr.»

Man habe also über die Kindheit der Mädchen, die Scheidung, die Sorgen und Probleme von Fredi und Angeli nie gesprochen.

Nein, habe man nicht. Er habe keine Einzelheiten gekannt.

Anfang Oktober erlitt Trudi einen zweiten Schlaganfall. Im Spital zweifelte sie an einer Genesung. «Könnte ich noch alles besorgen in der Wohnung?»

Die Spitex werde sie unterstützen, ermutigte Erika.

Trudi wirkte gefasst, sie schien es besser zu wissen. Nach dem nächsten Schlaganfall war sie nicht mehr ansprechbar. Als ihr in der zweiten Nacht –

es sass nun stets jemand aus der Familie an ihrem Bett – eine Ärztin Blut abzapfte, brach es aus ihrem Mund: «Lasst mich endlich in Ruhe!»

In der Frühe des anbrechenden Tages starb Trudi.

Fredis Tage flossen in stetem Rhythmus dahin wie ein stiller Strom. Kaffee, Frühstücksgeplauder, prüfender Blick in den Himmel und langsamer Gang an die Dorfstrasse. In die Werkstatt zum Schnitzen oder in den Garten? Mittagessen mit Alice und nach dem Nickerchen die Fortsetzung des Vormittags.

Eine Abwechslung hatte die Anfrage einer Frau ausgelöst, die bei ihm regelmässig Steinmehl kaufte. Ob er ihr und einigen Bekannten seine Biogarten- und Pflanzgeheimnisse ausplaudern möge. Er hatte gelacht und zugestimmt. Es gebe keine Geheimnisse, nur Experimentierfreude. Es war ein angeregter Nachmittag geworden. Er hatte erzählt, sie hatten in Plastikbechern Tee serviert. Es wurde viel gelacht, und Fredi fühlte sich als Mittelpunkt unter lauter Frauen pudelwohl. Er erzählte die Episode Hans.

Es seien wohl sympathische Gärtnerinnen gewesen, dass er beim Berichten so strahle.

Es zischte und puffte, als das Wasser im doppelstöckigen Krug nach oben schoss, sich in schwarze Brühe verwandelte, die bald Küche und Wohnzimmer mit intensivem Duft füllte. Fredi hatte sich zur Stippvisite in Erikas Wohnung eingefunden.

«Der schmeckt gut, aber heiss ist er!» Sie habe es wirklich schön hier. Ob sie sich nie einsam fühle.

Sie lebe lieber allein, geniesse ihre Freiheit, die sie zu früh verschenkt habe. Es war neun Jahre her, seit Erika sich hatte scheiden lassen. Aber *er* habe gelitten nach dem Tod Angelis, sagte sie.

Sie redeten über das Reisen, über Erikas Arbeit und ihre Kinder, die schon lange erwachsen waren, aber auch über ihre Ehen. Es komme ihr vor, sagte sie, in ihrer Ehe seien das Reden und der Sex die Hauptprobleme gewesen. Geredet habe vor allem der Ex und bei Krisen gedacht, die Lösung finde sich im Bett. Vielleicht habe der Vater mit ihrer Mutter ja ähnliche Sorgen gehabt oder mit Angeli.

Fredi sagte, mit Getrud habe er nicht reden können, sie habe einfach nicht hören wollen, was ihm wichtig gewesen sei, aber im Bett hätten sie sich verstanden. Bei Angeli sei es gerade umgekehrt gewesen, sie habe vor allem reden, aber vom Bett nichts mehr wissen wollen.

«Weisst du, Papa, Frauen wollen nicht immer nur Sex, sie möchten gehört werden und brauchen oft nur viel Zärtlichkeit.»

Mit Alice war alles einfach. Sie war ihm Kumpel und Geliebte, sie gewährten sich viel Freiraum. Alice verzichtete weder auf Freundinnen noch Jassrunden, Fredi nicht auf seine Passionen, und sie pflegten beide Kontakte zu ihren Kindern und Enkelkindern. Manchmal waren sie gemeinsam in einer Beiz beim Kaffee anzutreffen. Man kannte sie, es ergab sich oft ein Austausch von Dorfklatsch, der Fredi, wie er beteuerte, überhaupt nicht interessierte.

Am Stammtisch im «Schlössli» sassen ein paar Männer paffend vor ihren Bieren.

«Mich nervt das Gejammer über die Verdingkinder. Denen geht es doch gar nicht schlecht, habe von einem gelesen, der studiert hat. Hat ihnen also nicht geschadet, vielleicht haben sie damals arbeiten gelernt», polterte Küde, eigentlich ein gutmütiger Dörfler.

Er sei ein Ignorant, entgegnete einer mit einem wilden Lockenkopf. Weil er mit seiner Partei den Bauern nahestehe, habe er Angst, man wolle sie zur Rechenschaft ziehen.

Und er sei ein Ewiglinker, der allen Geld in den Arsch schieben wolle.

Fredi und Alice waren eben eingetreten und hatten den Wortwechsel mitbekommen.

«Hat es noch Platz für uns?»

«Aber sicher hat es Platz für Alice und den Polsterer Gisler.»

Da sei ja etwas los, Fredi lachte. Ob sie überhaupt Bescheid wüssten über Verdingkinder.

Das könne man doch überall lesen und hören, es hänge ihm zu den Ohren raus, ärgerte sich Küde.

Wenn er es nur aus dem «Blick» habe, dann könne er ja ihn fragen. Er sei ein Verdingkind gewesen und seine beiden Brüder auch.

Für einen Moment trat absolute Stille ein, aber dann polterte Küde los: «Du bist doch auch so einer, hast ein Geschäft gehabt und nichts zu klagen.»

«Ich bin hier, weil ich mich damals nicht umgebracht habe. Und wieso nicht? Das weiss ich selbst nicht genau. Vielleicht weil ich immer wieder eine Riesenwut hatte auf die Bauern, die meine Pflegeväter hätten sein sollen, und auf den Vormund.»

Ob es ihm nun klar sei, stichelte der Lockenkopf, dass man nicht so leicht hinter die Kulissen schauen könne.

Die Serviererin brachte zwei Tassen Kaffee.

Er nehme noch ein Bier, sagte Küde.

Es sei so, manche hätten sich tatsächlich umgebracht. Man höre nur von jenen, die zäh gewesen seien und gelernt hätten, darüber zu reden. Aber was er und andere, die sich ein eigenes Leben erkämpft hätten, für einen Preis bezahlten, das könnten die meisten nicht verstehen.

Er habe es ja nicht so gemeint, aber es gebe bereits Leute, die forderten, man müsse allen ehemaligen Verdingkindern Geld nachwerfen, dabei hätten die ja Kost und Logis gehabt.

Er spiele sich schon wieder als Fachmann auf. Es gebe sicher viele, denen es dreckig gehe, sagte der Lockenkopf.

«So ist es», sagte Fredi. «Ich selbst brauche kein Geld. Du kannst beruhigt sein, Küde, bis ‹die da oben› etwas geboren haben, sind die meisten Verdingkinder tot, oder sie schämen sich, etwas zu fordern, und so schonen sie deine Steuerfranken.»

«Grüezi mitenand, hat es noch Platz für mich?» Das sagte einer mit einer tiefen, kräftigen Stimme, der von nebenan zu ihrem Tisch getreten war, Glas und Stuhl gleich mitgenommen hatte. Er war ein angesehener Altlehrer, wohl schon ein Dutzend Jahre pensioniert, bei dem auch einige der Anwesenden zur Schule gegangen waren. Wenn er hocherhobenen Kopfes durch die Strassen ging, hatte er unentwegt nach allen Seiten zu grüssen. «Schon Pestalozzi und Gotthelf haben die Verdingkinder beklagt. Es lässt sich ein roter Faden über die Geschichte hinweg ausmachen. Natürlich waren viele Gemeinden arm, daher war die Verdingung eine soziale Lösung. Nur wie man das gemacht hat, das ist das Problem. Es geht jetzt nicht darum, Schuldige zu suchen, die Bauern zum Beispiel. Weite Kreise, Behörden, Pädagogen, Pfarrer und Teile der Dorfbewohner, haben auf die Armen herabgeschaut.» Er schilderte die geschichtlichen und sozialen Hintergründe, kam dabei in Feuer und Rage und schloss: «Nun sage mir aber keiner, es sei ja gottlob vorbei und es geschehe nicht wieder. Nein», jetzt stand er auf, wie einst als Schulmeister, «wir müssen uns fragen, wie wir heute mit Randständigen, Machtlosen und Fremden umgehen. Wir, die hier hocken. Denkt zum Beispiel an die Überfremdungsinitiativen von Schwarzenbach, da haben wir Glück gehabt. Solchen Fragen werden wir uns immer wieder stellen müssen. Wenn da von Demokratie gesprochen wird, muss ich daran erinnern, dass sie dazu da ist, Minderheiten zu schützen, und nicht, über sie zu herrschen.» Stille folgte.

«Wo sind Sie aufgewachsen, Herr Gisler?», fragte der Altlehrer nach einer Weile.

Fredi erzählte in wenigen Sätzen, wie das gewesen war mit Zürich und Flaach, mit Vaters Tod, dass Mutter die Familie auch mit einem ganzen Einkommen nicht hatte tragen können, von den beiden Bauern, von Chüefer und Wilson, von den schwierigen Jahren.

«Working Poor», sagte der Gelockte.

«Fräulein, zahlen!», rief Küde.

Sie sassen in der «Römerstube», Alice in bunt-blumiger Bluse, mit einem schicken Hut auf dem Kopf, Papa im Pullover, es war Januar, Regula und Peter zurückhaltend festlich gekleidet. Sie hatten Papa Gisler und Alice zum Abendessen eingeladen, um ein Geheimnis zu lüften, hatten das bereits je an einem Abend mit Andrea und Miriam, mit Erika und Tochter Nadia, mit Regulas Eltern, Regulas Geschwistern und mit einem befreundeten Paar getan. So erfuhren zuerst die engsten Angehörigen, dass sie Anfang Jahr geheiratet hatten.

«Mich dünkt, ihr kennt euch schon eine Ewigkeit», meinte Fredi, und Alice fragte Regula, «ziehst du jetzt nach Pfäffikon?»

«Elf Jahre sind es», antwortete Regula, «aber umziehen muss ich nicht, ich habe ja ein Zimmer in Irgenhausen und bin so viel da.»

Unbedacht zog Peter den Vergleich mit Fredi, der vorderhand auch noch an zwei Orten zu Hause sei, bei ihr, Alice, und im Stöckli – in der

Werkstatt und im Garten –, und vielleicht ziehe sie ja mit Fredi ins neue Stöckli.

Sie bringe man nur mit den Füssen voran aus ihrer Wohnung, sagte Alice. Es klang trotzig und verzweifelt. Wieso Fredi nicht bei ihr bleiben wolle. Fredi, Peter, auch Regula, hatten ihr erklärt, Fredi müsse damit rechnen, bald die Treppen zur gemeinsamen Wohnung nicht mehr hochzukommen, weil die Kinderlähmung im Alter wieder spürbar werde. Wenn er für diesen Fall nichts vorkehre, werde ihm von einem Tag auf den anderen nur das Pflegeheim bleiben, und das wolle er auf keinen Fall. Sie hatten ihr erklärt, dass man das Stöckli umbaue. Die neue Wohnung werde einen Treppenlift haben und könne mit dem Rollstuhl befahren werden. Da werde Fredi bleiben können und müsse nicht in ein Heim. Und Alice könne bei ihm wohnen.

«Du willst einfach nicht mehr mit mir zusammen sein», warf sie Fredi vor. Alle Erklärungen bewirkten nichts. Sie verschanzte sich in ihrem Missverständnis wie ein Füsilier im Schützengraben. Es stimmte Fredi traurig, dass sie daran litt. Seit achtzehn Jahren waren sie schon ein Paar und hatten gemeinsam drei Zimmer bewohnt, aber nun musste er an morgen denken, er hatte keine Wahl. Er fürchtete bereits den Tag des Auszugs im nächsten Jahr, nach Abschluss des Umbaus.

«Du hast schon manchen Abschied hinter dir», sagte Peter. Ob er sich erinnern könne. Er sei mit dem Velo unterwegs gewesen, im Schlepptau den Anhänger mit einem Fauteuil. Ein Kraftakt, und er sei in Schlangenlinie gefahren. Ein Autofahrer habe gehupt, ihm den Vogel gezeigt. Er habe es am Abend berichtet, schimpfend, die Strasse gehöre doch nicht den Autos allein.

Fredi brach ein Stück Schokolade von der Tafel, kaute, spülte mit Kaffee nach.

«Ich erinnere mich. Du hast gesagt, es sei gefährlich.»

«Als ich dich bat, diese Transporte aufzugeben, bist du wütend geworden, ‹Gopfridstutz, ich muss doch meine Sachen liefern›, hast du geschimpft.»

Fredi hatte den Anhänger Anfang der Fünfzigerjahre vom Schmied nach eigener Zeichnung herstellen lassen: eine hölzerne Ladefläche in einem Stahlgestell auf zwei Velorädern und eine Deichsel, die sich unter dem Velosattel ankuppeln liess. Mehr als dreissig Jahre hielt ihm das Gefährt die Treue. Er fand einen Käufer, der ihn mit einer Fünfzigernote halbwegs tröstete. Einer unter vielen Abschieden.

Vorher noch die Rückgabe des Führerscheins, sie war der Einsicht entsprungen, nicht mehr sicher fahren zu können. Später verkaufte er das Fischerboot mit der Ausrüstung, und das Pilzesammeln fiel dem Vergessen anheim. Einen geschenkten Parisbesuch mit Alice schob er so viele Jahre auf, bis er die Reise definitiv abblies. Sie seien zu alt. Sie waren zufrieden mit Car-Ausflügen, organisiert vom Altersverein. Das Velo blieb immer länger stehen, bis er es eines Tages verschenkte. Meistens beging er die Abschiede gelassen, ohne tiefen Schmerz.

«Das ist jetzt vorbei», pflegte er zu sagen, «was wotsch!»

Sehr geschmerzt aber hatte 1997 das Auflösen der Budik. Über Jahrzehnte war sie das Zentrum seines aktiven Lebens gewesen. Jedes Werkzeug, die Maschinen, Werkstattmöbel und die Reste des Materiallagers waren ihm lieb wie Freunde geworden. Als die Entscheidung gefallen war, das Stöckli zu einer rollstuhlgängigen Wohnung umzubauen, musste die Werkstatt aufgehoben werden. Sie machten sich gemeinsam ans Werk, Vater und Sohn, begutachteten Stück für Stück, entschieden, was im kleinen Werkraum der neuen Wohnung wieder einen Platz bekommen sollte, was zu verschenken und was zu entsorgen war. 1998 kam die Renovation des Stöcklis zu einem guten Ende. Als Fredi es besichtigte, kam er aus dem Staunen nicht heraus. Sogar die kleine Werkbank, das verbliebene Werkzeug, Holz und anderes standen bereit für neue Taten.

«Es ist eine ganz andere Wohnung geworden. Schön ist sie.»

Tage später räumte er an der Bürglenstrasse Wäsche und Kleider aus dem Schrank, stapelte alles auf dem Bett, legte die Toilettensachen in eine Tasche, suchte Bücher, Schreibzeug und Akten zusammen. Erika verstaute die Habe in ein halbes Dutzend Bananenschachteln. Alice hatte sich ins Dorf verzogen, vorgegeben, jassen zu gehen.

Bald befanden sich seine Sachen im Obergeschoss der neuen Wohnung an der Dorfstrasse. Erika half, alles zu verstauen. Man würde sich am Abend zum Essen bei Peter treffen, Erika würde Alice abholen. Sie sollte diesen Abend nicht allein zu Hause sitzen.

Zu fünft sassen sie um den mächtigen Schiefertisch, assen Rösti mit geschnetzelter Leber und tranken einen leichten roten Wein. Fragten Alice nach dem Jassen, Regula nach dem Verkehr zwischen Unter- und Oberland und Erika nach der Arbeit. Dann bot Fredi Alice an, ihr die Wohnung zu zeigen, worauf sie sich aus ihrer eingefallenen Haltung aufrichtete.

«Nein, ich will sie nicht sehen, ich werde auch keinen Mann mehr suchen, ich bin zu alt.»

Alle starrten sie entgeistert an.

Regula fasste sich als Erste. «Aber Alice, Fredi verlässt dich nicht, er hat dich gern.»

Wenige Tage später lud sich Fredi zu einem Besuch bei Alice ein und kehrte spät am Abend mit glücklicher Miene nach Hause. Es vergingen trotzdem mehrere Wochen, bis sie sich überwinden konnte, Fredi im erneuerten Stöckli aufzusuchen und den Bann zu brechen.

Rückkehr in den Schoss der Geschichte zum Geburtstagsfest in der «Ziegelhütte», nahe beim Schollenberg. Zurück an zwei Krücken mit fröhlich roten Griffen. Zurück an Rhein und Thur. Eine Art Versöhnung mit der Vergangenheit. Die «Ziegelhütte» war nun ein Gasthof, nicht mehr die verbotene, schwarze Ziegelbrennerei.

Sonntag, Sommersonnenwende – vierzig Gäste fanden sich licht- und schattengesprenkelt unter dem Blätterdach der Veranda, feierten Wiedersehen, liessen Kelche klirren, entledigten sich der Kittel und Jäcklein. Später wurde in der riesigen Wirtsstube aufgetischt und zugegriffen. Man redete durcheinander, lachte, schmatzte, prostete sich zu, und mittendrin sass Fredi, neunzigjährig, strahlend, mit seiner Alice. Würde sich die Familie noch einmal in solch einer grossen Runde zusammenfinden?

Nach dem Fest besuchte Fredi den müden Beni Fehr im Flaachemer Altersheim. Die alte Freundschaft war spürbar, aber auch die Trauer beim Abschied. Sie ahnten beide, dass es der letzte war.

Er versuchte nochmals vom Bett hochzukommen, fiel aber erneut zurück in die sitzende Position, in die er sich bereits gearbeitet hatte. Es war früh am Tag, sechs Uhr dreissig, für Fredi ganz normal. Eine goldene Helligkeit sickerte durch die Vorhänge und versprach Gartenwetter.

«Tief atmen, entspannen, ganz ruhig hochstemmen, nicht hastig», sprach er sich zu. Es gelang beim dritten Anlauf, er langte nach dem Stock neben dem Bett und hinkte ins Bad.

«Wir geben nicht auf», sagte er zu dem Alten mit dem wirren Haarschopf, der schief aus dem Spiegel guckte. «Haare haben wir immer noch mehr als Peter.» Er befeuchtete die Stoppelfelder, verteilte den geschlagenen Schaum darüber, um mit der Klinge Seife und Bart wegzuschaben. «Wir gehen in den Garten und machen uns fit mit Coué.»

Er füllte den Wasserbehälter, schüttete die gewohnte Portion Kaffeepulver in den Filter und kippte den Schalter. Während es gemütlich zu blubbern begann, trug er Teller, Tasse, Löffel, Messer, Brot, Butter und Konfitüre – eins nach dem anderen – zum Tisch, mit dem Stock den Takt klopfend. Der Kaffee schmeckte heute sonderbar, hatte er zu viel oder zu wenig Pulver verwendet?

Die Klingel schlug an, er hörte, wie sich die Haustür öffnete. Vertraute Tritte auf der Holztreppe. Die neue Ausgabe der Regionalzeitung unter dem Arm und eine Tafel Schokolade hochhaltend, kam Peter oben an. Es werde schön und heiss. Ob er in den Garten gehe. Fredi hatte vergessen, das Radio einzuschalten, um wie üblich Wetterbericht und Nachrichten zu hören. Hatte ihn seine frühmorgendliche Schwäche so verwirrt? Er werde Endiviensetzlinge in den Boden stecken und die Himbeeren schneiden. Aber zuerst werde er in Ruhe fertig essen und die Zeitung lesen. Und Hans wolle er noch anrufen und ihn zum Kaffee einladen. Dann gehe er raus. Peter war fast zur gleichen Zeit mit seiner Beratungspraxis nach Uster gezogen wie Fredi von der Bürglen- zurück an die Dorfstrasse. Wie lange war das schon wieder her? Er musste ihn fragen. Neben seinem Teller lag ein Zettel. «Hans anrufen.» Peter hatte ihn offenbar geschrieben, ohne dass er es gemerkt hatte. Er fühlte sich ertappt, war er tatsächlich so vergesslich geworden? War man mit neunzig so vergesslich? Hans war noch gut beieinander, obwohl er vor ein, zwei Jahren eine Streifung hatte. Was wotsch! Er griff nach der Zeitung.

Zerstreut stapfte Fredi kreuz und quer durch den Garten, wandte sich dann den Himbeeren zu, zückte die Baumschere und begann Staude für Staude zurückzuschneiden. Eine Amsel quirlte im Nussbaum und begleitete seine Arbeit. Fredi richtete sich auf, der Rücken schmerzte. Er setzte sich auf die Bank unter die Sängerin. «Es geht mir mit jedem Tag in jeder Hinsicht immer besser und besser.» Er murmelte das Coué-Mantra, wieder und wieder. Plötzlich fand er sich in den Thurauen auf einem Baumstrunk sitzend. Er hörte die Vögel pfeifen, singen und orgeln, überall trippelten, hoppelten oder sassen Tiere, sogar ein scheuer Biber. Ein Hase stupste ihn an, und er erwachte. Es war die getigerte Katze der Nachbarin, die Zuwendung suchte.

Minestrone vom Vortag, eine Scheibe Brot, als Dessert ein Stück Apfelkuchen und Kaffee. Einen Blick in die Zeitung, das Zwanzigminutennickerchen. Um drei zog es ihn wieder hinaus.

Er hatte die Stauden fertig gestutzt, die Salatsetzlinge aus der Garage geholt und begonnen, sie mit Hilfe eines Pflanzholzes in regelmässigen Abständen ins Beet zu versenken. Er kam voran und blickte bald zufrieden auf das erste Dutzend, gähnte, spürte gleichzeitig, dass der Rücken wieder brummte. Er stakste zwischen zwei Beeten Richtung Nussbaum und Ruhebank. Dabei übersah er einen Stein, stolperte, fiel und landete auf dem Bauch.

Immer öfter war er im Garten gestürzt, hatte sich wieder aufgerappelt und darüber gelacht. Er versuchte, sich in die Höhe zu stemmen. Es gelang nicht. Ein halbes Dutzend Mal spannte er seine Muskeln, ächzte und erinnerte sich an das Boxtraining vor siebzig Jahren, er hatte locker fünfzig Liegestütze und mehr gedrückt. Aber nun fehlte die Kraft, nach Zentimetern nur brach er ein. Er benötigte Hilfe, so begann er zu rufen.

«Hallo, ist jemand da? Halloo!»

Papa Gisler
1999–2004

Das Vergessen beginnt in der Mitte

«Der Sturz hat nicht weh getan. Das ist mir schon oft passiert. Aber etwas war anders als sonst», erzählte mein Vater, als ich ihn am Abend besuchte. Er war über einen Stein gestolpert, vornüber gestürzt und musste gegen zwei Stunden zwischen den Gartenbeeten gelegen haben. Nach vergeblichen Versuchen aufzustehen hatte er sich langsam und beharrlich auf den Rücken gedreht.

So liegend, habe er sich plötzlich die Gablerstrasse hinunterhumpeln sehen, wenn er die Mutter zum Einkaufen begleitet und sie gemahnt habe, «lupf d Füess». Etwas sei über seine Wange gekrabbelt, er habe versucht, es wegzuwischen. Dann habe er begonnen zu rufen. Niemand sei gekommen. Er habe erneut gerufen und gehorcht, doch habe er nur das auf- und abschwellende Brausen der nahen Hauptstrasse gehört.

Alice war zum Jassen gegangen, auf sie hatte er nicht hoffen können.

Ein Stein habe in den Rücken gedrückt, er habe versucht, ein Stück zur Seite zu robben. Das sei ihm gelungen, um sich aufzusetzen, reichte die Kraft nicht mehr.

«Hallo! Halloo!» Er habe wieder und wieder gerufen. Zwanzig, dreissig Minuten lang. Habe nach der Nachbarin und nach mir gerufen. Allmählich sei er heiser geworden.

Papa hatte in den letzten Jahren in stoischer Ruhe, Arbeitsschritt für Arbeitsschritt, zunehmend langsamer, aber mit unverbrüchlicher Freude am Tun, die Gartenarbeiten besorgt – strikt nach biologischen Grundsätzen, aber nicht ohne zu experimentieren. Ein wichtiges Element war das Steinmehl, mit dem er gar in kleinem Stil gehandelt hatte. Der Boden bleibe gesund, die Erde schön krümelig und könne die Nährstoffe besser speichern. Wenn er davon sprach, begannen seine Augen zu leuchten. Er sah aus wie ein alter Mönch im Garten eines Klosters, wenn er mit seinen beiden Spazierstöcken zwischen Lauchstängeln, Kartoffelkraut und Ringelblumen labyrinthische Schlaufen zog. Ich wusste, dass er gelegentlich hingefallen war und sich lachend wieder aufgerappelt hatte. Aber an diesem Nachmittag, einige Wochen nach seinem Neunzigsten, fehlte die Kraft, um wieder auf die Beine zu kommen.

Der Sturz sei das Ende der geliebten Gartenarbeit, habe er gedacht. Der Gedanke habe weh getan.

«Hallo, ist jemand da? Halloo!»

Was los sei, ob er helfen könne. Ein Nachbar habe ihn entdeckt, den Zaun überstiegen, ihm aufgeholfen, einen Stock in die Hand gedrückt und ihn zum Haus geführt.

Es war das Ende einer Ära. Die Behinderung eroberte sich Land zurück, das der Vater ihr vor langer Zeit abgetrotzt hatte. Papa hatte bis zu dem Tag ein eigenständiges Leben geführt, entlastet hatte ich ihn lediglich von Administrativem. Eine Woche nach dem Sturz trafen wir uns wieder, um über die Zukunft des Gartenlands zu reden und Massnahmen zu beschliessen. Danach erzählte er mir, ein Mann habe im benachbarten Restaurant Römerstube gesagt, wenn man so alt werde, stürben einem die Freunde weg. So gehe es ihm nun mit Freund Garten.

Beim Hochsteigen in seine Wohnung wurde ich Zeuge einer missglückten Kommunikation.

«Fredi Gisler – hallo, wer ist da, hören Sie mich? Dann halt nicht.» Verärgert legte Papa das Telefon wieder auf den Tisch.

Die Situation war mir bekannt, ich bat ihn um sein Hörgerät – er trug es im linken Ohr, rechts hörte er seit seinem Velounfall vor vielen Jahren sowieso nichts mehr. Das Gerät war falsch eingestellt. Es gab unter den Einstellmöglichkeiten eine für Telefongespräche. Papa mit seinen schweren Arbeiter- und Boxerhänden schaffte es, die Hörhilfe einzuschalten, wenn er daran dachte, selten aber, die richtige Einstellung zu treffen.

«Es braucht wohl zugespitzte Finger.» Wir probierten die verschiedenen Einstellungen gemeinsam durch, und ich notierte für ihn das Vorgehen.

Der Vater hatte nie ein Gefühl für Technik entwickelt, er war ein Naturmensch und hatte gelernt, auf Bäume zu klettern, auf dem Acker zuzupacken, an der Pneupresse oder beim Bauen. Eigentlich erstaunlich war der geschickte Umgang mit Nadel und Faden, mit Näh- und Zupfmaschine. Beim Autofahren aber zeigte sich bereits sein Mangel an technischem Verständnis. Kein Wunder, erinnerte mich das Hörgerät an einen Weihnachtsabend vor etwa fünfundvierzig Jahren und ein blechernes Aufziehauto. Ehe ich zur ersten Fahrt starten konnte, zerlegte Papa das rot glänzende Geschenk in seine Einzelteile, um mir den Antrieb zu erklären. Der Zusammenbau allerdings wollte nicht mehr gelingen.

Drei Monate nach der Übersiedlung ins Stöckli spielte die Technik erneut eine Rolle. Als die Nachbarin ihm einen Strauss Wiesenblumen brachte, sass der Vater auf der fünften Treppenstufe und konnte weder vor noch zurück, hatte Kraft wie Sicherheit verloren. Sie half ihm auf den sicheren Boden, holte ein Glas Wasser und rief mich im Büro an.

Eine Stunde später schickte ich den Treppenlift zum ersten Mal leer in die erste Etage und wieder zurück, dann setzte sich Papa mit Skepsis im Gesicht auf den Stuhl. Mit einem diskreten Surren schwebten Plattform, Stuhl und Passagier bergwärts. Oben, an seinem Stubentisch, ein Glas Wein vor sich, vergass er die Strapazen und kommentierte begeistert: «So schön habe ich mir das Fahren nicht vorgestellt.»

Papa gelang es jedoch nicht, selbstständig auf der Plattform Platz zu nehmen, die Maschine korrekt zu manipulieren und sicher talwärts zu fahren. So beschlossen wir, die Nachbarin, Erika und Regula zu instruieren, damit er bei Bedarf telefonisch eine Fahrt bestellen konnte.

Ende Januar konnte er sich auf einmal nicht mehr vom Stuhl erheben. Der zu Hilfe gerufene Hausarzt blieb ratlos. Die erstaunliche Diagnose der Spitalärzte wies eine heftige Grippe aus, die ihn nachhaltig schwächte. Der einstige Bauernbub war nahezu fieberfrei und hatte sein Unwohlsein als nicht erwähnenswert übergangen. Er fühle sich nicht krank, aber laufen müsse er wieder lernen, sagte er zum Arzt. Er komme sich vor wie der Hülpi von damals. Nach zwei Wochen Krankenhaus verschrieb man ihm einen Erholungsurlaub. So fand sich der Vater Mitte Februar 2000 zusammen mit einem anderen Senior in einem Zweierzimmer des Pfäffiker Pflegeheims Chriesibaum. Passend zum Erholungsurlaub, genoss er am Fenster Berge und Pfäffikersee. Mit dem Zimmergenossen blieb es bei seltenen Wortwechseln, denn der einige Jahre ältere und schwache Mann war geistig verwirrt.

Papa hatte viel Zeit nachzudenken. Manche Stunde sass er vor dem Doppelglas, hinter dem von morgens bis abends ein Naturfilm lief. Immer lagen Papier und Kugelschreiber bereit, mit denen er seine Beobachtungen festhielt. Angeregt dazu hatte ihn Regula, die seine Handschrift später abtippte. Er schätzte seine Schwiegertochter und hatte die Idee mit Begeisterung aufgenommen.

Es war Schnee gefallen, die drei jungen Tannen vor dem Fenster liessen ihre Arme hängen. Der See lag dunkel unter einem diffusen Himmel. Der Vater beobachtete die wechselnden Stimmungen und freute sich an der Vogelschar, die auf seiner Leinwand improvisierte Tänze aufführte. Wahrscheinlich Meisen, Spatzen und Finken, immer auf der Suche nach Futter, erzählte er mir bei meiner Stippvisite. Und er wartete, wartete geduldig auf Besucher. Zuweilen, sagte er, verschwämmen die Bilder vor dem Fenster, und eigene aus dem Schatz alter Erinnerungen stiegen auf und würden lebendig.

«Wer in den ‹Chriesibaum› komme, habe höchstens noch ein Jahr zu leben, hat eine der Pflegerinnen gesagt – die kennt mich schlecht.»

«Da sind wohl alte Heimerinnerungen hochgekommen», bemerkte ich.

«Ich sagte ihr, ich habe nicht im Sinn, so rasch abzutreten.»

Diesmal war ich mit Erika, meiner Schwester, hingefahren, sie hatte ihm frische Wäsche, Zeitungen, Schokolade und eine Flasche Rotwein gebracht. Er lade uns nun zum Kaffee ein. Bedächtig wanderten wir durch den Korridor, wo die Leute beidseits aufgereiht auf Stühlen sassen, müde und wirr gewordene graue Panther, und auf die nächste Mahlzeit warteten. Mit dem Lift sanken wir eine Etage tiefer ins Bistro. Dass mein Papa einmal ein alter Mann sein würde, hatte ich mir als Knabe nicht vorstellen können. Es hatte sie gegeben im Quartier, die Alten. Sie hatten auf mich krumm, wacklig und hilflos gewirkt. Ganz anders der Vater. Trotz Behinderung hatte er etwas Animalisches, Kraftvolles an sich gehabt.

«Es ist einfach so, dass mein altes Hinkebein wieder schwach geworden ist», erzählte er, nicht zum ersten Mal, aber immer noch mit einem Anflug von Verwunderung. Vor einigen Jahren hatte ein Spazierstock genügt, bald brauchte er zwei. Nun hatte er eine Gehhilfe bekommen – Gehilfe hatte er verstanden. Empfohlen hatten sie ihm einen Rollstuhl. Dank einer Physiotherapeutin und der Gehhilfe kam er wieder auf die Beine. Obwohl ihn die

Zäsur schmerzte, verlor er seinen Humor nicht. Ich aber hatte zu kauen am Gedanken, dass der scheinbar Unverwüstliche nun pflegebedürftig wurde und wirklich alt. Ich hatte mich vor Tagen mit der Leiterin der Spitex, dem spitalexternen Pflegedienst, getroffen, um abzuklären, in welchem Rahmen wir zu Hause bei der Betreuung des Vaters Hilfe erwarten konnten, wenn er in seinem Alltag rund um die Uhr der Unterstützung bedürfen würde. In der Nacht danach erwachte ich aus einem Traum, in dem ich Vater geworden war. Dem Kind fehlten die Beine, und es hatte den Kopf eines alten Mannes. Ich fühlte mich zerschlagen, Tränen liefen mir übers Gesicht.

Vaters Mitbewohner war gestorben, erloschen wie eine Kerze, hatte immer langsamer und leiser geatmet. Erika, die zufällig dabei gewesen war, erzählte, es habe Papa geschüttelt. Chriesibaum, was für ein beschönigender Name für ein Pflegeheim, dachte ich. In seiner Krone sass der Tod und pflückte eine Kirsche nach der anderen.

«Er ist seine Sorgen los, muss nicht mehr leiden. Er war Bienenzüchter und so alt wie du», sagte der Vater zu seinem Bruder Hans, der mich diesmal begleitete, «vierundneunzig, aber völlig verwirrt. Ich müsste auch halb tot sein, es heisst doch, mit jedem nahen Toten sterbe ein Stück von einem selbst.» Es hatte schon in der Bubenzeit begonnen, er hatte Gesprächsfetzen aufgeschnappt von zwei Bauern, vor der Post, er erinnerte sich genau. «Wer ist wohl der Nächste von uns?» Die Spanische Grippe hatte Lücken ins Dorf gerissen.

«Du hast recht, die Diphterie und die Spanische Grippe haben wir überlebt, aber der Tod des Vaters hat alles verändert. Man hat über unsere Köpfe hinweg bestimmt, hat nie gefragt. Das war wie mit dem Tod, der fragt auch nicht.»

Wir tranken Kaffee und sassen eine Weile schweigend vor unseren Tassen. Dann fragte ich die beiden, wie sie damit umgingen, dass sie schon so viele Gleichaltrige überlebt hatten und dem Tod selbst immer näher kamen.

Hans winkte ab, er nehme es, wie es komme. Hedi lache über den Tod, sie beide würden noch lange leben, damit sei das Thema jeweils erledigt.

Auch ihn kümmere der eigene Tod wenig, aber Alice mache ihm Kummer. Sie kränkle oft und falle in Stimmungen, in denen sie davon rede, sterben zu wollen. Der Vater seufzte, das Leben könne sich schnell verändern, das habe er immer wieder erfahren.

«Nächsten Sonntag gibt es in Irgenhausen ein Fest mit Bruder, Schwägerinnen, Neffen und meinen Kindern.» Der Vater erzählte es brühwarm einer Pflegerin, einer Kroatin, die er mochte, weil sie stets freundlich war und sich Zeit für ihn nahm.

Die Woche darauf sass er am Fenster und schaute still dem Reigen der Vögel zu. Ich langte nach einem Stuhl, und er goss mir ein Glas Wein ein. Dann liessen wir das Familienfest auferstehen, zählten die Gäste auf, die alten und die jungen Gislers und alle anderen.

Erika, Regula und ich hatten gekocht und serviert, die Würze kam von Fredis und Hans' Lausbubengeschichten aus der Flaachemer Zeit – wie immer, wenn die beiden am gleichen Tisch sassen. Zum Abschluss des Mahls hatten die alten Damen und Herren die Dessertschüsseli wie Katzen ausgeschleckt. Wer angefangen hatte, war unklar. Auf jeden Fall war es ansteckend. Dankbar für die Motive, hatte ich mit Cousin Marcel um die Wette geknipst.

«Wie oft werden wir uns in dieser Runde noch sehen?», hatte der Vater gefragt, aber gleichwohl strahlend in die Linse geschaut.

Dieser Sonntagnachmittag sei nach der beschworenen Kinderherrlichkeit an Rhein und Thur die pure Altenherrlichkeit gewesen, sagte ich. Es war das fröhliche Fest, so schien mir, eines geschichtsträchtigen Clans. Dabei waren wir nie wirklich eine Familie mit Zusammenhalt gewesen, auch wenn die Mutter regelmässig Verwandte zu einem Chüngelbraten eingeladen hatte. Er könne sich an solche Runden erinnern, sagte der Vater, aber nicht an Einzelheiten.

Ich dagegen erinnerte mich an einige. Einmal waren es Max, Zenzi und ihre Kleinen, Trix und Marcel, ich war gerade im Übergang vom Schüler zum Halbstarken. Familie langweilte mich. Nach dem Essen sass man in der Rebenlaube beim Kaffee. Der Vater und Onkel Max setzten sich in die Budik ab, ich schloss mich an, um nicht Babysitter spielen zu müssen. Sie redeten von Stoffen, Rosshaar und von Seegras. Dann schauten wir uns die Baustelle an, wo der Laden am Entstehen war, und Papa erzählte von der geplanten Zentralheizung. Später, bei einer weiteren Flasche Valpolicella, sagte Max zu Fredi einen Satz, der mir in Erinnerung geblieben war: «Du hast halt immer Glück gehabt.»

Der Vater sass vor dem Doppelglas, sah in den Garten, über die Büsche auf den See. Oft war er zwischen Nacht und Tag hinausgerudert, hatte die Angeln ausgeworfen, Köder geschleppt, ab und zu ohne Ehrgeiz einen Fisch herausgezogen und vielleicht gar nach Hause genommen. Manchmal war er einfach hinausgefahren und hatte sich treiben lassen. Wann war das gewesen? Vor zehn Jahren vielleicht? Stets hatte er über die allmähliche Einfärbung der nächtlich grauen Szene gestaunt und sich an das spanische Wort dafür erinnert, das ihm noch heute geheimnisvoll in den Ohren klang: la madrugada – die Morgendämmerung.

In besonders kalten Wintern legte sich ein schwarz glänzender Panzer über den See – manchmal dick gepudert, zum Leidwesen der Schlittschuhläufer, sodass er zur weiten Ebene in der hügelig weissen Landschaft wurde. Der Vater sagte, er könne noch immer das Krachen der Eisflächen im nachfolgenden Tauwetter hören. Nach dem nächtlichen Besuch seines Mädchens habe einer übers Eis den Weg nach Hause abkürzen wollen. Er sei eingebrochen und ertrunken. Einer von Seegräben. Vor siebzig Jahren vielleicht. Erinnerungen – woher kamen sie plötzlich, diese alten Geschichten?

Der lange Tag im «Chriesibaum», unterbrochen durch Pflegerinnen, Mahlzeiten und Ausflüge mit Besuchern ins Bistro, liess dem Vater Zeit zum Nachdenken. «Neunzig, es ist so selbstverständlich», sagte er. Aber im Pflegeheim hatte das Altern etwas Bedrohliches bekommen, hier schienen die Leute schon halb tot. Vor dem Fenster schnitt ein Gärtner Bäume. Es war bereits ein Viertel nach vier. Das Fensterkino habe etwas Unwirkliches, sagte Papa. Man könne die Vögel nicht zwitschern hören. Ob er hinausgehen, über den verschneiten Rasen spazieren solle mit seiner Gehhilfe, habe er schon überlegt. Aber sie würden denken, nun sei auch er verwirrt, und ihn sofort zurück in Sicherheit und Wärme bringen.

Tags darauf brachte ich ihm ein Buch. Es lag neuer Schnee. Auch ein Teil der Autos und alle Bänke im Park waren frisch bedeckt. Ich erinnerte mich, dass der Vater als Frühaufsteher im Dunkeln mit der Schneeschaufel zugange gewesen war, bis zum Frühstück Parkplatz, alle Wege ums Haus, selbst die im Garten, freigelegt waren, und sich dann vergnügt zu Kaffee und Brot gesetzt hatte. Er erzählte, früher sei er von Dürstelen zur Arbeit durch den Schnee nach Pfäffikon gestapft. Oft in Begleitung eines Bekannten. Gross und stark sei der gewesen und ein gerader Mensch. Aber früh habe er sterben müssen. Und er selbst sei jetzt ein alter Mann in Pflege – manchmal könne er das kaum glauben. Es schneite wieder.

«Meinen letzten Tag kenne ich nicht, aber wenn er kommt, ist es auch recht.» Seit dem Tod des Imkers wohnte Papa allein im Zimmer. Das graue Licht vor dem Fenster stimmte ihn melancholisch. Es sei immer schön, wenn Besuch komme, sagte er. «Es ist viel leichter, allein zu sein, wenn man auf jemanden warten kann.» In letzter Zeit sei ihm mehrmals durch den Kopf gegangen, dass er nur noch eine Last sei für uns. Aber es sei gut, sagte er, dass er sich nicht mehr um Arbeit und Haus kümmern müsse.

Sorgen hatte er sich über beides nie wirklich gemacht, hatte einfach immer getan, was er notwendig fand. Das Haus gehörte nun seit über zwanzig Jahren mir, und ich versuchte, es ihm gleichzutun.

Im März sagte er «Chriesibaum» und Personal Ade und kehrte heim nach Irgenhausen. Er hielt daran fest, Eindrücke aus dem Alltag und Erinnerungen niederzuschreiben. Lockte ihn das Wetter nicht ins Grüne, setzte er sich oft mit Stift und Papier an den Tisch. Im Verlaufe eines Jahres füllte er einen dicken Bundesordner und mehrere Notizbücher.

Sein stilles Altern wurde beim Lesen der Aufzeichnungen auf abenteuerliche Weise sichtbar, weil er zuweilen kleine Infarkte erlitt. Die Zeilen verliefen plötzlich steil und diagonal, die Buchstabengrösse verdoppelte sich, und derselbe Satz konnte sich zehn Mal wiederholen. Er liess sich nicht beirren, fuhr fort zu malen wie ein Kalligraf, Buchstabe für Buchstabe, Wort für Wort, langsam und mit Sorgfalt. Zwei, drei Seiten weiter normalisierte sich das Bild. Seine Gedanken setzte er nicht planvoll aufs Papier, eher den Einfällen folgend.

Gedanken kommen, ohne zu fragen, und wollen da sein, wie im Zirkus treten sie auf und überraschen mich. Wer spielt den Zirkusdirektor?

Neben den kleinen Begebenheiten des Alltags, dem täglichen Staunen über die Zuwendung der Spitex-Frauen waren es die überraschenden Wortmeldungen seines Gedächtnisses.

Heute war ein Häxler im Garten, an seinem Ruf habe ich ihn erkannt.
Die fröhliche Frau Berger war hier, sie hat mir geholfen, mich sauber zu machen.
Als ich ein Knabe war, erzählte man sich, der ungestaute Rhein habe einmal bei Hochwasser einen Stall mit einer lebenden Sau mit sich geführt.

So fühlte ich mich beim Lesen seiner Zeilen abwechslungsweise besorgt und amüsiert.

Bereits zum zweiten Mal bekochte der Vater Alice. Wieder am Dienstagabend, schon fast ein Ritual. An diesem Nachmittag um sechzehn Uhr begann er, Sellerie, Karotten, Lauch, Zwiebeln und Knoblauch zu rüsten. Langsam ging es zu und her. Die Gerste hatte er schon nach dem Mittag eingeweicht. In manchen Abschnitten seines Lebens hatte er selbst gekocht: als Junggeselle, auf Velotouren sowieso, dann mit dem blechernen Metakocher, manchmal auch für die erste Frau.

Um sechs kam Sonja vom spitalexternen Pflegedienst und half ihm, die Minestrone fertig zu kochen. Sie brachte Würste mit und zum Dessert eine gebrannte Creme. Eine Stunde später traf auch Alice ein, direkt vom Jassen. Sie berichtete, was im Dorf alles passiert war, wer was gesagt und angestellt hatte. Er aber versorgte sie mit den Neuigkeiten der Dorfstrasse. Ein Eichhörnchen habe ihn überraschend im Garten besucht. Die schwarze Katze von nebenan komme dagegen alle Tage. Einem Käfer habe er zugeschaut, wie er an seinem Bein in die Höhe geklettert sei, auf der Beugung des Knies seine Panzerung geöffnet und die durchsichtigen Flügel entfaltet habe, um wegzufliegen. Er erzählte ihr, selbst drinnen am offenen Fenster fühle er sich wie im Garten. Er höre den Nachbarn Holz sägen, merke am Brummen der Lastwagen, dass es Werktag sei, und die Amseln orgelten und pfiffen ihm endlose Lieder.

Sonja, mit einem besonderen Draht zum Vater, ass an diesem Abend mit. Sie fragte, was sich verändert habe seit dem Schwächeanfall, dem Spital und dem «Chriesibaum».

«Alles ist neu, ich brauche Hilfe bei der Körperpflege oder beim Putzen. Ich muss jemanden anrufen, wenn ich nach draussen an die Sonne will. Jemand hilft mir abends ins Bett. Man sagt, ich sei pflegebedürftig. Mit meiner Gehhilfe poltere ich durch die Wohnung. Morgens um sieben kommt Peter und holt mich aus dem Bett, leert den Beutel des Katheters – dieser komme weg, hat er gesagt, wenn ich wieder ganz bei Kräften sei –, er braut einen ersten Kaffee, und dann kommt schon jemand von euch, von der Spitex.»

«Siehst du, es ist gut, wohne ich nicht da», sagte Alice, «ich könnte dich gar nicht pflegen.»

«Die Spitex würde auch zu Fredi schauen, wenn du da wärst», sagte Sonja.

Diese Wendung des Gesprächs war dem Vater nicht geheuer. «Sie helfen mir bei der Morgentoilette, beim Duschen, sie machen mir das Frühstück bereit, und schon sind sie wieder weg. Und dann esse ich, trinke Kaffee und beginne anschliessend zu schreiben.» Er zeigte Sonja den offenen Ordner auf dem Regal. «Manchmal habe ich das Gefühl, eben erst hätte ich das Butterbrot gefuttert, da klingelt bereits die Frau mit dem Mittagessen. Und wenn ihr von der Spitex wiederkommt, muss es Abend sein.»

Papa, noch aufgekratzt, offerierte mir einen Kaffee. Wir plauderten und stiessen mit einem Grappa an. Er erzählte von der abendlichen Unterhaltung und davon, dass sich vieles verändert habe. «Aber trotz der Hilfe, die ich brauche, geht es mir gut, und ich fühle mich frei.»

Dann machte er sich zum Schlafen bereit, ich leerte den Katheterbehälter und half ihm ins Bett. Rasch waren die Handreichungen zur Gewohnheit geworden. So harmonisch wäre es früher nicht zugegangen. Wir hatten beide harte Köpfe. Wie wir an diesem Abend auf den Garten, den ständigen Konfliktherd, zu sprechen gekommen sind, weiss ich nicht mehr. Der Grappa hatte wohl Papas Zunge gelockert.

«Die Gartenleidenschaft hast du nicht geerbt.» Es klang wie ein Vorwurf.

«Das mag sein, Gartenarbeit war mir als Kind ein Gräuel, das Unkrautjäten und Schneckenjagen, das Hacken und Steineauflesen. Ich habe es als Strafaufgabe erlebt. Von Selbstversorgung war nie die Rede, das hätte ich vielleicht begriffen.»

«Du hast es doch so viel besser gehabt, wir mussten als Buben für unseren Unterhalt arbeiten, genau wie Angeli.»

Ich erklärte ihm, dass ich in einer ganz anderen Zeit Kind war, vierzig Jahre später, und kein Verdingbub, dass ich weder gewusst hatte, was das war, noch dass er einer war. Mir hätte das Wissen darum wohl geholfen, ihn und die Mama zu verstehen. Als Bub war ich zudem oft allein, war eher ein Aussenseiter. Wenn ich an freien Nachmittagen im Garten jäten musste, hörte ich die anderen Kinder nebenan auf dem Schulhof und ums Haus spielen, lachen und rufen. Wie früher entgegnete der Vater, ihm habe Arbeit auch nicht geschadet.

Dieser Spruch machte mich noch immer wütend. «Doch, es hat dir geschadet! Dein Jähzorn, das Fluchen, die Ohrfeigen ... alles hat mit deiner harten Kindheit und Jugend zu tun. Du hast vieles wiederholt.»

«Ich habe doch nichts anderes gekannt.»

«Das weiss ich, und du trägst auch keine Schuld, weder du, deine erste Frau noch Mama haben gute Erziehungsvorbilder gehabt, aber du kannst sicher sein, wir auch nicht.»

«Das Gedächtnis hat mir einen Streich gespielt. Ich habe geglaubt, man habe vergessen, mir das Mittagessen zu bringen, darum habe ich reklamiert. Aber ich war der Vergessliche, habe vergessen, dass ich den Teller bereits geleert habe», sagte Papa.

«Das ist nicht schlimm», tröstete ich ihn, «mach dir nichts draus.»

«Doch, es ist schlimm, ich schäme mich.»

Papa zeigte mir die Anzeige von Beni Fehrs Tod. «Er hat immer zu mir gehalten.» Beni war sein einziger Freund in Flaach gewesen, er hatte nie über Fridli gelacht. Auch die Fehrs hatten einfach gelebt, aber sie waren nicht arm. Vater Fehr habe stets gesagt, es könne jedem passieren, arm zu werden, erinnerte sich Papa. Aber die Gislers haben sich immer geschämt, arm zu sein. Dass die Buben barfuss gingen, war nicht aussergewöhnlich, andere hielten es auch so. Am Tag, als ein Klassenfoto aufgenommen wurde, war Hans aber der Einzige ohne Schuhe, weil er gar keine besass, dafür schämte er sich.

Ich füllte die Kaffeetassen, und wir hingen stumm unseren Gedanken nach. «Unsere Vorfahren haben unglücklich gewirtschaftet», brach Papa das Schweigen. «Dass es mir und den Brüdern trotzdem gut gegangen ist, gleicht einem Wunder.»

«Dafür habt ihr hart gearbeitet, zusammen mit euren Frauen. Auch ich habe viel geschafft, aber unter besseren Bedingungen: Hochkonjunktur, freiheitlichere Gesellschaft und viel Glück. Wollte wie du unabhängig sein. Aber sonst wollte ich mehr, wollte viel Geld verdienen, eine saubere Arbeit mit etwas Prestige haben. Das Schreckgespenst Bedürftigkeit hinter mir lassen. Ich wollte etwas Besseres haben. So ging es bei der Berufsentscheidung mindestens so sehr um das weisse Mäntelchen wie um die Arbeit.»

«Das ist mir neu.»

«Ich vermute, Mama hat das Hochtrabende gespürt, auch später, als ich mich selbstständig gemacht habe. Es war im Kern Angst vor meiner bescheidenen Herkunft und zugleich Verachtung. Ich habe mich schon als Knabe geschämt für vieles, für die weissen Haare von Mama, dein Hinken, meine Hilflosigkeit, für unsere knappen Mittel – und vielleicht, ohne es zu wissen, für die Armut meiner Vorfahren. Und später habe ich mich meiner Scham von damals geschämt.»

Sie war eine treue Begleiterin, die Scham, und sie hatte stets das letzte Wort. Erst viel später habe ich verstanden, dass man seine Herkunft nicht wie einen alten Tschopen ablegen kann.

Auf keinen Fall werde er in ein Heim ziehen, das hatte der Vater immer gesagt. Er hatte gute Gründe. Trotzdem hatten wir vor Jahren, in Absprache mit ihm, eine vorsorgliche Anmeldung für das Alters- und Wohnheim an der Lindenstrasse eingereicht. Das Haus galt als fortschrittlich. Vor drei Wochen war ein Zimmerangebot eingetroffen. Er hatte abgelehnt. So kam es plötzlich und unerwartet, als er sich nach einer neuen Chance erkundigte. Im Gespräch zeigte sich bald ein ganzer Katalog von Auslösern. Ein wichtiger Grund war das Heer junger Leute, wie er sagte, die sich liebevoll um ihn kümmerten. Er war der Alte und der Pflegebedürftige, um den sich alles drehte, und so erlebte er sich wieder als Behinderter. Im Heim würde das anders sein, denn dort waren alle alt und viele gebrechlich. Seit einigen Monaten wohnte ebendort sein Schatz Alice. Er hatte anlässlich der regelmässigen Besuche festgestellt, dass man sich mit dem Rollstuhl selbstständig im ganzen Haus bewegen konnte. Und, wohl das Entscheidende, es dünke ihn, die Leute könnten so leben, wie sie möchten. Zudem hatte er den Begriff Heim mit Kindheitserfahrungen im «Nidelbad» und «Längimoos», mit Bevormundetsein und Abgeschobenwerden verbunden. Auch die Erinnerung an die «Blumenau», das Altersheim seiner Mutter Hermine, war unerfreulich. Nun hatten neue Bilder die alten überlagert.

Die Verwalterin erwog, nach Darlegung der Argumente, den Vater nochmals an die Spitze der Warteliste zu setzen. Bereits drei Wochen später bot sich die nächste Gelegenheit. Ich fuhr mit ihm hin, um das Zimmer zu besichtigen, und die Chefin machte sich im Gespräch ein Bild seiner Pflegebedürfnisse. Sie bat ihn, darüber zu schlafen und ihr anderntags seinen Entscheid mitzuteilen.

«Ich habe mich bereits entschieden. Es ist ein gutes Haus, und hier kann ich», er warf mir einen Seitenblick zu und grinste, «wieder tun, was ich will.»

Wohlwissend, was Papa meinte, hatte ich an der Bemerkung zu beissen. In so manch einer Situation der letzten Jahre hatte ich Sorge um ihn empfunden wie um ein Kind. So legte ich mein Veto ein, als er mit der Leiter zuoberst auf dem Kirschbaum das Geäst beschneiden wollte. Und als ich realisierte, dass er im Rollstuhl mit dem Treppenlift nicht zurande kam, musste ich ihn überzeugen, es nicht alleine zu versuchen. Er hatte die Einschränkungen begriffen, akzeptiert, aber nicht vergessen. Diese schleichende Veränderung der Beziehung, die mich in eine sorgende und lenkende Position versetzte, fiel mir schwerer als ihm. So mischte sich Erleichterung in mein Bedauern über seinen Entschluss.

Wir feierten ein Abschiedsfest. Papa, das Heer der Helferinnen, die Nachbarin und die Familie. Es gab Prosecco und Kleinigkeiten für den Gaumen. Es wurde erzählt und gelacht.

«Ihr wart immer gute, liebe Leute, ich habe euch sehr geschätzt, danke. Ich war lange hier, fünfzig Jahre, es war eine gute Zeit. Jetzt verändert sich alles. Mein Garten ist zum Park geworden, nun wurde der Kirschbaum gefällt. Ich habe ein halbes Dutzend Apfel- und Zwetschgenbäume gepflanzt. Nur noch zwei von denen sind da. Alles wird anders, und das muss wohl so sein.» Es werde natürlich eine grosse Veränderung, das sei ihm bewusst. Er habe schon manche mitgemacht, auch schwierige. Heute sei das ganz anders, sagte er, er werde im Heim ein neues Zuhause bekommen – sein letztes.

Die Gäste verabschiedeten sich, ich sass mit dem Vater bei einem Schlummertrunk in seiner Stube, als er plötzlich sagte, Angeli habe nie aufgehört, um die verstorbenen Söhne zu trauern. Als Knabe hatte ich mir einen Bruder gewünscht. Was wäre gewesen, ich hätte einen bekommen oder zwei? Was wären das für Männer geworden? Hätte das weniger Verantwortung, weniger Sonderstellung, weniger Erwartungen bedeutet?

«Vielleicht hätte einer meine Budik weitergeführt, du hast ja schon früh abgewunken.»

Selbst wenn ich in seine Fussstapfen getreten wäre, ich hätte es ganz anders angepackt als er, zwei harte Köpfe wären zusammengeprallt. Ich hatte meinen eigenen Weg gehen müssen.

Nicht einen Blick hatte er zurückgeworfen, als er das Stöckli verlassen hatte – für immer. Jetzt sass er nebenan in meiner Wohnung mit Regula am Frühstückstisch.

Derweil begann ich, die Schränke zu demontieren, die Teile hinunterzutragen. Der geliehene Wagen füllte sich – Tisch, Stühle, Bananenkisten, Bilder, Kleidersäcke. Die einzelnen Stücke hatten wir bereits am Vortag eingepackt – ein Bündel Briefe, Notizbücher, Fotoalben, einen Ordner, ein Rasiermesser …

Jetzt bekomme er eine neue Wohnung, sagte Papa, ein Zimmer. Ohne Wehmut. Es gefalle ihm dort. Nach dem Mittagessen pilgerten sie gemeinsam an die Lindenstrasse, der Vater, Erika, Alice und Regula. Die kleine Reise Fredis im Rollstuhl ging gemächlich vonstatten – die Schritte von Alice waren kurz geworden, zu langsam, fand Fredi, er konnte es kaum erwarten.

Der Hauswart des Altersheims bot mir seine Hilfe an. Es war eine bescheidene Züglete, über Mittag schlug ich bereits die Nägel in die Wände und hängte die Bilder auf. Der Hauswart schloss das Fernsehgerät an, ich prüfte alle Einzelheiten: Auf dem Tisch lag die aktuelle Zeitung, eine Flasche mit Wasser, ein Glas und eine Schale mit Äpfeln standen bereit. Im Korb neben dem Schreibtisch warteten zwei Flaschen Rotwein auf ihre Zeit. Alles war in Ordnung, bald vierzehn Uhr, sie würden in Kürze da sein. Ich montierte das Band in den Türrahmen, das nun wie eine Barriere signalrot den Zugang verwehrte.

Fredi zuvorderst, trafen sie ein, sie hatten ihm eine Schere in die Hand gedrückt. Lachend und freudestrahlend schnitt er das Band durch und dirigierte sein Gefährt in den grossen freundlichen Raum.

«Es ist ja alles schon da, und es sieht aus wie bei mir!»

Seit zwei Monaten lebte der Vater an der Lindenstrasse. Er kannte viele Leute im Haus, einige hatten lange auf seinen Matratzen geschlafen oder schauten noch heute auf einem seiner Sofas fern. Am Nachmittag sah man ihn mit Alice im Heim-Café sitzen, zusammen mit anderen Bewohnern, alle stets am selben Platz. Ich fand das seltsam, ihn aber störte es nicht.

«Was wotsch!», sagte er bloss. An warmen Tagen zog es die alten Leute nach draussen, wo die Sitzplätze frei gewählt wurden.

Allmählich hatte Papa das Tagebuchschreiben aufgegeben, das Schreiben überhaupt. Er habe keine Zeit. Es sei immer etwas los, oder dann sei er müde. Und er habe auch keine Lust mehr. Er lese auch nur noch selten die Zeitung, manchmal in einem Buch, schaue in den Flimmerkasten, gehe mit Alice ins Café, und schon sei der Tag vorbei. Ein bisschen faul sei er geworden.

«Mich dünkt, die Welt wird ständig verrückter. Im Fernsehen sagen sie, die Swissair sei bankrott», bemerkte einer, der stets umfassende Tagesschau-Kenntnisse bewies.

«Wahnsinn! Und sie haben die Türme in Amerika angezündet», sagte die Frau neben ihm.

«Sie sind mit Flugzeugen in zwei Wolkenkratzer geflogen», korrigierte Onkel Hans, den Regula nach Pfäffikon chauffiert hatte.

«Wahnsinn! Und dann war noch dieser Frustrierte, der in Zug Politiker erschossen hat.»

«Wahnsinn ist ansteckend – was wotsch.»

«Diese Katastrophen interessieren mich nicht mehr», sagte Hans, «ich kann mich aber an den Krieg erinnern, war lange im Aktivdienst. Meine Frau musste arbeiten und die Familie durchbringen. Das war eine Katastrophe.»

«Das war für eine Arbeiterfamilie sicher hart», sagte Regula.

«Ja, schon die Dreissiger-, noch mehr dann die Kriegsjahre waren für uns einfache Leute schwer, aber wir wussten aus dem ersten Krieg, was das bedeutet.»

Es habe auch kleine Katastrophen gegeben, sagte der Vater, als seine Zähne plötzlich zerbrochen seien, sei das so eine gewesen. Wir schauten ihn verwundert an. Er verdrehte die Augen, und bevor wir's uns versahen, schwenkte er die Zähne vor unseren Nasen. Der Doktor habe das Gebiss geflickt, es sei nun wieder wie neu, er habe es wohl geleimt. Während die einen geschockt schienen und Regula einen Lachanfall kriegte, schob er das Ding wieder in den Rachen.

Als wir für den nächsten Kaffee ins Freie übersiedelten, eine Wolkenlücke und den einfallenden Sonnenstrahl geniessend, sagte Papa zu uns: «Die grossen Katastrophen interessieren mich auch nicht mehr. Ich denke aber viel über unsere Kindheit nach.» Er erzählte vom Jähzorn des Vaters Emil, dass dieser, wenn er überhaupt zu Hause gewesen sei, in der Budik gesteckt und die Erziehung der Mutter überlassen habe.

Als ich ihm entgegnete, er habe sich zuweilen ganz ähnlich verhalten, reagierte er irritiert. Wie ich darauf käme.

Ich erinnerte ihn, dass er an gewissen Tagen nur zum Essen, Strafen und Schlafen aus der Budik gekommen sei. «Und jähzornig bist du manchmal auch gewesen. Wenn Mama schimpfte, konntest du uns ohrfeigen, ohne zu wissen, um was es ging. Und sag jetzt bloss nicht, es habe euch damals auch nicht geschadet!»

«Früher war das einfach so, der Umgang der Bauern mit ihren Kindern war oft brutal, mit Buben wie Mädchen. Man hat nicht lange gefackelt. Auch unsere Mutter nicht. Hast du es besser gemacht?»

Hatte ich es besser gemacht? Die alten engstirnigen Bilder hatte ich mitgetragen, wollte es natürlich besser machen, ein bisschen wenigstens habe ich dazugelernt. Geschlagen habe ich kaum und bald einmal verzichtet, auf leer gegessenen Tellern zu bestehen.

«Wir haben zu Hause meist zu wenig auf dem Teller gehabt, sodass er immer leer geworden ist», sagte Papa. Und darum habe man auch nie etwas weggeworfen.

«So habt ihr uns das nie erzählt.»

«Vielleicht wollten wir nicht daran erinnert werden?»

Hans hatte wortlos zugehört, nun stimmte er dem Bruder zu. Man habe das genauso gehalten, habe nie zu viel gehabt, habe gegessen, was auf den Tisch gekommen sei. Und gestraft habe man auch, allerdings sei Hedi strenger gewesen, wennschon habe sie geschlagen.

Auf dem Nachhauseweg wurde mir bewusst, dass ich es nicht fertiggebracht hatte, Papa zu erzählen, dass ich als Knabe oft einen liebevollen Vater vermisst hatte, so wie er den eigenen. Er hätte es nicht verstanden, hatte getan, was er konnte. So trage ich heute Trauer in mir um den Vater wie um den unbekannten Grossvater.

Ich hatte ihn zweifellos vom Vater geerbt, den Unabhängigkeitsdrang.

«Wir haben das Haus zweimal umgebaut», sagte er.

«Dreimal, zum Schluss das Stöckli.»

«Es war die Armut. Arme Leute waren niemand. In Zürich ist das nicht aufgefallen, aber in Flaach hat jeder gewusst, dass wir nichts hatten. Die Dörfler, auch nicht wohlhabend, haben auf uns herabgeschaut. Und wir haben uns geschämt. So entstand der Traum vom eigenen Heim.»

Man sei offenbar, was man habe und jeder sehen könne, sagte ich. Es ging dem Vater nicht um das Materielle an sich, das Versprechen lautete: dazugehören!

«Jetzt hast du weder Haus noch Firma, gehörst du trotzdem dazu?»

«Das ist heute ganz anders, man kennt mich hier, alle sind gleich, brauchen Hilfe und werden bald einmal sterben. Darum fühle ich mich hier zu Hause.»

«Und du musst nicht mehr kämpfen.»

«Ja, das war einmal. Aber ich war immer zäh und hatte einen harten Schädel.» Papa sagte es grinsend, halb ironisch, halb stolz.

«Redest du von den Sturzflügen oder von deinem sturen Kopf?», fragte ich.

«Von beidem, denn früher wollte ich oft mit dem Kopf durch die Wand. Das war auch so mit dem Dürstelerhaus, ich habe gedacht, das würde der Familie gut tun. Das eigene Haus, der Garten, ein bisschen stolz sein zu dürfen.»

«Du warst ein zäher Velofahrer, hast dich vom Hügel nicht abschrecken lassen. Für deine Frauen, die erste wie die zweite, war das anders.»

«Ja, aber ich wollte mehr. Max hat mir von einem Bauern erzählt, der einen Hof umgebaut und mit gutem Gewinn verkauft hat. Mit dem Erlös hat er den nächsten Hof erworben und den Vorgang wiederholt. Er habe das mehrmals gemacht und sich dann zur Ruhe gesetzt. Ich habe mich für die Idee begeistert. Vor lauter Bauen habe ich manchmal die Welt vergessen.»

«Hast du darum die Bauserie nicht weitergeführt, oder gibt es andere Gründe?»

«Angeli hätte nicht mitgemacht. Zudem gab der Umbau in Irgenhausen viel mehr zu tun als gedacht. Und dann waren da die toten Kinder, Angeli war müde und deprimiert, ich auch, wir brauchten kein grösseres Haus.»

«Über diese toten Kinder haben wir nie geredet in der Familie.»

«Das war schlimm für Angeli, für mich auch, da mochten wir nicht daran erinnert werden.»

«Als Knabe konnte ich mir unter diesen Brüdern auf dem Friedhof nichts vorstellen, da waren nur die traurigen Bäume.»

«Du erzählst immer die gleichen Geschichten», hatte Mama ihm oft vorgeworfen, wenn Papa ein willkommenes Stichwort aufgegriffen hatte.

Wildnis, Sport, Krampfen und vor allem die Freiheit hatten ihn beschäftigt – seine Überlebensaufgaben –, immer wieder von neuem. Selbstvergewisserung vielleicht? Die Gespräche, über Jahre häufiger und reicher geworden, mit vielen, mit uns, hatten ihn verändert. Die Bewohner und Mitarbeiterinnen an der Lindenstrasse lernten einen neuen Fredi Gisler kennen.

«Es geht mir gut hier, ich fühle mich zu Hause.» Für jede Hilfe, Handreichung und Pflegehandlung bedankte er sich. Mit Wärme begegnete er den Bewohnern. Er liess sich nicht leicht aus der Ruhe bringen, war liebenswürdig und nachsichtig geworden.

In andächtigem Genuss liess er sich im Rollstuhl durchs Dorf, an den See oder nach Irgenhausen schieben, nickte Passanten zu und liess sich auf Gespräche mit Bekannten ein. Einmal trafen wir unterwegs einen Mann mit buschigem Bart, ein wahrer Alpöhi, beliebt und meist zu einem Spass aufgelegt. Nun sass er geknickt auf einer Bank, grüsste, als der Vater ihn ansprach, und sagte, er habe ihn erst an der Stimme erkannt. Seine Augen ..., er sehe fast nichts mehr. Bartli, wie er genannt wurde, berichtete ausführlich, und zum Schluss fragte er Papa, wie es ihm gehe.

Er habe gar nichts zu klagen, sagte der Pflegebedürftige, der so viele Alltagsdinge nicht mehr ohne fremde Hilfe bewältigte. Aber es tue ihm leid für ihn, wie er sich nun zurechtfinde.

Später beim Kaffee staunte ich: Er könne seine Behinderung einfach wegstecken und Mitleid für einen andern haben, das fände ich bewundernswert. Gerade wegen seiner Jugend sei er zäh geworden wie die Bauern, sagte der Vater. Noch heute habe er weder unter Hitze noch Kälte zu leiden. Das sei nicht selbstverständlich, und darum gehe es ihm besser als den meisten hier. Er fühle sich gesund, und wenn einmal etwas weh tue, dann helfe die Coué-Methode. «Es geht mir mit jedem Tag in jeder Hinsicht immer besser und besser.»

«Ich weiss.»

«Dir hat es nicht immer gepasst, wenn ich Coué gebraucht habe ...»

Der Eifer, mit dem er früher Coué und Yoga vertreten hatte, war zugunsten einer gelassenen Nachsicht verschwunden.

Angesprochen auf die raren Beziehungen, sagte der Vater: Ja, das stimme, wirkliche Freunde habe es nur zwei gegeben: Beni und Edi. Er glaube, es liege an der Kindheit als Hülpi. Er habe lernen müssen, allein zurechtzukommen.

An Weihnachten spielte sich in Pfäffikon Dramatisches ab. Die Erzählungen der Beteiligten verdichteten sich zu einer Abenteuergeschichte, die ich für Papa Gisler aufschrieb und er danach immer wieder mit Vergnügen las.

Fredi Gisler, wohnhaft im Altersheim an der Lindenstrasse, dritte Etage, verlässt das Zimmer, schliesst die Tür und rollt nach einem langsamen Wendemanöver zum Lift. Er drückt den Abwärts-Knopf, wartet, wartet, alle wollen jetzt hinunter. Die Tür öffnet sich, er fährt in den Aufzug, drückt wieder einen Knopf. Los geht es.

Sein Platz im Speisesaal ist noch frei, als bereits das Weihnachtsessen aufgetragen wird. Das ist ungewöhnlich, denn üblicherweise ist er einer der ersten. Sie tuscheln am Tisch, fragen sich, ob Fredi schlafe. Einer macht die Serviceangestellte darauf aufmerksam. Eine Minute später lässt sich die Verwalterin persönlich ins Bild setzen. Sie werde sich darum kümmern, sagt sie, und sie schickt eine Mitarbeiterin nach oben.

Angekommen, fährt Fredi rückwärts aus dem Lift, um sich draussen mit seinem Vierrad um hundertachtzig Grad zu drehen. Erst in diesem Moment, die Lifttür schliesst sich hinter ihm mit leisem Schmatzen, fällt ihm auf, dass er im Dunkeln steht. Das ist ungewöhnlich, verwirrt ihn – ist die Sicherung ausgefallen? Er muss sich vorwärts bewegen Richtung Speisesaal. Aber im Losfahren verliert er den Rest an Orientierung und Sicherheit – was ist im Dunkeln vorne? Nach einem Meter vielleicht bleibt er stehen. Er muss wohl mehr zur Seite, korrigiert, fährt wieder an, und plötzlich scheint ihm, es rüttle jemand gewaltig an seinem Gefährt und hebe es in die Luft.

Die Mitarbeiterin kommt aufgeregt zurück und berichtet der Verwalterin, Herr Gisler sei nicht im Zimmer, sie habe die Stockwerke abgeklappert, er sei nirgends. Die Chefin lässt zwei weitere Leute rufen und organisiert mit ihnen die Suche, im und ums Haus.

Hoch oben in der Pappel, beim Fischreihernest, wohl an die zehn Meter über Boden, will er nach den Eiern greifen, aber der Ast, auf dem er steht, bricht. Er stürzt, dreht sich, fällt kopfvoran ins Dunkle, liegt da, verdreht, etwas Warmes läuft über das Gesicht. Und dann spürt er den Schmerz.

Der Hauswart dreht eine Runde um das grosse Gebäude, erkundet alle Stellen, die sich absenken, die Serviceangestellte nimmt sich die oberen zwei Stockwerke vor, die Lehrtochter die erste Etage und das Parterre. Die Verwalterin inspiziert den Keller.

Fredi versucht sich zu bewegen. Die rechte Schulter schmerzt und der ganze Kopf, den linken Arm kann er nicht bewegen, er scheint eingeklemmt, mit dem rechten versucht er, irgendwo Halt zu finden. Wo ist er nur? Ist er von der Pappel gestürzt? Aber dann wäre es Tag. Und doch ist es dunkel. Er hört eine Stimme.

«Herr Gisler, sind Sie da?» Wieso Herr Gisler, ich bin doch der Fridli? Das Beste ist, mich ruhig zu verhalten, es muss nicht jeder wissen, was ich hier treibe. In dem Moment wird es hell, es blendet ihn. Dann steht die Verwalterin über ihm. «Was ist passiert, Herr Gisler?» «Ich – ich glaube, ich bin abgestürzt.»«Das sieht nicht gut aus», sagt sie, sie ruft Hilfe herbei. Dann sind plötzlich der Hauswart, eine Pflegerin und der Koch, ein stämmiger Mann, vor Ort. Sie vergewissern sich, dass er sich nichts gebrochen hat, setzen ihn in den Rollstuhl und tragen Gefährt und Mann die Treppe hoch, ins erste Untergeschoss, wo der Lift endet. «Dass Sie das überlebt haben!», sagt die Pflegerin. «Ich habe einen harten Schädel.» Man bringt ihn ins Zimmer, wo im selben Moment der Notarzt eintrifft.

Eine Dreiviertelstunde später kommt der genähte und vom Blut gereinigte Fridli Fredi Gisler gerade recht zu Mousse au Chocolat und Schlagrahm. Und dann feiert man. «Ihr Kinderlein kommet, o kommet doch all!»

«Siehst du», kommentierte Papa später, als alle Rife abgefallen und die Schmerzen in der Schulter verschwunden waren, «ein harter Kopf lohnt sich allemal.»

Verschlossen wie eine Blume im Regen hatte Hans am Tisch gesessen und vor sich hin gestarrt. Ich hatte Papa samt Rollstuhl in einem kleinen Bus nach Wetzikon ins Alterswohnheim am Wildbach chauffiert. Mein Pate hatte dort mit Hedi ein Jahr gemeinsam gewohnt, bevor sie vor ein paar Monaten gestorben war. Nun schien er einsam und verloren. Während ein Gewitter lärmte, sassen wir bei Kaffee und Patisserie im Trockenen.

«Gibt es hier eine Jassrunde, an der du dich beteiligen könntest?», fragte ich Hans.

«Wo denkst du hin, jassen, mit diesen alten Knaben?», meinte der Siebenundneunzigjährige.

«Aber gegen eine Partie Schach hast du sicher nichts einzuwenden.»

Hans winkte ab: «Das kann ich nicht mehr», doch in seinem Gesicht stand ein klares Ja. Frühere Versuche hatte Hedi unterbunden, das sei in diesem Alter nicht gesund. Ich zog aus der mitgebrachten Tasche Brett und Figuren und baute das Spiel auf. Ehe der letzte Bauer auf dem Acker stand, sagte Hans, der Zürcher Oberländer Schachmeister aus den Fünfzigerjahren, generös, plötzlich straff aufgerichtet, ich könne Weiss haben. Die Partie dauerte keine zwanzig Züge. Eine schwache Entscheidung von mir reichte dem Alten, um locker zu gewinnen. Das wiederholte sich noch zweimal und noch schneller, gleichermassen bei späteren Gelegenheiten.

«Gelernt ist gelernt», akzeptierte ich mein Schicksal.

«Gelernt ist gelernt, auch beim Boxen», echote mein Vater aus dem Rollstuhl. «Wenn mich einer angriffe, so könnte er was erleben!» Er ballte seine imposante dreiundneunzigjährige Boxerfaust. «Das wäre nichts für mich gewesen, das Stillsitzen vor dem Brett, über Stunden vielleicht, wie du erzählt hast.»

«Für mich war das Boxen nichts, obwohl man die Figuren auch schlägt», Hans lachte, «Boxen und Velofahren haben zu dir gepasst. Wir waren eben verschieden – du immer ein Draufgänger, hast jeweils gesagt, ‹Hopp, gib ihm!›, ich ein Geduldiger, denn am Brett muss man ruhig und überlegt sein.»

«Wo bist du denn geblieben, hast du mich beim Schaffen vergessen? Ich warte schon eine Stunde.» Papa klang unwillig.

«Nein, ich bin ganz pünktlich, es ist zwei, wie abgemacht.»

«Jetzt ist es erst zwei?»

«Ja, und jetzt bin ich hier, und die Sonne scheint. Magst du eine Wanderung machen, durchs Dorf, an den See?»

Gegen Ende der Runde steuerte ich den Rollstuhl in den Garten des Restaurants Hecht. Er nehme einen Kafi fertig, er müsse ja nicht fahren, sagte er, während ich einen Süssmost bestellte. Wieso man nicht einfach Kaffee Schnaps sage. Fertig heisse es, weil der Schnaps schon drin sei, und dass es Schnaps sei, das wisse doch jeder.

«Das weiss ich nicht mehr.» Diese Antwort häufte sich, wenn ich Papa nach Vergangenem fragte. Schaute er aber mit Hans alte Fotos an, von Flaach, Dürstelen, vom Boxen, Velofahren, Schach oder vom Bauen, gerieten beide in Feuer, gruben immer neue Geschichten aus und staunten, wie schnell es Abend wurde.

Eines Tages erzählte er Hans und mir, er habe das Aktivierungstraining des Heims besucht, um zu schnuppern.

«Was habt ihr trainiert?», fragte ich.

Er faltete ein Blatt Papier auseinander: «Euro in Franken umgerechnet, die Uhr von anderen Ländern auf Schweizer Zeit umgestellt, Memory gespielt zu zweit, ein Natel bedient.»

«War das schwer?»

«Eher langweilig. Man werde auch basteln, haben sie gesagt. Basteln – mein Lebtag habe ich Sport getrieben, gebaut, Autopneus und Matratzen gemacht. Basteln ...»

«Vergiss es!», sagte ich. «Dein Gedächtnis ist in Ordnung.»

«Es ist eben so», sagte er, «das Vergessen beginnt in der Mitte.»

«Wie meinst du das?», fragte Hans.

«Es beginnt irgendwo zwischen dem Alten und dem Neuen. Die alten Flaachemer Geschichten sind noch lebendig. Und am anderen Ende Irgenhausen, Alice und die Familie.»

«Ich kann mich noch fast an alles erinnern, nur die kleinen oder unangenehmen Details verschwinden», sagte Hans.

«An die Velotouren kann ich mich auch erinnern – Elsass, Italien, Frankreich, Spanien –, über spätere Reisen muss ich nachdenken.»

«Du hast doch Fotos davon.»

«Stimmt, die Fotos helfen, sich zu erinnern. Manchmal auch ein Ton. Wenn ich einen Häxler höre, taucht vor mir die Auenlandschaft an der Thur auf.»

Die Kellnerin hatte eine zweite Runde Café crème gebracht, nun nippten sie stumm an den heissen Tassen. Zu sagen wussten sie nichts, Alice und der Vater hatten sich alles, was neu war seit gestern, während der ersten Tasse erzählt. Sie sassen nebeneinander an ihrem Platz im Café. Ich setzte mich ihnen gegenüber. Fredi klage nie, wunderte sich einer am langen Tisch, obwohl er im Rollstuhl sitze. Der Vater erzählte die Kinderlähmungsgeschichte, winkte aber bei der bedauernden Reaktion ab. Er habe trotzdem vieles gemacht in seinem Leben, ohne immer zu fragen, ob es möglich, erlaubt oder gesund sei. Ob ihm die alten Sachen fehlen würden, fragte der andere.

Der Vater dachte eine Weile nach. Nein, er sei Sportler, Polsterer, Gärtner gewesen und habe alles gern gemacht, jetzt sei alles vorbei, auch das Tagebuchschreiben, jetzt sei er einfach der Fredi. «Was wotsch.» Aber er habe ja gefragt, ob er das vermisse. Am Anfang habe es seine Zeit gebraucht, vor allem bei Budik und Garten. Jetzt aber sei er hier, und der Tag gehe schnell vorbei – er sei zufrieden.

«Bin einfach der Fredi» – er machte sich das einfach, fand ich. Kannte ich meinen Vater wirklich? Er bestand, dünkte es mich oft, aus verschiedenen Figuren. In den Erzählungen über die ersten dreissig Jahre seines Lebens kam mir viel Fremdes entgegen: die schwer nachvollziehbare Flaachemer Verdinggeschichte, die Leidenschaft des Velovagabunden und Boxers, die gar eine Spur Neid auslöste. Der spätere Liebhaber, Ehemann und Papa Gisler war mir vertrauter – Schaffenslust, Libido, Zorn, Gutmütigkeit. Und nun war er ein liebenswürdiger Alter, pflegebedürftig, was er meist mit geduldiger Würde trug, wie wenn er ein neuer Mensch geworden wäre.

Es war mir nicht mehr möglich, böse zu sein auf jenen Vater, der zwar zu Hause, aber doch nicht da war, der schlug, der sich nicht einfühlen konnte. Was noch da war an Wut, aber auch was bereits aufkam an Trauer über seine Verwandlung zum Alten, zum Sterbenden, musste in Schubladen abgelegt werden, die ich später wieder öffnen würde. Jemand zu sein, war Teil seines Lebensplans gewesen, genauso wie des meinen. Obwohl ich schon als Knabe viel darangesetzt hatte, nicht zu werden wie er, erkannte ich immer mehr Wesenszüge und Verhaltensweisen, die uns verbanden. Zudem habe ich von ihm wie von der Mutter, nach dem aktuellen Stand meiner Erkenntnisse, viel geerbt, übernommen und, ja, auch profitiert. Was mich einst geärgert hatte, war die Einsicht, ihn, sie beide, nicht verantwortlich machen zu können für die Mängel meiner Kindheit und Jugend. Auch nicht für meine Komplexe, die kargen Verhältnisse und die Bildungsferne – das soziale Erbe der Arbeiterfamilie, der ich zu entrinnen trachtete.

Vater wie Mutter hatten sich mit ihren begrenzten Mitteln höchst erfolgreich durchs Leben geschlagen, waren allen üblen Aussichten entkommen. Was hatte ich geleistet? So wenig der Vater früher in der Lage gewesen war, seine Verzweiflung und Trauer mit jemandem zu teilen, so wenig gelingt mir das heute, dachte ich. Muss auch ich auf die Chance des hohen Alters und die Demut der Hilfsbedürftigkeit hoffen?

«Es ist ja gut, dass du ‹einfach der Fredi› sein kannst, du bist aber auch Papa Gisler», sagte ich in seine Zufriedenheitserklärung hinein. «Du hast wenig Talent zur Familie gehabt, ich auch nicht, trotzdem gibt es eine. Ich glaube, das haben wir unseren Frauen zu verdanken – Mama, Alice, Regula.»

Er habe sich immer für einen Eigenbrötler gehalten, nun habe einer gesagt, er sei ein Einzelgänger, ob das dasselbe sei, fragte mich Papa während eines Besuchs bei Hans.

«Früher war der Eigenbrötler ein Junggeselle, der seinen eigenen Haushalt hatte, eigenes Brot buk – ein Unabhängiger, aber kein Sonderling. Den Einzelgänger stecken viele in die Schublade ‹Menschenfeind›. Was denkst du, Hans, von Papa?»

«Er machte immer, was er wollte. Er hatte früh sein eigenes Zimmer, da kochte er auch. Er machte auch sonst alles selber: lernte einen Beruf ohne Lehre, baute ohne Architekten, heilte sich mit Sprüchen ohne Doktor – wie heisst das?»

«Coué-Methode», sagte der Vater.

«Als der Doktor gemeint hat, er müsse dem Rücken zuliebe das Handwerk aufgeben, hat Alfred mit Yoga begonnen, aber weitergeschafft. Und alles trotz dem schwachen Bein. Er muss ein bisschen anders sein, sonst geht das nicht.»

«Und was meinst du zum Einzelgänger?»

«Nein, kein Einzelgänger. Während der Velotouren und in der Budik war er allein. Ich weiss, wie das ist. Ich sass den ganzen Tag auf dem Schneidertisch, Gesellschaft hatte ich beim Mittagessen und abends beim Schach, wo man aber auch allein ist hinter dem Brett. Aber deshalb ist einer noch kein Einzelgänger.»

Von mir wisse er gar nichts, sagte Hans, und Papa nickte.

«Da gibt es nicht viel zu wissen, ich bin wie Papa Gisler ein Eigenbrötler, nichts geht über meinen eigenen Weg – ohne Zweifel geerbt.»

Ob das auch der eigene Weg sei, dass ich aus dem Haus ziehen wolle. Wie das komme, fragte Papa.

Seit den vielen Gesprächen mit den beiden, seit ich die Geschichte meines Vaters und seiner Brüder zu ergründen versuchte, rumorte auch meine eigene. Die Rückkehr Trudis war ein Auslöser gewesen, ein Tabuthema anzuschauen. Und alles war eng mit dem Haus verbunden. Da war ich Kind, Jugendlicher, Ehemann, geschiedener Vater gewesen – es lag noch viel Unverdautes auf, ich war am Wiederkauen, und das ging besser auf Distanz. Vielleicht würden dann auch die periodischen Traueranfälle aufhören, die vielfach beim Abschied der Kinder, aber auch einfach so in beliebigen Momenten über mich hereinbrachen.

Was Regula dazu sage.

Für sie sei es schrecklich, sie habe Wurzeln geschlagen im Haus, während ich meine aus dem Boden gezogen hätte.

«Was tust du nun?», insistierte der Vater.

«Was soll ich schon tun? Ich muss weg, ich habe keine Wahl. Vielleicht hätte ich wie du mit zwanzig auf Reisen gehen sollen. Weisst du eigentlich, dass ich auch ein Patagonien hatte? Ich wollte nach Australien, einfach fort. Aber dann siegte der Schweizer in mir – der musste zuerst etwas Solides schaffen. Also habe ich mich selbstständig gemacht – das Ende von Australien. Jetzt bin ich fünfundfünfzig, und es treibt mich wieder fort, keine Ahnung wohin.»

Der Vater sass im Fauteuil und drehte mit konzentriertem Gesicht seinen Oberkörper in rascher Folge um seine Achse. Ich schaute ihm verblüfft zu und lachte.

Es jucke am Rücken. Manchmal so heftig, dass es fast nicht auszuhalten sei. Die Pflegerinnen rieben morgens seinen Rücken ein, sie hätten gesagt, im Winter sei halt die Luft trocken.

Am Vortag hatte ich mit dem Fotoapparat Papas alte Heimat besucht. Ich zeigte ihm die Bilder auf meinem Laptop. Seine sonnige Natur stamme wohl aus dem Kinderparadies zwischen Rhein und Thur, mutmasste ich.

«Aber den Bunker gab es damals noch nicht», sagte er bestimmt.

Wie ein gemästetes Chamäleon lag der Betonklotz seit dem Zweiten Weltkrieg vor dem Damm. Ich hatte mich zwischen Flaacherbach und Rhein auf einen Baumstrunk gesetzt, mich umgesehen und mir vorzustellen versucht, wie der kleine Fridli hier als Siebenjähriger, einem hinkenden Apachen gleich, auf der Pirsch gewesen war. Damals war der Rhein ungezähmt geflossen und der blaue Himmel frei von Kondensstreifen gewesen.

Dass der Garten in Irgenhausen, der trotz geordneten Beeten Wildnis pur dargestellt hatte, für den Vater so wichtig gewesen war, leuchtete mir ein. Die grüne Pracht hatte ihn mit seinen Erinnerungen verbunden. In das Paradies am Rhein kann ich mich einfühlen, nur in Armut und Behinderung nicht, dachte ich später in der Flaachemer «Obermühle» bei einem Schüblig und rotem Landwein. Trotzdem reichten die Vorzüge der Natur nicht aus, um in jener alten Zeit leben zu wollen. In diese Überlegungen brach das Anschwellen des Stimmenpegels vom benachbarten Tisch. Ich, der unbekannte Flaachemer Bürger, einer der zahlreichen Gislers, spitzte die Ohren. Über Sozialwohnungen wurde debattiert.

«So etwas kommt mir nicht ins Dorf, die sollen das arme Gesindel drüben in Embrach unterbringen», diktierte einer, vielleicht der Dorf- oder Kneipenkönig.

Keine Empörung kam auf, stellte ich mit Seitenblick fest, bloss Nicken. Die Natur hat Beharrungsvermögen, gewisse Mentalitäten auch, dachte ich und rief: «Zahlen, bitte!»

Die Zeit laufe immer schneller. Rundum Zustimmung. Alice hatte den Seufzer ausgestossen. Wenn er an seine Jugend denke, sagte mein Vater, sei sie weit weg, und doch scheine es, als wäre sie erst gewesen. Das komme ihm auch so vor, sagte ein anderer.

«Hier habe ich oft das Gefühl, es gäbe gar keine Zeit mehr.» Er schaue den Kalender kaum je an. Trotzdem, wenn seine Tochter oder der Sohn herkämen, merke er, dass eine Woche um sei – schon wieder eine. Er glaube nicht, dass die Zeit schneller laufe, aber er wisse, dass er langsamer gehe.

«Vielleicht meinen wir, die Tage eilen so, weil unser Vorrat an Zeit klein geworden ist», warf einer ein.

«So habe ich das noch nie gesehen», sagte der Vater, «zum Glück kenne ich den Vorrat nicht. Mich stört es nicht, wenn sie rasch vergeht, ich muss nichts, habe keine Termine mehr.»

Später fragte mich Papa, wie ich es halte mit der Zeit, ich sei ja offensichtlich gut beschäftigt.

«Sie ist meistens zu kurz, weil ich mir zu viel vornehme.» Ich sei aber am Lernen, auch von ihm. Er scheine sein Leben zu geniessen.

«Lernen, von mir? Ich habe bloss stets getan, was sein musste. Doch, ein wenig hast du recht, der Garten war nie Arbeit, auch das Polstern nicht, das Schnitzen ein Vergnügen …»

Die Spatzen hüpften mit flinken Bewegungen und der konzentrierten Aufmerksamkeit von Paparazzi kreuz und quer zwischen den Gästen im Café-Garten herum. Ein risikofreudiger stand plötzlich auf unserem Tisch, mit ruckendem Kopf. Er musste die Erfahrung gemacht haben, dass alte Leute ihr Gebäck mit ihm teilten. Bei uns war nichts zu holen, ich sass mit dem Vater vor zwei schlichten Kaffeetassen. Der Vogel flatterte weiter. Papa hatte den gefiederten Besucher reglos, mit stillem Ernst beobachtet.

«Ob der Spatz das Leben hart findet?», fragte ich ihn.

Seit dem fünfundneunzigsten Geburtstag im Juni war mit ihm eine sanfte Verwandlung im Gange. Er wurde stiller und ernster, hatte oft einen fragenden Ausdruck, dann wieder huschte wie ein Sonnenstrahl ein Lächeln über sein Gesicht. Sein Blick schien in die Ferne zu gehen. Im Gespräch liess er sich immer mehr Zeit. Eine halbe, eine ganze Minute bis zum nächsten Satz, es schien, als ob er die Worte weit entfernt am Horizont entziffern würde.

«Es ist hart, das Leben.»
«Hast du das so erlebt?»
«Früher – jetzt geht es mir gut.»
«Was war hart für dich?»
«Wir waren niemand, arme Schlucker.»
«Du hast dich frei gemacht davon.»
«War ich frei?»
«Du warst unabhängig und selbstständig.»
«Aber es war immer da.»
«Was war immer da?»
«Das Gefühl, niemand zu sein.»
«Du hast dafür gekämpft, jemand zu sein.»
«Ich habe mich gewehrt.»
«Gegen das Armsein und die Kinderlähmung?»
«Ja, gegen beides, und gegen die Scham.»
«Du hast viel Energie und grossen Willen bewiesen!»
«Ich war ein Stürmi.»
«Und was bist du heute?»
«Ein Geduldiger.»
«Für was brauchst du Geduld?»
«Ich warte auf den Tod.»
«Macht dir das Angst?»
«Nein, ich bin jetzt bereit.»
«Bereit zum Sterben?»
«Ja – aber jetzt lebe ich noch.»

Ein später Schmetterling gaukelte um die Blumen auf dem Tisch, fühlte sich dann von Papas farbigem Hemd angezogen und setzte sich auf seine linke Schulter.

Zwei Wochen später hörte er ganz auf zu reden, lag mit geschlossenen Augen auf dem Bett, zufrieden, tief in sich versunken, schien bereits gegangen zu sein, aber das ungestüme Herz schlug und schlug. Schlug noch eine lange Woche. Nach elfhundertfünfundvierzig Monaten und neun Tagen, endete die Lebensreise von Fridli, Fridel, Fredi – unserem Papa Gisler.

Nachwort

Die Auseinandersetzung mit Verdingwesen, Behinderung, Familie, der jeweiligen Zeit und die Recherchen haben eine tausendseitige Chronik hervorgebracht, die dieses Buch ermöglicht und gleichzeitig behindert hat. Das hat mich stets an jenes Zitat erinnert, das man verschiedenen Urhebern zuschreibt: «Ich schreibe dir einen langen Brief, weil ich für einen kurzen keine Zeit habe.» Ich habe mir die Zeit genommen und drei Jahre lang gekürzt.

Viel Stoff habe ich in Staats- und Stadtarchiven, in Zivilstandsämtern und Kirchenbüchern gefunden. Bücher, von einstigen Verdingkindern geschrieben, und Forschungsberichte haben die Einzelschicksale der drei Flaachemer Buben in einen grossen Zusammenhang gerückt. Als ich 2008 am Flughafen auf eine verspätete Maschine wartete und begann, im eben erstandenen Bericht von Loretta Seglias und Marco Leuenberger («Versorgt und vergessen») zu lesen, schoss mir bald das Wasser in die Augen, so vieles deckte sich mit Sätzen, auch mit bloss angetönten, meines Vaters, deren Bedeutung plötzlich in ganzer Tiefe offenkundig wurde.

Die Interviews mit Papa, Hans, Trudi, Erika, Cousine Trix und den Cousins haben ein tragendes Fundament für die Geschichte geliefert. Letzte Flaachemer Zeitzeugen und Ortstermine haben Interessantes beigesteuert. Tief blicken liess jener Altpolitiker, der auf die Frage, ob es damals auch arme Leute im Dorf gegeben habe, geantwortet hatte: «Ja, so Gesindel haben wir auch gehabt.»

Spannend waren die Briefwechsel zwischen Emmely Rudin und ihrer Mutter Elisabeth Dettwyler, zwischen Fredi und Edi Ritter sowie zwischen Fredi und Angeli. Es fühlte sich einerseits übergriffig an, wie wenn man Gespräche belauschen würde, und andererseits erwiesen sich die Erkenntnisse für die Geschichte als ausserordentlich wichtig. Über die Kindheit Mutter Angelis, die Ausschaffung der Valsecchis und über die Herkunft von Nonna Lina hatte ich nichts gewusst – das hatten Emmely und ihre Mutter detailliert verhandelt.

Hundertfünfundsiebzig Briefe von Angeli und Fredi, hundertvier davon von ihm. Bald lautete die Anrede «Mein geliebtes Angeli» – später wurde daraus «Angi». Sie blieb sich treu mit «Lieber Fredi», nur einmal, als sie ihn zu rügen hatte, schrieb sie «Lieber Alfred». Sie merkten beide rasch, dass sie ähnliche Kindheits- und Jugendgeschichten durchlebt hatten, woraus, trotz allen Schwierigkeiten, die Solidarität und die Kraft wuchs, um die «unmögliche» Aufgabe anzupacken.

Fredi, der Edi keine zehn Mal persönlich getroffen hatte, erlebte mit diesem eine tiefe Freundschaft, fast ohne Geheimnisse voreinander, und konnte an Edis Lebensbewältigung seine eigene reflektieren, konnte Unterschiede akzeptieren und selbst zur Zufriedenheit finden. Edi war der Freund des Erwachsenenalters, während Beni der treue Jugendbegleiter Fridlis gewesen war.

Mein Vater trug ein Leben lang etwas Verdrängtes mit sich, von dem weder die Brüder noch seine Frauen wussten, auch nicht wir, seine Kinder. Auf der Suche nach Informationen über seine Polio-Erkrankung erst bin ich auf Hinweise zu psychiatrischen Akten gestossen und habe deren Offenlegung offiziell beim Burghölzli und bei der psychiatrischen Poliklinik des Universitätsspitals eingefordert, die meinem Ersuchen stattgegeben hätten. Den Riegel hat die Gesundheitsdirektion des Kantons Zürich geschoben, sie verweigerte mir vorerst die Herausgabe der im Staatsarchiv lagernden Akten sowie den Ärzten die Entbindung vom Berufsgeheimnis mit Argumenten gesetzlicher und teils subjektiver Natur.

Das Zürcher Archivgesetz sieht eine Schutzfrist von 120 Jahren nach Aktenschliessung vor. Kinder des Verstorbenen werden nicht als Betroffene eingestuft, sondern als Dritte ohne vererbten Anspruch auf Akteneinsicht. Die Verbundenheit zwischen dem Vater und mir sei nicht genügend eng gewesen, um seine Erfahrungen mit der Psychiatrie an mich weiterzugeben, und ich hätte zu Lebzeiten ausreichend Zeit gehabt nachzufragen. Die Akten enthalten Diagnosen und weitgehende Hinweise auf das Verhalten des Patienten. Der Sachbearbeiter, der Einsicht hatte, führte im Gespräch an, dass mein Vater mit der Herausgabe nicht einverstanden gewesen wäre, weil das Schampotential des Inhalts gross sei.

Der Sachbearbeiter argumentierte mit einer neunzigjährigen Logik: Der damalige Patient würde sich noch immer schämen für seine Vergangenheit, deshalb sei er posthum zu schützen vor der Herausgabe der Akten. Die 1927 beteiligten Ärzte waren Eugeniker und verfügten noch nicht über das heutige psychologische Wissen. Inzwischen sind wir aufgeklärter. Ein erfahrener Psychiater hat die Gesprächsprotokolle und Gutachten beurteilt. Er hielt unter anderem fest: Abwehrmechanismen und Adoleszenz seien damals unbekannt gewesen, und so sei man für dasselbe Handeln zu ganz anderen Schlüssen gekommen, als man heute komme. Er beurteilte Fridli als ganz normalen Adoleszenten, seine Argumentation als differenziert und relativ reif. Doktor Binder habe Fridli zwar seriös und unvoreingenommen befragt, trotzdem habe er ein sehr befremdliches Gutachten geschrieben, ein Gefälligkeitsgutachten für die Armenbehörde.

Schliesslich wurde einem zehnseitigen Wiederwägungsgesuch stattgegeben, man hat die Ärzte von der Schweigepflicht befreit.

Pikant an der Geschichte ist, dass ein Gutachten des Eidgenössischen Justizdepartementes die Einlagerung von medizinischen Akten ins Staatsarchiv Zürich mit einem Bruch der ärztlichen Schweigepflicht gleichsetzt.

2017 wurde eine Fachstelle für die Opfer fürsorgerischer Zwangsmassnahmen eingerichtet, geleitet vom Staatsarchivar des Kantons Zürich. Das ist ein grosser Schritt vorwärts. Recherchen Betroffener werden seither, so hoffe ich zumindest, rasch und wohlwollend behandelt.

Die Geschichte von Angelina Valsecchi weist auf einen weiteren schwierigen Abschnitt in der Schweizergeschichte hin, der erst 1952 zu Ende ging – in anderen europäischen Ländern war die Praxis bis in die Zwanzigerjahre üblich. Das Bürgerrecht der Frau richtete sich nach dem des Mannes. Die Mutter von Angelina wurde 1914 durch die Heirat mit einem Italiener Ausländerin und durfte nach der Ausweisung der verarmten Familie auch nach dem Tod ihres Mannes nicht wieder zurückkehren. Zehntausende erlitten diesen erzwungenen Nationalitätenwechsel. Die Historikerin Silke Margherita Redolfi hat sich in ihrem Buch «Die verlorenen Töchter» mit den Folgen dieser Praxis auseinandergesetzt.

Interviews und Recherchen hatten auch in meine eigene Geschichte geleuchtet und schmerzhafte Gefühle geweckt: War ich Schweizer oder

Tschingg? Eine der Fragen, die mich als Knaben ebenso beschäftigt hatten wie der häufig gehörte Satz der Mutter, das sei nichts für unsereiner. Mausarm sind wir, dachte ich, und zählen nichts, alle anderen haben es besser – das war damals mein Grundgefühl gewesen. Ich hatte mich nirgends zugehörig gefühlt und mich dafür geschämt. Bis ich eines Tages akzeptieren konnte, dass die Folgen von Traumata über Generationen erblich sind, gleichzeitig fand ich es geradezu dreist, an einer Vergangenheit zu leiden, die die Eltern erlitten hatten.

Dank

Es sind viele, denen Dank gebührt. Nicht chronologisch will ich sie nennen, eher der Laune entsprechend.

Die Publikation eines Buches ist nichts Selbstverständliches. Dem Team des Stämpfli Verlags danke ich für das Vertrauen in mein Manuskript, die konstruktive und wertschätzende Zusammenarbeit.

Wichtige Zutaten beim Bücherbacken nebst Text und Vertrauen sind die finanziellen Mittel. Ich danke allen Institutionen, Firmen, Stiftungen und Privatpersonen, welche Beiträge an die Produktion geleistet haben. Herzlichen Dank.

Die Lektorin des Verlags, Benita Schnidrig, hat mir mit ihrer einfühlenden und präzisen Arbeitsweise geholfen, den Text zur Reife zu bringen. Die Arbeit mit ihr habe ich ausserordentlich geschätzt.

Um auf ein ganzes Jahrhundert zurückzuschauen, hatte ich eine weitläufige Exkursion durch Stadt-, Staats-, Pfarrei- und Firmenarchive zu unternehmen, Briefwechsel zu sezieren, mit Zeitzeugen zu reden und Ortstermine wahrzunehmen. All den hilfreichen Mitarbeiterinnen, Gesprächspartnern, den interviewten Personen und jenen, die Korrespondenzen, Fotos und Lesestoff zur Verfügung gestellt haben, sage ich hier danke.

Während des langen Schreibprozesses haben zwei Lektorinnen als Schreibcoaches, eine Reihe von Probeleserinnen, Zuhörer, Gesprächspartnerinnen und der drehbucherfahrene Cousin wertvolle, kritische und ermunternde Impulse gesetzt. Und meine Frau Regula hat sich geduldig jedes Kapitel, manches in seinen Stadien mehrmals, vorlesen lassen, hat liebevoll kritisch kommentiert und es nachsichtig ausgehalten, wenn ich in manchen Phasen kein anderes Gesprächsthema anzubieten hatte. Meine Tochter Mira Gisler hat mit der Gestaltung des Umschlags dem Buch den letzten Schliff gegeben. Ihnen allen sei herzlich gedankt.

Peter Gisler
Sommer 2020

Orte

1. Zürich
2. Gabler/Rietberg, Zürich
3. Schollenberg
4. Flaach
5. Rüdlingen
6. Andelfingen
7. Eglisau
8. Winterthur
9. Nidelbad/Längimoos
10. Gattikon
11. Dübendorf
12. Wetzikon
13. Amriswil
14. Wald bei Laupen
15. Arbon
16. Auslikon
17. Pfäffikon ZH/Pfäffikersee, Irgenhausen
18. Dürstelen
19. Aathal/Unteraathal
20. Uster/Greifensee
21. Dürnten
22. Walzenhausen
23. Bauma
24. Hasenstrick/Bachtel
25. Ringwil

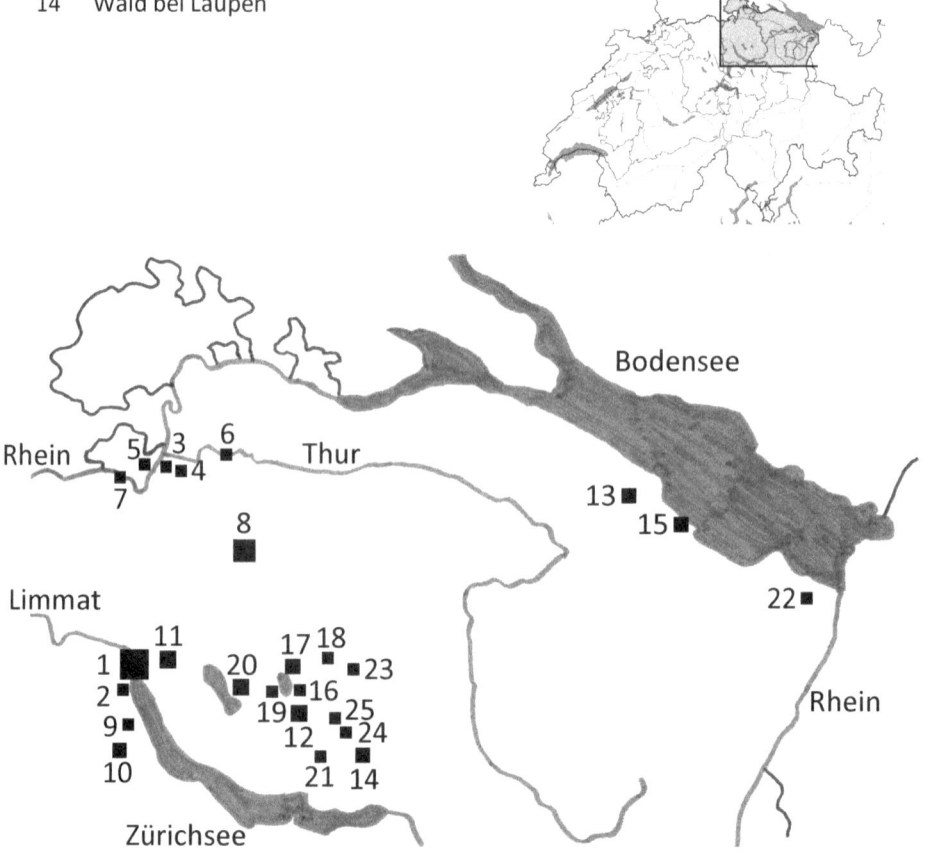

Glossar

Altersbatzen	Batzen als Reserve für das Alter, als Vorsorge
Armegüetler	aus dem Armengut Unterstützte
Armengenössige	siehe Armegüetler
Aussenwacht	vorgelagerter Ortsteil
Bachtel	Zürcher Oberländer Hausberg
Balgrist	Spital in Zürich für orthopädische Leiden
Bartli, zeigen, wo Bartli den Most holt	zeigen, wo es langgeht; zeigen, wo Gott hockt
Batzen	Zehnrappenstück
Bébé	Säugling, Baby
Beiz, Beizer, Gartenbeiz etc.	Wirtschaft, Wirt
Berliner	Hefegebäck, in Berlin heissen sie Pfannkuchen
Bidon	Wasserflasche, Kanister
Blätz	ein Stück Garten
«Blick»	Schweizer Boulevardzeitung
Bouffette	Abnäherknopf für die Rosshaarmatratzen
Bourrelet	umlaufende Wulst an der Rosshaarmatratze
Brämestöibe	Bremen verscheuchen
Brissago	schweizerische Zigarrensorte, Ort im Tessin
Budik	Werkstatt, Handwerkeratelier
Bueb	Knabe, oft unpersönlicher Rufname für Verdingkind
Büebli	Bübchen
Büetzer, Büetz	Arbeiter, Arbeit, Job
Bünzli	Spiessbürger, Kleinkarierter, Schweizer Familienname
Büürdeli	Reissigwelle, ein Bündel Brennholz
Burghölzli	Psychiatrische Universitätsklinik Zürich; jemanden damit in Verbindung zu bringen, war ehrenrührig
Café complet	Kaffee mit Brot, Butter und Marmelade
Casse-toi!	Hau ab!
cent cinquante	hundertfünfzig
c'est dégoûtant	das ist abscheulich
Chaarscht	Karst, zwei- oder dreizinkige Hacke
Chaibebüel	Stück Land, wo einst Kadaver vergraben wurden
Chaibenächerli	siehe Chaibebüel
chaibe Pfaff	gemeiner (in diesem Fall unfair, parteiisch) Pfarrer
Chilbi	Kirchweih
Chilbitanz	Tanzanlass an der Kirchweih

Chnoorzi	engstirniger, verschrobener Sonderling
Chouscht	eiserner Feuerherd für Pfannen und Wasserschiff
Chriesibaum	Kirschbaum, der Name eines Pflegeheims
Chüefer	Küfer, Böttcher, ein Übername
Chueret, Chueri	Konrad
Chüngel	Kaninchen
Coiffeuse, Coiffeur	Friseuse, Friseur
Coop	einst der Konsum, eines der grössten Detail- und Grosshandelsunternehmen der Schweiz
Dessertschüsseli	kleine Nachtischschüssel
deux cents francs	zweihundert Francs
Drilch	Drillich, strapazierfähiger Matratzenstoff
Duttweiler	Gründer von Migros und Landesring, einer Partei
Egli	Flussbarsch, ein Geschlechtsname
E guets Nöis!	Ein gutes neues Jahr!
fiol d'un can	Hundesohn
flaachisch	von Flaach stammend (Wortschöpfung)
Flarz, Flarzhaus	altes, niedriges Reihenhaus, vor allem im Zürcher Oberland, meist reiner Holzbau
Föifer und s Weggli	Fünfrappenstück und Wecken, Redewendung für alle Vorteile haben wollen
Föimer	Kescher, Netz, um Fische aus dem Wasser zu holen
Frontisten	schweizerische Nationalsozialisten vor und im Zweiten Weltkrieg
Fröntler	siehe Frontisten
Für Spiis und Trank, fürs täglich Broot, mer tanked Dir, oh Gott!	Für Speis und Trank, für das tägliche Brot, wir danken dir, oh Gott!
Gespons	Ehefrau
gezweit, zweien	veredelt, Obstbäume veredeln
Gmögiges, gmögig	Sympathisches, sympathisch
Goof, Goofe	Kind, Mädchen, Kleinkinder, Kinder, Gören
Gopfertammi	Gott verdamm mich, Fluchwort
Gopfertammisiech	Steigerung von Gopfertammi
Gopfridstutz	harmloser Fluch, salonfähige Variante von Gopfertammi
Götti	Pate
Grasrechen	Grasharke
Groosi	Grossmutter

grosser Stock	der Älteste, der Verantwortung für die Kleinen übernehmen, aber auch den Kopf hinhalten muss
Grüezi, Grüezi mitenand	Grüss Gott, Guten Tag, Grüss Euch miteinander
Gschwellti	Pellkartoffeln
Guezli	süsses Feingebäck, Kekse, zum Beispiel für Weihnachten
Gülle	Jauche
Güllebänne	Jauchenschubkarre
Gütterli	Fläschchen, hier eine kleine Medizinflasche
Härdöpfelchüechli	Küchlein aus geriebenen Pellkartoffeln
Häxler	Eichelhäher
Hebephrenie	Schizophrenie, die in der Pubertät auftritt
Hermes	Schreibmaschine, Marke, Fabrikat
hopp	vorwärts
Huebi	R.&E. Huber AG, Draht- und Gummifabrik, in Pfäffikon ZH
Hülpi	Hinkender
Isoleur	Isolierer
Jänner	Januar
Jass, jassen	Schweizer Kartenspiel, ähnlich wie Skat
Jassrunde	in der Regel vier Spieler, die jassen
je m'appelle Jérôme	ich heisse Jérôme
Kaff	kleines Dorf, Provinznest
Kafi fertig	schwarzer Kaffee, eine Portion Schnaps enthaltend
Kalterer, Kalterersee	ein Südtiroler Wein
Kartoffelstock	Kartoffelpüree, -brei, Stampfkartoffeln
Kerzenstock	Kerzenständer
Kittel	Jackett, siehe auch Tschopen
Klafterscheite	eine Armspanne (zirka 6 Fuss) lange, kräftige Scheiter, als Übertreibung gebraucht
Kosthaus	Mietshaus im Besitz einer Fabrik für die Arbeiter
krampfen	hart arbeiten
lingua degli angeli	die Sprache der Engel
Löli	Dummkopf
lupf d Füess	heb die Füsse (beim Gehen)
madrugada, la	Morgengrauen, Morgendämmerung, früher Morgen
Maieriesli	Maiglöckchen
medicina per il mal di stomaco	Medizin gegen Magenschmerzen

Migros	eines der grössten Detailhandels- und Grosshandelsunternehmen der Schweiz
Müeti	Mutter
Munot	mittelalterliche Stadtfestung Schaffhausens
Munotwächter, eigentlich Hochwächter	hatte vor Feuer zu warnen und Schiffe zu melden
Natel	Handy, Mobiltelefon
Negel mit Chöpf	Nägel mit Köpfen
Nidel oder Niidel	Rahm, Sahne
Occasionsmöbel, Occasionen	gebrauchte Möbel, Gelegenheit
Petrollampe, Petrolvergaser	Petroleumlampe, Petroleumvergaser
Pneu, Pneurohling etc.	Auto- oder Fahrradreifen
Reduit	Rückzugsraum in den Schweizer Alpen, Teil der Widerstandsstrategie im Zweiten Weltkrieg
Ribel	Dutt, Haarknoten
Ried	Sumpfland
Riemenboden	Dielenboden
Rösslipost	Postkutsche
Rüebli	Karotten
Rife (Pl.), Rif (Sing.)	Blutkrusten, Schorf
Runkeln	Runkelrübe, Futterrübe
Sali	Salü, Grüezi, eine Duzform zur Begrüssung
sattlern	als Sattler-Tapezierer handwerken
Schlarpen	ausgelatschte Schuhe
Schnauz, Schnäuze	Schnurrbart
schnüren	Füchse setzen ihre Tritte in einer Linie hintereinander (auch Luchse und Wölfe)
schöppeln	mit Babyflasche (Schoppen) zu trinken geben
Schüblig	schweizerische Wurst, die es in Varianten gibt
Schwarzenbach, James	Nationalrat, in den Dreissigerjahren aktiver Fröntler, lancierte 1968 eine Initiative zur radikalen Begrenzung der ausländischen Bevölkerung – sie wurden mit 54 Prozent Neinstimmen abgelehnt
Servela, auch Cervelat	Wurst aus Rinds- und Schweinefleisch
Siech, du fräche Siech	Kerl, du frecher Kerl, siech hiess ursprünglich krank
Sitzleder, auch Sitzfleisch	Ausdauer, wenn einer lange sitzen bleibt
sposare	heiraten
Spulerin	Mitarbeiterin in Spinnerei
Spültrog	Lavabo, Spüle

stempeln, im Dialekt stämpfle	Arbeitslosenunterstützung beziehen
Stock, grosser	siehe grosser Stock
Stock	Etage, Spazierstock, Stab
Stöckli	im Emmental ein kleines Haus neben dem Bauerhaus für die alten Eltern – hier Einliegerwohnung mit demselben Zweck
Stör	Arbeit auf Wanderschaft, die Arbeit tun, wo sie anfällt
Streifung	Durchblutungsstörung eines Hirnareals
strielen	strolchen, herumtreiben
Stürchel	langbeiniger magerer Mensch
Stürmi	Draufgänger, stürmischer Mensch
Süffel	Säufer
Thek	Schultornister, Schulranzen
tippeln, Tippelbruder	auf der Walz sein, wandern, Wandergeselle
Tobel	Schlucht
Töff	Motorrad
Tourenvelo	Touren- oder Rennrad
Träsch	Trester, Rückstand beim Keltern von Trauben oder Obst, Schnaps, Branntwein aus Trester
Trester	siehe Träsch
Tschako	zur Uniform gehörende Kopfbedeckung, zylindrisch oder konisch, von Polizei und Militär benutzt
Tschau zäme	Tschüss, Adieu miteinander
Tschopen	Jackett, siehe auch Kittel
Tubel	Blödian
Turpenlöcher	vom Torfstechen zurückgebliebene Gruben, mit Wasser gefüllte reiche Biotope
Übername	Spitzname
Unenue	eine Variante des Schiebers beim Jassen
Velo, Velofahren	Fahrrad, Radfahren
Verdingkind, -bub, Verdingung	Pflegekind, das für Verpflegung und Unterkunft zu arbeiten hat, verkostgeldet wird
Verkostgeldung	Unterbringung eines Pflegekindes gegen einen Beitrag für Verpflegung und Unterkunft
Vietato fotografare!	Fotografieren verboten!
Wägeli	kleiner Wagen
währschaft	kräftig, nahrhaft, solide, zuverlässig, gut, reel
Walz	Arbeitswanderschaft
Wank, tat keinen Wank	bewegte sich nicht

was wotsch	was willst du
Weggli	kleines Gebäck
Wesendonck, Villa	eine der feudalen Villen auf dem Gabler in Zürich
Winde, auch Estrich	Dachboden
Zapfen (Zapfenfischen)	Pose (Posenangeln)
Zimberma, auch Zimmermaa	Weberknecht, langbeinige Spinne
Zmittag	Mittagessen
Znacht	Abendessen
Znüüni, Znüünibrot	Zwischenmahlzeit am Vormittag, Neunuhrbrot
Züglete	Umzug
Zustupf	Zuschuss, Zusatzverdienst
Zvieri	Zwischenmahlzeit am Nachmittag, Vesper

Das könnte Sie ebenfalls interessieren

Evelyne Coën
Hier bin ich. Das tun, was ich wirklich will

Erfolgreiche Karriere, aber innerlich leer. Evelyne Coën schildert, wie Menschen gelernt haben, auf ihre innere Stimme zu hören und sich selbst zu vertrauen. Ein vielschichtiges Buch, das sich wie die Autorin nicht unterwirft und nicht anpasst, sondern eigene Wege geht.
978-3-7272-7899-0, 240 Seiten, gebunden

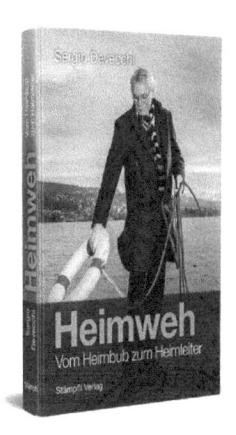

Sergio Devecchi
Heimweh. Vom Heimbub zum Heimleiter

Sergio Devecchi ergreift den Erzieherberuf und wird zu einem anerkannten, fortschrittlichen Heimleiter und Verbandspräsidenten. Aus Scham verschweigt er jedoch seine Vergangenheit. Erst bei der Pensionierung bekennt er: «Ich war ein Heimkind.»
978-3-7272-7905-8, 174 Seiten, gebunden

Peter Voegeli und Nikolaus Voegeli
Der Balkankönig und seine Familie. Eine andere Geschichte der Schweiz

Sie waren Pioniere und erfolgreiche Unternehmer, gründeten die Banque Serbo-Suisse, verkauften den serbischen Bauern Dreschmaschinen und deren Frauen Glarner Kopftücher und modernisierten die dortige Eisenbahn – die Voegelis.
978-3-7272-7911-9, 200 Seiten, gebunden